U1071366

地质调查财务管理与运行机制研究

罗晓玲　张润丽　等编著

机 械 工 业 出 版 社

本书依托于中国地质调查局发展研究中心承担的“地质调查财务管理与运行机制研究”项目而编写，主要内容包括：理论与政策跟踪，地质调查预算管理研究，地质调查财务管理研究，地质调查综合统计与资产管理研究，数据库及其管理信息系统的研建、维护完善与应用推广。

本书适合于地质矿产类企事业单位使用，便于其预算财务管理人员借鉴，也可作为对相关领域有兴趣的高校和科研机构研究人员的参考资料，对相关政策制定者也有很大的启发性和借鉴性。

图书在版编目（CIP）数据

地质调查财务管理与运行机制研究 / 罗晓玲等编著.
—北京：机械工业出版社，2016.10
ISBN 978-7-111-55111-9

Ⅰ.①地… Ⅱ.①罗… Ⅲ.①地质调查-财务管理-研究
Ⅳ.①P622 ②F275

中国版本图书馆 CIP 数据核字（2016）第 246057 号

机械工业出版社（北京市百万庄大街 22 号 邮政编码 100037）
策划编辑：曹俊玲 责任编辑：曹俊玲 刘 静 商红云
责任校对：刘怡丹 封面设计：张 静
责任印制：常天培
北京机工印刷厂印刷（三河市南杨庄国丰装订厂装订）
2017 年 1 月第 1 版 · 第 1 次印刷
169mm×239mm · 17.5 印张 · 2 插页 · 318 千字
标准书号：ISBN 978-7-111-55111-9
定价：59.80 元

凡购本书，如有缺页、倒页、脱页，由本社发行部调换

电话服务	网络服务
服务咨询热线：010-88361066	机 工 官 网：www.cmpbook.com
读者购书热线：010-68326294	机 工 官 博：weibo.com/cmp1952
010-88379203	金 书 网：www.golden-book.com
封面无防伪标均为盗版	教育服务网：www.cmpedu.com

前　言

地质调查项目属于公益性投资项目，其经费多来自国家财政拨款，提供的产品也属于公共产品。在市场经济条件下，非财政投资项目实施中的资源优化配置，是通过市场这只无形的手实现的。政府投资项目一般是提供公共产品和服务，通过严格的预算体系保证资源的优化。绩效的考评是对预算实施效果的检验，绩效考评体系和预算体系相互配合，才能保证政府财政资金的优化使用。因此，开展地质调查财务管理与运行机制研究，不仅有助于进一步规范国家财政投入地质调查经费的支出管理，而且有助于进一步规范地质调查项目管理，扩大地质调查工作的社会影响力。

本书依托于中国地质调查局发展研究中心承担的“地质调查财务管理与运行机制研究”项目而编写，主要内容包括：理论与政策跟踪，地质调查预算管理研究，地质调查财务管理研究，地质调查综合统计与资产管理研究，数据库及其管理信息系统的研建、维护完善与应用推广。

本书由罗晓玲负责制定结构框架，并最终定稿，具体内容编写人包括罗晓玲、张润丽、王文、夏英煌、陈元旭、姚震、吕晓岚、王旭光、石森、王蔚、余国栋、才宇、肖劲奔、王楠、张宇、李晓莉、于清、于湛、窦云涛、黄龙、姚舜禹、刘海蓉、李玉芝。

本书依托项目的研究工作进展顺利，研究基础扎实，成果内容丰硕，应用效益明显。本研究工作自始至终得到了王学龙、王保良、武选民、严兴华、薛迎喜、龙宝林、张生辉、王长峰等专家的指导和帮助，得到了国土资源部有关司局、中国地质调查局及其发展研究中心领导的关怀和支持以及协作单位的大力配合，在此一并表示最诚挚的谢意！由于地质调查财务管理与机制研究是一个系统和动态的研究过程，受到诸多因素的影响，还存在很多难点和需要深入研究的内容，书中的观点仅是项目组的研究成果，仅供参考。而且由于项目研究时间主要集中于2011—2012年，因此本书中大部分内容基于此时间区段，与现在的情况可能有出入，还请读者谅解。书中存在的不足之处，恳请专家学者不吝赐教，我们将在今后的研究中逐步深化完善。

本书由地质调查项目“地质调查财务管理与运行机制研究”（项目编码：1212011120394；任务书编号：财〔2011〕01－78－03、财〔2012〕01－064－003；工作起止年限：2011—2012年）提供资金支持。

编者

目　录

绪 论

一、本书简介

本书是以中国地质调查局（简称地调局）委托中国地质调查局发展研究中心承担的“地质调查财务管理与运行机制研究”（项目编码：1212011120394）项目为依托，由中国地质调查局发展研究中心承担，北京超图软件股份有限公司及中国地质科学院（简称地科院）地球物理地球化学勘查研究所（简称地物地化勘查研究所）参加，共同完成的研究成果。[一]

（一）本书研究的特殊性与重要性说明

公共财政体制改革的推进，对细化预算编制、严格预算执行、规范预算财务管理等方面都提出了新的要求。地质调查项目财务管理无论是在经费管理流程、经费开支范围，还是费用结构等方面都和以往相比，均有了较大变化。在财政体制改革的不断推进下，依据国家财政改革文件，结合《地质矿产调查评价专项资金管理办法》的新要求，研究新条件下的地质调查项目经费管理及运行机制意义重大。

1. 地质调查预算财务管理需要积极适应公共财政体制改革，建立强有力的财务监管机制

近年来，随着我国财政体制改革的不断深入，形成了以建立国家公共财政体制为目标，以改革部门预算为切入点，推行国库集中收付制度、“收支两条线”、政府采购以及政府收支分类改革等的一系列配套改革措施。作为国家财政投入的地质矿产调查评价专项启动，急需从如何适应公共财政体制的需要、如何创新运行机制等方面入手研究地质调查预算财务管理；同时也需要建立从预算到经费支出到决算的相关数据库，从而为中国地质调查局建立强有力的财务监管机制。

2. 地质调查需要提高绩效管理和经费管理水平，保证政府财政资金的优化使用

长期以来，绩效管理一直被认为是推动绩效预算的核心部分。20 世

[一] 因项目主要完成时间集中在2011—2012 年，所以本书中涉及的数据资料等基本是2012 年以前的，涉及的部分法规文件现在已被废止，在相应位置做了注释。

纪中期开始，西方发达国家对财政支持的公共项目已经建立了较为完善的绩效考评制度，不仅有效地提高了政府管理效率，而且增进了社会对政府公共支出的监督和了解。在此影响下，我国政府也逐渐意识到构建我国财政绩效管理模式，探索公共财政支出的绩效管理办法，科学评价公共财政支出经济性和有效性的紧迫性和重要性。当前财政资金绩效考评工作已成为规范财政支出、提高资金使用效益的有效手段，受到各级财政部门的重视。

地质领域的效益评价问题一直是一个非常重要而又难以解决的课题。公益性地质工作具有公共产品的特点，产出难以货币化，且具有重复使用、效益后续等特点。矿产地质工作具有高风险性、长周期性、效益在开发阶段才能体现等特点，导致了对地质工作效益评价存在很大难度。随着社会主义市场经济体制的逐步建立，公益性地质工作与商业性地质工作分开运行的体制框架已经确立，地质工作必须更加紧密地与经济建设相结合，更加主动地为经济社会发展服务才能更好地生存和发展。因此，新形势下的地质工作不仅仅是提供地质产品，而更要突出地质产品如何为后续部门和社会公众提供服务。

地质调查项目属于公益性投资项目，其经费多来自国家财政拨款，其提供的产品也属于公共产品。政府投资项目形成的公共产品和服务，必须通过严格的预算体系保证资源的优化。政府财政资金的绩效考评是对预算实施效果的检验，绩效考评体系和预算体系相互配合，才能保证政府财政资金的优化使用。因此，开展地质调查经费管理与运行机制研究不仅有助于进一步规范国家财政投入地质调查经费的支出管理，而且有助于进一步规范地质调查项目管理，还有助于进一步扩大地质调查工作的社会影响力。

（二）本书主要创新点

本书创新点主要表现为以下三个：

1. 实用性强

数据库及管理信息系统建设及时，实用性强，各系统功能作用明确，数据流清晰，系统间数据共享，采用技术符合实际，性价比高，有力地覆盖、支撑和优化了地质调查预算财务管理的主要业务流程，及时、有效、持续服务了地质调查的日常预算财务管理，与中央部门的预算、决算系统和国土资源部的财务管理系统实现了有效对接，实现了“自成体系、相互衔接、循环推进、螺旋式提升”的系统研建目标。

2. 问题导向明确

紧密围绕着地质调查财务管理的主要内容，准确抓取预算管理、财务管理、绩效管理、资产管理、内部控制等关键问题，进行深入研究，形成的研究成果时效性强，为管理决策提供了及时的研究支撑。

3. 实现了财务管理的集成创新

关键问题研究与管理系统研建、数据持续跟踪更新及其系统功能完善、更新、集成紧密衔接。概括为“顶层设计、模型构建、系统实现、集成创新 ”，如图 1 所示。

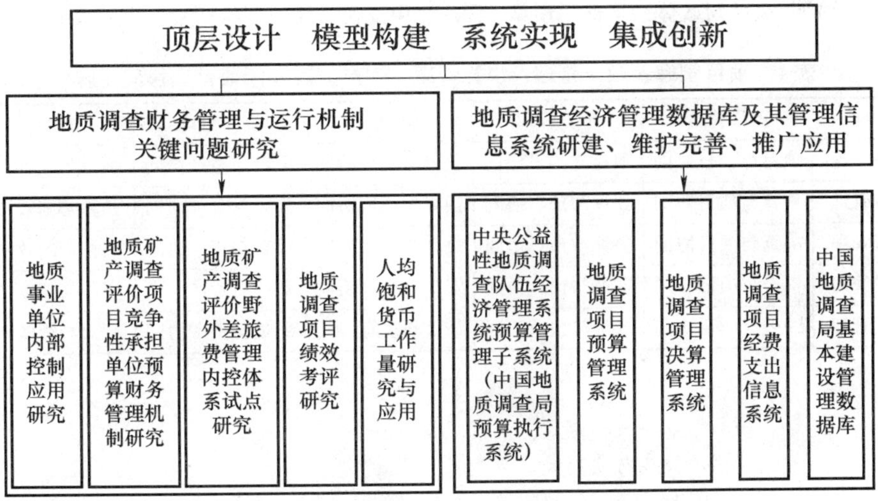

图 1 本书创新之处概括图

具体从以下两方面展开：

（1）模型构建。首次以关键问题为抓手，开展顶层设计，构建了管理协同矩阵和五轮驱动机制模型。

借助协同思想，开展顶层设计，研究并构建了管理协同矩阵和地质调查经济管理五轮驱动机制模型。梳理、总结了规范、高效的地质调查财务管理运行机制，研究了“项目—预算—决算—资产—绩效”五者有效结合的管理运行机制，为地调局的部门预算和财务管理科学化、精细化提供了具有可操作性的理论基础。相关内容见图 2、表 1、图 3。

图 2　公共财政体系下部门预算、国库集中支付和绩效评价相互作用示意图

表 1　项目管理、预算管理、决算管理、资产管理和绩效管理协同矩阵

协同	项目管理	预算管理	决算管理	资产管理	绩效管理
项目管理	项目与项目协同	项目与预算协同	项目与决算协同	项目与生产协同	项目与绩效协同
预算管理	预算与项目协同	预算与预算协同	预算与决算协同	预算与资产协同	预算与绩效协同
决算管理	决算与项目协同	决算与预算协同	决算与决算协同	决算与资产协同	决算与绩效协同
资产管理	资产与项目协同	资产与预算协同	资产与决算协同	资产与资产协同	资产与绩效协同
绩效管理	绩效与项目协同	绩效与预算协同	绩效与决算协同	绩效与资产协同	绩效与绩效协同

图 3　项目管理、预算管理、决算管理、资产管理和绩效管理齿轮咬合联动模型

（2）集成创新。坚持总体设计、分步实施，开展了数据库管理信息系统的研发、测试、维护完善、推广应用，首次实现了地质调查预算财务管理的集成创新。

运用管理协同矩阵和五轮驱动机制模型，根据总体设计、分步实施的工作理念，遵循地质调查经济管理客观规律和经济管理信息系统研发的相关标准要求，开展了五个数据库管理信息系统的研发、测试、维护完善、推广应用，支持了地质调查经济管理的相关环节，支撑了地质调查预算财务管理模式的创新。同时与“中央部门预算系统”“中央部门决算系统”“国土资源部财务管理系统”等外部要求使用的系统在数据上进行了有机衔接，为地质调查经济管理业务和数据集成打下了坚实基础，如图 4、图 5 和图 6 所示。

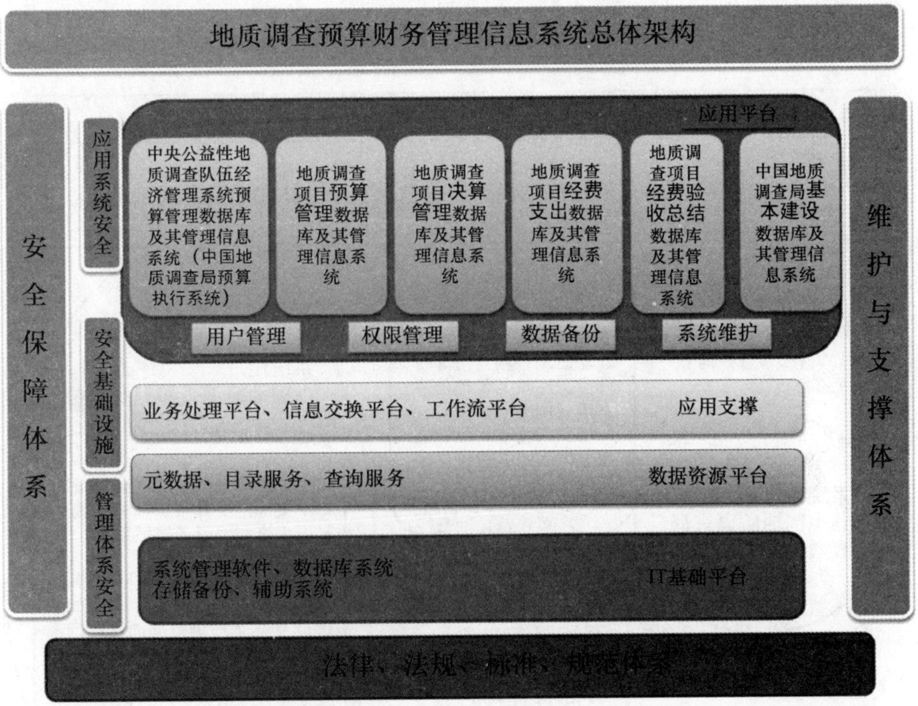

图 4　2006—2015 年地质调查预算财务管理信息系统总体架构示意图

二、研究成果的转化和应用

1. 预算管理、财务管理、项目管理、绩效管理的系统化、整体化、协同化基本成型

借助协同思想和研建的若干个数据库，研究并构建的地质调查项目管理、预算管理、决算管理、资产管理、绩效管理五轮驱动机制模型正在预算管理、财务管理的实践中应用、检验、完善。为地质调查预算财务管理顶层设计奠定了良好的基础。

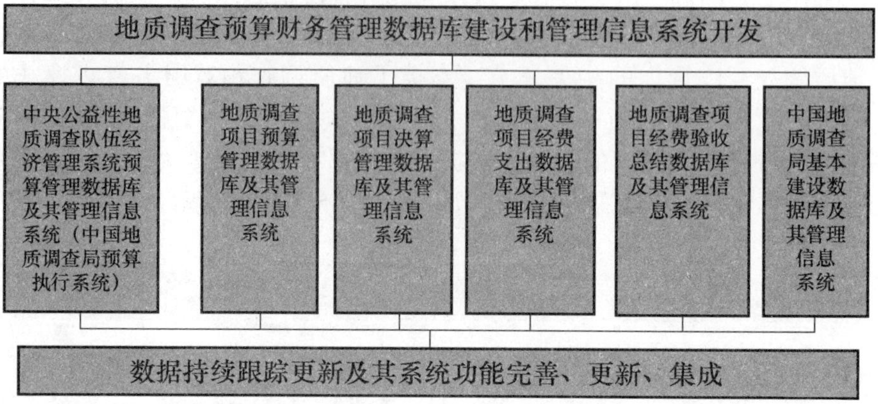

图 5　2006—2015 年数据库建设和管理信息系统总体构想及实现示意图

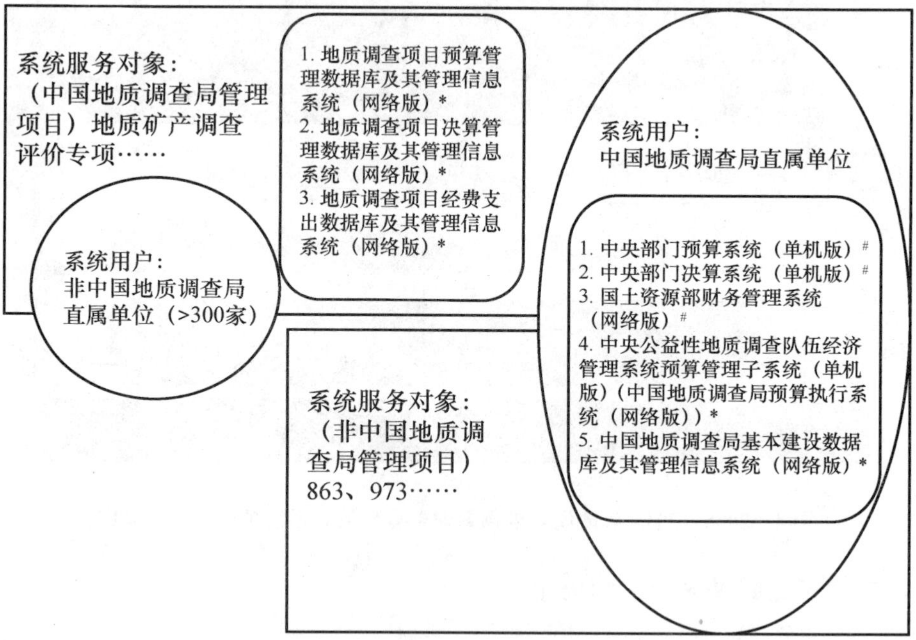

图 6　地质调查预算财务管理系统服务对象、用户、系统间及与外部要求使用系统关系示意图

（注：带＊者为项目研究成果的五大数据库及管理信息系统；带#者为外部要求使用系统）

2. 相关数据库及其管理系统的研发、跟踪、维护完善、升级及推广应用实现了软科学研究的硬支撑

“中央公益性地质调查队伍经济管理系统预算管理子系统”“地质调查项目

预算管理系统”“地质调查项目决算管理系统”“地质调查项目经费支出信息管理系统”“局基本建设项目数据库”五个系统有力地支撑了局经济管理的信息化和现代化。

3. 配合局财务部预算处认真落实预算管理统筹机制

充分利用“中央公益性地质调查队伍经济管理预算管理子系统”，配合局财务部预算处认真落实预算管理统筹机制，财政资金预算执行难题进一步破解。

4. 支撑出台了多个相关文件，协助启动项目经费支出绩效评价试点工作

研究了局属单位规范和加强预算管理和财务管理的若干政策建议，支撑出台了预算、财务管理方面多个相关文件，协助启动地质调查与科研项目经费支出绩效评价试点工作。

5. 充分利用专题研究成果，协助局属单位健全完善内部管理制度

充分利用专题研究成果，重点围绕地质调查与科研项目支出中内控制度的执行情况、年度项目业务与预算支出统筹管理机制的运行情况，协助局属单位以内部审计问题整改与验收为抓手，健全完善内部管理制度。

三、研究成果的评价情况

以姚华军为评审委员会主任的专家组一致认为，项目研究成果在国内同类研究中处于领先水平，评审等级为优秀。具体评审意见包括：

（1）项目展开了“人均饱和货币工作量研究与应用”“地质事业单位内部控制应用研究”等11个专题研究，研建、维护完善、推广应用了五个数据库管理信息系统，完成了任务目标。

（2）通过“注重基础数据积累和团队建设”“研究构建管理协同矩阵和五轮驱动机制模型”“坚持开展数据库和信息系统的研发、测试、培训、推广应用、维护和应用研究”“借力地质信息技术实验研究平台、寻找局属业务系统整体定位”等方式方法，形成了“需求分析”“问题导向”“目标探索”“框架构建”“成果完善”的实用研究特色。

（3）研究成果主要包括“理论与政策跟踪”“地质调查预算管理研究”“地质调查财务管理研究”“地质调查综合统计与资产管理研究”等，资料翔实、图文并茂，内容丰硕。

（4）项目研建了“地质调查项目预算管理系统1.0”“地质调查项目决算管理系统1.0”等五个数据库及其管理信息系统，并取得了五项国家版权局颁发的计算机软件著作权登记证书。

（5）项目研究结合地质调查财务管理需求，及时推广应用有关研究成果，成果应用效果显著，为地质调查预算财务管理的规范化、科学化、信息化提供了重要支撑。

第一章 理论与政策跟踪

第一节 公共财政制度改革与发展态势

一、公共财政的概念、职能及存在的问题

1. 公共财政的定义、职能

公共财政就是国家通过社会和经济管理者的身份获取对应的收入，政府在公共活动上的开支是主要的支出，从而达到保障国家安全和社会秩序的目的，公共服务水平也得到了一定的提高，经济得到了均衡的发展，实现了一种与市场经济对应的财政运行体质。它主要诠释了公共收入和公共支出两个主要的方向，公共收入是政府公共职能得以实现的必需品，而公共支出体现了政府履行的公共职能。

公共财政主要有满足公共需要、稳定宏观经济、促进社会公平、监督市场运行、促进市场发育五个职能。

2. 公共财政存在的问题

从我国财政运行状况来看，我国公共财政体系还存在两个方面的主要问题：一是财政职能定位不清，主要还存在“缺位”和“越位”的现象，对一些竞争性领域的投入和公共领域的欠投入；二是从监督环节上看，表现为集中性和非连续性的事后检查多，事前、事中监督少。

二、财政预算管理体制改革的新政策与新规定

1. 政策变化的总体原则

政策变化的总体原则是：加强综合预算管理，细化预算编

制，推进资产管理与预算管理相结合、预算编制与预算执行相结合，提高预算管理的科学化、精细化水平；要加强预算编制的基础性工作，完善支出标准体系和项目库管理方式，改进预算决策机制，为预算执行创造良好条件；要进一步深化国库集中支付、政府采购和公务卡改革，加强预算执行管理，努力提高预算资金分配、支付和使用的规范性、安全性和有效性。

2. 具体内容

（1）规范项目预算编制，推进项目支出预算的精细化管理，严格预算审核。按照财政部部署，积极研究建立项目支出定额标准体系，完善项目支出分类方法，提高项目支出预算管理的标准化水平。严格按照《国土资源部项目支出预算管理办法》的规定编报审核项目预算。要根据部门预算项目申报重点，加强立项论证审核工作，择优遴选项目和项目承担单位，提高项目申报质量。建立预算编报、审核、执行的责任制度。切实加强项目库建设和管理，完善项目信息，规范信息填报。要根据项目急需程度，做好项目排序。切实抓好项目支出预算执行管理，预算下达后必须按照规定编制具体的项目预算实施方案，单位审核论证后报部备案；按照规定应对项目预算实施方案（项目设计）进行批复的专项项目预算，由有关专项组织实施单位审核论证并批复。加强对项目执行、资金使用情况的跟踪分析，按规定报送项目预算执行情况。推动预算编制和预算执行相结合。

（2）强化财务管理，细化预算执行措施，硬化预算约束。进一步完善内部控制制度，建立预算编制与预算执行的协调机制，加强财务管理与业务工作的协调配合，强化、细化预算执行措施，运用国土资源部财务管理信息系统实现预算支出控制与预警。按国库支付制度改革的要求，规范授权支付，按规定合理安排支付方式和支付进度。重点加强对专项资金项目预算支出的管理。要严格控制出国（境）费、车辆购置及运行费、公务接待费、会议费、办公费、委托业务费的支出；严禁虚列、挤占、挪用经费，不得超标准、超范围支出；经费支出要有计划，要严格按照预算确定的支出范围和额度控制支出，没有预算的项目不得支出。

（3）进一步推进预算项目支出绩效评价试点，强化预算绩效观念，提高公共服务质量。继续扩大绩效评价试点范围，明确各相关方在绩效评价工作中的职责，规范工作程序和步骤。加强对包括绩效评价项目确定、事前自评、事后自评和绩效评价、评价结果运用在内的全过程管理；完善评价指标和评价文本，提高评价工作的规范性和可操作性。根据国土资源部部门预算的实际情况，选择部分重点项目进行全面的综合考评。积极运用绩效评价结果，逐步实现绩效评价结果与项目支出预算管理的有机结合。建立和完善绩效评价公开制度，对绩效评价目标、结果等进行部内公示。

（4）强化财政拨款结转和结余资金管理，加大结转和结余资金统筹使用的力度，提高财政资金使用效率。通过提高预算编制的准确性、加强预算执行管理，努力减少财政拨款结转和结余资金。要按照财政拨款结转和结余资金管理的有关规定，加强财政拨款结转和结余资金的统计、分析和统筹使用。严格按照规定确认结转和结余资金，及时进行项目清理，做好项目结题验收工作。各单位在编制预算时，要统筹考虑基本支出结转资金及项目支出结转和结余资金的情况，对结转和结余资金数额、预算执行的可能性进行充分预测，结转和结余资金不足以安排使用时再申请增加财政拨款。

（5）加强国有资产管理，研究建立资产配置标准体系，推进资产管理与预算管理的有机结合。财政部将加快制定资产配置等标准，完善资产标准体系；加强行政事业单位资产配置预算管理。建立健全资产管理与预算管理有机结合的机制，促进国有资产的合理配置和有效利用。规范对行政事业单位国有资产有偿使用和处置活动的管理，行政单位国有资产处置收入、出租出借收入及事业单位国有资产处置收入，要按照非税收入纳入预算管理的有关规定，上缴中央财政。

（6）认真编制政府采购预算和计划，规范政府采购行为，推进政府采购制度改革。认真做好政府采购预算的细化编制工作，所有使用财政性资金采购货物、工程和服务的支出都必须编制政府采购预算。按照《国务院关于中央预算单位 2011—2012 年政府集中采购目录及标准的通知》有关要求，对目录中公布的由集中采购机构采购的项目，以及 2011 年预算中部门集中采购项目，分散采购限额标准以上的货物、服务和工程项目，如实编报政府采购预算。严格执行有关政府采购政策功能的制度办法，对于节能环保的产品，在编制政府采购预算时要予以注明。预算单位未在预算中按以上要求编报政府采购预算的，不得组织政府采购活动，不予支付资金，对执行中申请变更政府采购方式的，财政部将不予审批。部门集中采购项目由部财务主管部门统一组织实施，原则上全部委托中介机构组织采购。加强对单位分散采购的管理，各单位要有专门的机构负责采购工作。达到公开招标标准的，必须公开招标，严禁化整为零，规避公开招标。大力推进项目承担单位招投标制度，对部组织实施的重大专项项目，以及各单位承担的项目中需要委托其他单位承担的工作，符合招投标条件的，有关单位要积极组织招标。

三、现行财政预算管理体制的基本框架及其运行机制

经过 10 多年的不断改革，所形成的财政预算管理体制及运行的主要框架如图 1－1 和图 1－2 所示，其内容如下：

(1) 预算编制方式：实行“一个部门一本预算”，部门预算覆盖预算内、预算外所有收入；预算的形成采用自下而上、逐级汇总的编制方式；预算最终确定采用“两上两下”的历程。

(2) 预算支出类型：部门预算无论资金量多与少，一律分为基本支出预算和项目支出预算两种类型。

(3) 预算资金拨付：实行“国库单一账户”统一管理，采用直接支付和授权支付两种方式。

(4) 预算执行的监督：全国人大每年要听取各部门预算情况的汇报（当年预算支出效益和下年安排两个方面）；国家审计署对预算执行情况和年度决算进行审计（财政预算支出的规范性）；财政部通过国库支付信息系统进行实时监控（预算执行进度、大额资金流向等）。

(5) 配套制度：政府集中采购制度、收支两条线制度、政府收支科目新分类、预算支出绩效评估制度、每个年度的部门预算编制指南、公务卡制度、财务管理信息系统等。

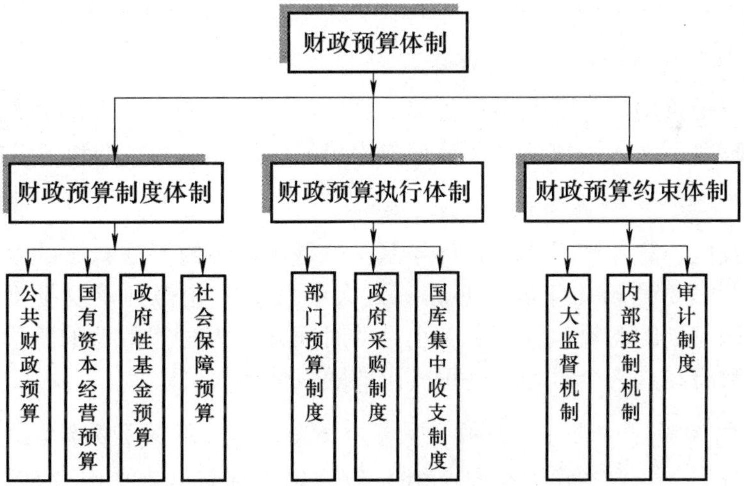

图1-1 现行财政预算管理体制的主要框架示意图

四、我国财政预算管理体制存在的问题

1. 财政部门和一些职能部门以及人大之间的关系没有理顺

税收任务是从中央下达到地方，地方政府要求按人大通过的预算执行，而税务部门则按上级部门下达的任务数完成。其结果是地方政府要么完不成计

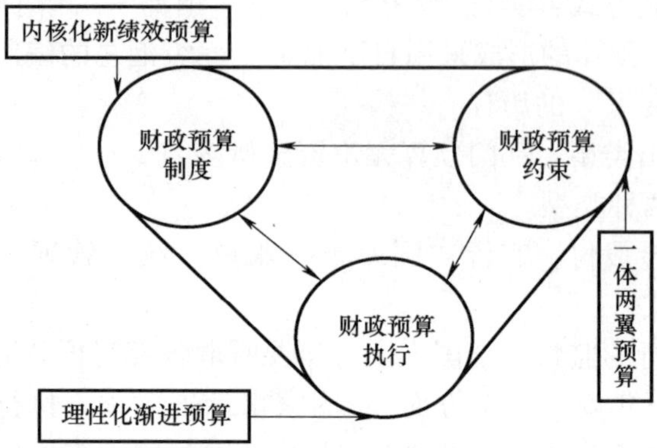

图1－2　现行财政预算管理体制运行示意图

划，要么为了让税务部门完成任务而增加税务成本。

2. 编制预算的时间过短，影响预算编制的质量

我国的预算编制一般是在每年的10月份开始，在编制上，周期一般只有2～3个月，因为调查和研究工作时间上的不充足，造成预算编制精细化不够。

3. 预算报告审议机构的力量薄弱

预算审批机构的专业性不是很强，难以深入审查监督，大部分人大代表对预算报告理解不深入，致使对预算报告提出的建议没有针对性和建设性。

4. 预算执行的刚性不强

目前我国预算年度采用的是历年制，就是从每年的1月1日到12月31日，但是预算草案要到第二年的3月份，人大会议上才能得到审议批准。这样操作，使我国每年的预算执行都有3个月的时间处于无法律效益的阶段。这样就会使各级政府在这三个月的时间里支出的随意性增大。

5. 在预算管理中还没有归纳到预算外资金，这就降低了预算编制的完整性

这部分资金的存在，致使部门和单位支出不规范，逃离财政部门的监督，影响预算编制的完整性。

6. 在预算上，如果有违反行为，也没有相应的追究和惩罚的方法，大大减弱了预算的法制性和权威性

我国法律对违反《预算法》一些行为的处罚还有不足：①不明确责任的主体；②采取法律手段的是违法人的上级机关，却不是监督机关，这样就使执行法的客观性大大减弱；③制裁形式有限，只有行政处罚，法律的权威性不够。这些缺陷和不足导致了一些违规行为的发生。

五、我国财政预算管理体制改革发展的态势及未来趋势

1. 按照建立公共财政的要求，继续深化财政预算管理改革

公共财政体制的主要内容，可以分为三个层次进行考察和分析：①财政的主要职能和基本定位。②财政的运行机制。也就是财政收入的组织机制和财政支出的安排机制，主要是财政的预算管理。③科学的方法和有效的监督，如预算的科学编制方法、税收征管的方法和手段、国库集中支付、政府集中采购等。

在这三个层次中，预算管理是核心。首先，财政的职能要通过预算的安排体现出来，即通过预算得以实现。其次，科学、细化、规范的预算管理，是国库集中收付和政府集中采购正常运行的基础。最后，预算是财政监督的依据，具有法律效力。如果预算不规范，不仅财政部门很难进行全程监督，也不可能形成社会其他有效监督机制。因此，建立公共财政体制，必须要不断深化预算管理改革。我国在部门预算、国库集中收付和政府集中采购等方面已进行了有效的探索和改革，初步建立了公共财政的基本框架，这使我国建立公共财政体制的改革进入了核心和攻坚的阶段，即深化预算改革阶段。

财政预算规定了政府向社会提供公共产品和服务的规模与结构，以及需要全体社会成员担负的成本即税收数量。那么，每年提供公共产品和服务的规模以及社会负担的成本由谁来决定，提供公共产品与服务的结构和类型又由谁来选择，即财政预算管理中的公共性问题如何解决。因此，今后财政预算管理改革的一个重要任务，就是在预算管理中引入公共决策和选择机制。比如在人大设立预算编制和审查委员会，专司预算的编制、审查和监督工作；在预算编制过程中，建立广泛征求意见的机制；增加预算的透明度，扩大预算编制和执行的社会监督，构建纳税人的意见反馈机制等。

财政支出预算是国库集中收付、政府集中采购以及加强财政监督的依据，也是提高财政支出效益的关键，因此，必须要细化预算的编制。目前的预算主要有三部分：①固定部分，即人员工资和共用经费部分；②活的部分，即专项经费部分；③转移支付部分，即上级政府对下级政府的补助。对于固定部分，关键是要引入绩效预算的办法，即财政供给与单位取得的成效挂钩，成效越大，财政支持越大，改变过去财政养人、养懒的做法，提高财政资金的使用效益和引导作用。对于专项经费的预算，一定要细化到项目，把经费和项目挂钩，加强对项目资金使用的管理和监督。对于转移支付支出，要按照提供公共产品和服务均等化的原则，规范转移支付，减少随意性。总之，要尽量利用现代化的技术手段和方法，不断细化预算编制，使预算尽可能规范、合理和透明。

总之，预算管理改革正在从重预算编制到重预算执行过程管理转变。着眼于规范预算分配机制，实现预算编制科学化、精细化，加强预算执行管理，推行预算绩效考评制度，逐步建立起一套框架体系完整、内容有机结合、运转高效有序的财政资金分配、使用和管理机制，从而提高财政资金的规范性、安全性和有效性。

2. 按照建立公共财政的总体规划，重点推进如下财政预算管理改革

（1）预算安排将会不断优化财政支出结构，财政资金要逐步从非公共服务领域退出，向公益性事业单位业务发展与服务方式提出挑战。

（2）预算管理将不断向科学化、精细化、公开透明和绩效化的方向发展。

1）科学化：通俗地讲科学化就是要“抬头看路”，明确方向、目标并选择有效的途径（技术路线、投入方式等）。

2）精细化：通俗地讲精细化就是要“埋头拉车”，一步一个脚印地按科学确定的方向前进（预算执行的严肃性）。

3）公开透明：预算安排与执行情况，包括效果要逐步向社会公开，接受社会各界监督。

4）绩效化：财政投入效益的考评制度化，绩效预算模式将会被逐步引入预算管理。

（3）预算额度安排逐步与事业单位国有资产占有、使用方式挂钩。

资产管理与预算管理相结合是深化我国财政体制改革的方向：自从2000年以来，我国在部门预算改革、国库集中收付制度改革和政府收支分类改革等方面都取得了一定的进展，为完善公共财政体系奠定了良好的基础。但作为财政管理“一体两翼”的资产管理改革，还处于起步和初步发展阶段。资产管理与预算管理相结合是一个涉及多环节、多方面内容的综合性问题。从预算管理环节上看，涉及预算编制、执行和决算等多个环节；从资产管理环节上看，涉及资产的配置、使用和处置等整个资产管理周期；从预算管理内容上看，包括资产配置预算编制、实物费用定额预算、预算追加、资产收入管理、政府采购预算、预算基础数据信息、预算绩效考评、决算等多方面内容。其中，资产配置预算编制是资产管理的“入口”，是预算管理的重要内容。按照公共财政的要求，从存量到流量都管起来，做到依法合理征收、使用，并在公共领域内公平分配、合理配置，增加透明度，强化公共监督，提高公共资产资源的使用效率，减少和杜绝浪费及各种形式的腐败，盘活存量资产，以存量制约增量，以增量带动存量，提高财政资金的使用效益，提高财政管理的科学化、精细化水平。

对公益性事业单位预算申请和支出提出更高要求，中国地质调查局发展研究中心2012年度在2013年度立项时针对“保密数据处理存储与展示系统”向中国地质调查局提交的《新增装备资产配置计划项目可行性研究报告》就是很好的实践。

（4）完善基本支出和项目支出的管理方法。全面推行基本支出定员定额制度：定额对象确定，基础数据收集整理，定额标准核定，单项核定处理。

（5）试编中长期预算。进行滚动预算，包含两年以上支出需求预算决策。

（6）进行配套制度的改革。主要有国库集中收付制度、国有资产管理制度、政府采购制度及事业单位财务规则、事业单位会计制度、科学事业单位财务制度、中央规范津补贴制度（公务员、事业单位、京外退休人员）、公务卡制度、会议费制度、差旅费制度等。

第二节　相关法律法规制度的跟踪研究

为适应国家财政管理制度改革的要求，贯彻执行财经法规和财务会计制度，进一步加强财务管理工作，规范财务管理行为，依据国家财经法规和有关部门的政策、制度等，结合相关实际情况，本书系统收集了预算财务管理相关法律法规等相关资料。

这些资料大致可分为13类：综合类、财务会计制度类、国土资源财务管理类、专项资金管理类、预算管理类、政府采购类、国库改革类、住房改革类、内部会计控制与审计监督类、资产管理类、非税收入管理类、账户管理类、基本建设管理类等。参见相关法律法规制度清单。

第二章 地质调查预算管理研究

第一节 地质调查预算管理现状[㊀]

中国地质调查局是以公益性为主的事业单位，取得、使用财政资金的过程属于满足社会公共需要，为社会提供公共产品、公共服务的政府分配行为属公共财政行为。

地质调查项目预算是指为实现一定的地质调查工作目标而制定的具体行动方案所安排的经费支出计划，是对资金支出的许可。

根据专项资金管理办法有关规定，围绕加强地质调查项目预算管理，在地质调查项目预算编制和审查制度建设、预算标准的修改完善、预算编制人员和预算专家的培养方面，以及在全口径部门预算渐进式推进和地质调查预算管理信息化建设等方面，中国地质调查局开展了一系列工作。

一、地质调查项目预算编制和审查制度建设与时俱进

2006 年 1 月，《国务院关于加强地质工作的决定》（国发〔2006〕4 号）下发，明确了新时期地质工作的主要任务。

2009 年 8 月，李克强副总理视察中国地质科学院，在听取国土资源部工作汇报时发表重要讲话，提出了“矿产资源保障要立

㊀ 因本书依托的项目主要完成时间集中在 2011—2012 年，所以这里的“现状”主要指的是那时的“现状”。后文的“现状”意义与此相同，不再注释。

足国内”的战略要求，明确了新时期地质找矿的目标和任务。

国土资源部党组为落实党中央、国务院领导的指示精神，适时提出《地质矿产保障工程实施方案》，得到财政部批准，地质矿产调查评价专项（以下简称“地矿专项”）就是《地质矿产保障工程》的重要组成部分。

2010年5月，《财政部、国土资源部关于印发〈地质矿产调查评价专项资金管理办法〉的通知》（财建〔2010〕174号）下发；以保障项目顺利实施，提高财政资金使用效益，加强项目预算执行管理，保障公益性地质事业的发展，保障项目承担单位增强可持续发展能力。与《国土资源大调查专项资金管理办法》相比，在制度上有所创新。允许“五险一金”，设备使用费（设备折旧费、租赁费），必要的出国费，野外工作人身意外险、不可预见费等几方面的费用进入项目成本。体现了财政部、国土资源部充分考虑了地质调查工作的特性。

2010年4月14日，为适应地矿专项已经启动的形势，根据财政部原则通过的地矿专项资金管理办法，中国地质调查局印发《地质矿产调查评价项目预算编制和审查要求》（中地调函〔2010〕88号）。

在地矿专项实施过程中，中国地质调查局结合项目预算编制、执行以及各类审计中出现的问题，针对委托业务费、设备使用与购置费、不可预见费、四项经费（会议费、交通费、招待费、出国费）、安全生产使用费等重点费用支出，又相继出台了《地质矿产调查评价项目预算编制与审查补充要求》（中地调函〔2010〕255号），以及一系列相关预算财务管理规定，为地矿专项的顺利实施提供了技术支撑和政策保障。

预算编制是财政支出管理的核心环节。

项目预算编制细化的基本要求主要有：①项目主体细化到具体的项目承担单位；②项目任务细化到工作内容、手段、工作量；③预算支出细化到手段、费用科目与事项；④技术方案和预算方案是一个事物的两个方面，预算必须与技术方案密切相关，开支范围和开支标准必须符合国家财经法规的规定；⑤科学、合理地编制预算，必须掌握两个标准，即定性标准和定量标准。定性标准决定所办的事情是否与政府公共投资政策相符，定量标准就是国家规定的各项费用支出标准。

与地矿专项直接相关的预算财务管理政策性文件主要有以下七个，它们是地矿专项项目预算编制的主要依据：

（1）财政部、国土资源部《地质矿产调查评价专项资金管理办法》。

（2）中国地质调查局《地质矿产调查评价项目预算编制和审查要求》，这是地质调查项目预算编制与经费支出有关要求的核心文件。

（3）中国地质调查局《地质矿产调查评价项目预算编制与审查补充要求》。

（4）《中国地质调查局关于加强地质调查项目委托业务费管理的通知》（中地调发〔2010〕208 号）。

（5）《中国地质调查局关于加强地质调查项目委托业务管理的通知》（中地调函〔2010〕343 号）。

（6）《中国地质调查局关于进一步加强地质调查与科研项目四项经费管理的通知》（中地调发〔2011〕317 号）。

（7）《地质调查项目预算标准》（2010 年试用版）。

作为地质调查项目的组织实施者，中国地质调查局采取如下措施加强了地质调查项目预算管理：

（1）增强法制观念，健全完善预算编制和执行责任制度。建立健全预算编制和执行责任制度。加强统一组织和领导，以及项目预算编制的协调与配合，使项目预算编制与审查的程序严谨，保证预算规范有效执行。

（2）精心编制项目预算，把好项目预算审核关。遵循地质工作规律，按照实事求是的原则编制项目预算。预算编制要依据充分、内容齐全、方法正确、测算准确。

（3）严格执行项目预算，加强支出环节管理。项目预算一经批准，必须严格执行，严禁挤占、挪用。发生特殊情况确实需要调整项目预算时，应当按照项目预算管理权限和程序逐级报批。加强会议费、委托业务费、专用设备购置费、出国费等重点费用的支出管理。建立结转、结余资金与预算安排衔接制度。对项目结转、结余资金形成的原因进行认真分析，及时清理结转、结余资金，加快推进项目进度，努力减少结转、结余资金的数量。

（4）强化预算管理基础业务建设，奠定规范预算管理基础。修改完善项目预算编制制度，加强预算编制与预算执行管理。继续推进地质调查预算标准动态评估工作，建立动态调整机制。继续加强预算编制人员培训和预算审查专家的培养锻炼，壮大预算编制和审查的专业人员队伍，为规范项目预算编制、提高预算编制质量奠定基础。

总体上，地质调查项目预算编制和审查制度建设与时俱进。

二、预算标准的修改完善持续进行

地质调查预算标准是基于工作手段中的人员配备、设备配备、材料消耗和劳动效率定额的一种价值计量标准，它是连接项目工作任务与经费支出的纽带，也是衡量项目经费与项目任务是否平衡与合理的尺子。预算标准存在的主要问题有：①地质调查新技术、新方法预算标准的制定跟不上；②预算标准的费用水平和科目设置不适应形势的发展。针对主要问题，要不断修改完善地质调查项目预算标准。修改完善的原则有：①以公平为前提，兼顾单位的实际支出水平；②节俭高效、简便易行。在保持原预算标准体系基本内容不变的前提下，中国国土资源经济研究院对标准进行了全面修改，经过财政部委托的投资评审中心评审，形成《国土资源调查预算标准（地质调查部分）》《地质调查项目预算标准（试用）》。正在研究全成本地质调查项目预算标准。

三、项目预算编制和审查人员队伍建设得到了加强

加强预算编制人员业务培训，2000—2012 年，已培养项目预算编制人员 2800 人。经过多年的锻炼与培养，形成了一支单位分布广泛、经验丰富、责任心强的预算编制人员队伍和预算审查专家队伍。并通过地质调查预算员库和地质调查经审专家库，进行动态跟踪、培训和使用。

四、相关审计结论

中国地质调查局 2010—2011 年委托中审亚太会计师事务所，对 42 个项目承担单位，1999—2010 年共 12 个会计年度，地质调查项目的预算执行、经费支出、会计核算、单位管理进行了专项审计，综合评价结论为：各单位自承担项目以来，均制定了相应的项目资金内控制度，为有效规范

使用项目资金起到了一定作用，基本能够根据国家规定的各项财务开支范围和标准，对项目资金进行使用；基本符合中国地质调查局地质调查项目财务、预算、统计等有关规定；但个别单位个别项目资金的使用及核算中仍存在一定的不足。

五、中国地质调查局全口径部门预算推进顺利

中国地质调查局部门预算按国家公共财政改革思路，基本遵循渐进部门预算的思路，主要保证了中国地质调查局本级和直属单位正常运转及完成特定的工作任务或事业发展目标而安排的财政资金，包括基本支出和项目支出预算两个部分。

随着地质调查项目逐步纳入部门预算，近年来，中国地质调查局借助三个相关管理信息系统（中央公益性地质调查队伍经济管理系统预算子系统、地质调查项目预算管理系统和中央部门预算系统），要求各单位财务部门牵头，人事、技术管理、相关业务、资产装备等相关部门要密切配合，重视部门预算的编制工作。具体如下：

1. 开展收支计划编制，科学合理确定预算总量，从源头解决预算执行难题

确定年度地质调查项目预算总量控制额度，作为局属单位地质调查项目计划与预算安排的重要依据；实行一票否决，从源头解决预算执行难题；地质调查项目计划与预算管理统筹协调机制初步形成。

针对收支计划编制中存在的问题：部分单位重视程度不够、支出计划编制随意性大、不做全口径编制、各项收支预计不够充分结构不尽合理、人员经费支出预计增长过大等，采取了一些措施：收支计划编制要充分依据本单位履行职能和事业发展计划，要与单位财力状况相适应，与单位预算执行能力相适应；要对各类收入和支出、对各项结转和结余资金、对人员经费和人员增长情况进行充分预计；全口径编制收支计划，要将所有收入和支出全部纳入收支计划，要统一管理，统筹安排，确保收支计划的完整性；力求各项收入支出数据真实准确、测算依据充分、采用标准合理、考虑因素全面，确保收支计划的真实性。确定了相应的方法流程：7 月中旬，局组织各单位编制收支计划；将上年人员及人员经费情况作为本年测

算基数；预计明年人员变化及人员经费支出情况，作为本年测算基数；测算明年人员经费需求，按项目经费允许列支30%人员费的比例，测算明年地质调查项目预算总量需求；各单位收支计划于8月初报局，形成局地质调查项目年度预算总量控制额度，下达各单位。

编制地质调查项目计划建议：各单位技术管理部门依据局地调项目部署要求和年度预算总量控制额度，提出项目设置数量、各专业费用比例；各单位通过办公会对拟申报项目规模及结构进行研究后再报局；局总工室向局各专业部室提出应给各单位安排的项目计划建议，作为各专业部室安排局属单位项目任务和预算的依据；局总工室对各专业部室提交的项目计划进行汇总、统计、调整，基本符合预算总量控制额度后，再提交局务会审定。

2. 积极适应基本支出定员定额试点，强化综合预算编制，提高基本支出预算管理的科学化、规范化和精细化水平

基本支出预算管理制度建设及试点情况如下：2002年财政部颁布《中央部门基本支出预算管理试行办法》；2007年财政部下发《中央本级基本支出预算管理办法》，废止上一个试行办法；2010年，基本支出定员定额试点范围扩大。截至2012年，中国地质调查局共有八个单位参加试点。

针对部分单位部门预算不完整、不能全面反映单位各项收支的情况，从2008年开始，中国地质调查局重点抓综合预算编制，要求各单位依据上年度决算数据和事业发展计划，充分预计各项收入和支出，经过三年的努力，中国地质调查局部门预算编制水平上了一个新台阶。

3. 加强结转和结余资金管理，优化财政资源配置，提高财政资金的使用效益

结转和结余资金管理制度建设情况如下：2006年，财政部颁布《中央部门财政拨款结余资金管理办法》；2010年，财政部颁布《中央部门财政拨款结转和结余资金管理办法》，废止前者。

根据各单位申请调整预算中暴露出的问题，采取了以下措施：对于结转或累计结转资金，申请在同一项目不同费用科目之间调整使用的，可报局审批；

用于不同项目或者其他用途的，须报财政部审批；结余资金由国土资源部统筹安排使用，各单位不得擅自动用，确因特殊原因需在预算执行中动用结余资金安排必须支出的，应报财政部审批。

4. 稳步推进绩效评价试点工作，强化绩效观念，提高财政资金使用效率和效益

绩效评价工作制度建设及试点工作根据财政部和国土资源部的相关要求稳步推进。

5. 加强国有资产管理，推进资产管理与预算管理相结合，与政府采购相衔接

根据财政部、国土资源部关于加强新增资产配置预算管理的新要求：①进一步规范了资产配置管理工作。要求科学合理编制好本单位资产配置规划或计划，充分运用资产存量，能够共享共用、调剂使用和市场租用的资产，不得重新配置，避免资产的长期闲置、低效运转和超标准配置。②进一步完善了新增资产配置预算的申报范围、审核标准和审批流程。要求将所有使用财政性资金和其他资金购置的车辆、单价 200 万元及以上大型设备纳入新增资产配置预算编报范围报财政部审批，对属于财政部审批范围而未获批准的资产配置事项，不得列入单位经费支出，不得进行政府采购。

针对以下相关问题采取了措施：①部分单位未如实反映单位资产存量情况。由于资产存量是测定实物定额的重要依据，如不真实反映，将影响定员定额试点单位公用经费定额标准水平。②部分单位未准确反映新增资产不同的经费来源。由基本支出配置的新增资产，应在基本支出预算表相应费用科目中完整体现；用项目支出经费配置的新增资产，应在项目支出预算表的政府采购栏中体现，否则，部门预算批复后，将导致新增资产配置预算与政府采购预算不一致，影响相应的政府采购活动。

6. 加强政府采购预算管理，细化政府采购预算编制，规范政府采购行为

根据财政部、国土资源部关于政府采购预算编报范围及要求：①所有使用财政性资金采购货物、工程和服务的支出必须编制政府采购预算；对政府采购集中目录及标准中公布的由集中采购机构采购的项目、部门集中采购的项目、

分散采购限额标准以上的货物、服务和工程项目都要如实编报政府采购预算。②未按上述要求编制政府采购预算的，不得组织政府采购活动，不予支付资金，对涉及执行中申请变更政府采购方式的，财政部不予审批。

对以下相关问题采取了措施：①无预算或超预算采购、未按预算规定用途采购的现象时有发生。各单位在编制部门“一上”“二上”预算过程中，财务部门要与资产、装备管理部门密切配合，根据单位资产配置规划或计划，对单位全年政府采购活动进行充分预计；对于年中追加预算，要按照《国土资源部政府采购管理实施办法》（国土资发〔2006〕151号）的有关规定，在预算下达后20个工作日内编制政府采购预算上报。②政府采购工作的特殊性已成为影响预算执行的重要因素之一。建议“二上”预算报出后，提早开展市场调研、优化设计、编写技术方案等各项前期准备工作，4月份预算一下达，着手办理进口设备审批，如果各个环节正常衔接，6—7月份应该进入招投标程序。有关单位要切实转变观念，将节约资金的理念贯彻在预算申请阶段，预算一经批复就应该严格按预算执行。

六、中国地质调查局预算执行现状分析

1. 中国地质调查局2011—2012年度预算执行情况

国土资源部2012年度预算执行情况和其他财政收支情况审计结果表明，国土资源部重视预算和财务管理工作，积极完善内部控制制度，加强预算绩效管理，强化财务信息系统在线监管，预算和财务管理水平不断提高。此次审计的国土资源部本级及所属单位预算收支基本符合《中华人民共和国预算法》和其他财经法规的规定，财务处理基本符合《中华人民共和国会计法》和财务制度的规定。参见国土资源部2012年度财政拨款预算执行总体情况（见表2-1）。

作为国土资源部重要的部属事业单位，中国地质调查局2011—2012年度的预算安排、累计支出及预算执行情况良好。这主要得益于预算执行月度计划和预警机制的建立。相关内容见图2-1、图2-2、图2-3、图2-4、图2-5和表2-2。

表 2－1　国土资源部 2012 年度财政拨款预算执行总体情况　　（单位：万元）

科目名称	财政拨款预算额				财政拨款执行额				预算与执行的差异额			
	合计	基本支出		项目支出	合计	基本支出		项目支出	合计	基本支出		项目支出
		人员经费	公用经费			人员经费	公用经费			人员经费	公用经费	
合计	987673.92	80610.12	23373.01	883690.79	782578.20	78313.70	20556.66	683707.84	205095.72	2296.42	2816.35	199982.95
外交（202）	487.80			487.80	161.80			161.80	326.00			326.00
国际组织（20204）	130.00			130.00	125.22			125.22	4.78			4.78
国际组织会费（2020401）	130.00			130.00	125.22			125.22	4.78			4.78
对外合作与交流（20205）	321.22			321.22					321.22			321.22
在华国际会议（2020503）	321.22			321.22					321.22			321.22
其他外交支出（20299）	36.58			36.58	36.58			36.58				
其他外交支出（2029901）	36.58			36.58	36.58			36.58				
科学技术（206）	122544.07	20863.64	3877.91	97802.52	108732.59	20863.64	3877.91	83991.04	13811.48			13811.48
应用研究（20603）	97661.45	20863.64	3877.91	72919.90	91169.11	20863.64	3877.91	66427.56	6492.34			6492.34
机构运行（2060301）	24741.55	20863.64	3877.91		24741.55	20863.64	3877.91					
社会公益研究（2060302）	72080.02			72080.02	65800.93			65800.93	6279.09			6279.09
其他应用研究支出（2060399）	839.88			839.88	626.63			626.63	213.25			213.25
技术研究与开发（20604）	233.13			233.13	131.34			131.34	101.79			101.79
应用技术研究与开发（2060402）												
产业技术研究与开发（2060403）	233.13			233.13	131.34			131.34	101.79			101.79

（续）

科目名称	财政拨款预算额				财政拨款执行额				预算与执行的差异额			
	合计	基本支出		项目支出	合计	基本支出		项目支出	合计	基本支出		项目支出
		人员经费	公用经费			人员经费	公用经费			人员经费	公用经费	
科技条件与服务（20605）	11327.97			11327.97	7866.35			7866.35	3461.62			3461.62
科技条件专项（2060503）	11327.97			11327.97	7866.35			7866.35	3461.62			3461.62
科技重大专项（20609）	695.55			695.55	630.22			630.22	65.33			65.33
科技重大专项（2060901）	695.55			695.55	630.22			630.22	65.33			65.33
其他科学技术支出（20699）	184.66			184.66	153.83			153.83	30.83			30.83
转制科研机构（2069903）												
其他科学技术支出（2069999）	184.66			184.66	153.83			153.83	30.83			30.83
文化体育与传媒（207）	1325.00			1325.00	1325.00			1325.00				
其他文化体育与传媒支出（20799）	1325.00			1325.00	1325.00			1325.00				
其他文化体育与传媒支出（2079999）	1325.00			1325.00	1325.00			1325.00				
社会保障与就业（208）	22664.75	22052.75	612.00		22039.93	21497.00	542.93		624.82	555.75	69.07	
行政事业单位离退休（20805）	22664.75	22052.75	612.00		22039.93	21497.00	542.93		624.82	555.75	69.07	
归口管理的行政单位离退休（2080501）	4691.03	4352.03	339.00		4247.21	3933.92	313.29		443.82	418.11	25.71	
事业单位离退休（2080502）	17476.44	17461.44	15.00		17295.44	17261.98	33.46		181.00	199.46	-18.46	
离退休人员管理机构（2080503）	497.28	239.28	258.00		497.28	301.10	196.18			-61.82	61.82	

（续）

科目名称	财政拨款预算额				财政拨款执行额				预算与执行的差异额			
	合计	基本支出		项目支出	合计	基本支出		项目支出	合计	基本支出		项目支出
		人员经费	公用经费			人员经费	公用经费			人员经费	公用经费	
资源勘探电力信息等事务（215）	200.00			200.00	168.52			168.52	31.48			31.48
其他资源勘探电力信息等事务支出（21599）	200.00			200.00	168.52			168.52	31.48			31.48
其他资源勘探电力信息等事务支出（2159999）	200.00			200.00	168.52			168.52	31.48			31.48
国土资源气象等事务（220）	838232.03	23032.15	18883.10	796316.78	647527.35	24548.31	16135.81	606843.23	190704.68	-1516.16	2747.29	189473.55
国土资源事务（22001）	838232.03	23032.15	18883.10	796316.78	647527.35	24548.31	16135.81	606843.23	190704.68	-1516.16	2747.29	189473.55
行政运行（2200101）	11082.69	5727.46	5355.23		10442.48	6189.78	4252.70		640.21	-462.32	1102.53	
一般行政管理事务（2200102）	18311.50			18311.50	15066.15			15066.15	3245.35			3245.35
机关服务（2200103）	916.05	143.05	773.00		916.05	143.05	773.00					
国土资源规划及管理（2200104）	3540.56			3540.56	628.78			628.78	2911.78			2911.78
土地资源调查（2200105）	73325.60			73325.60	34530.80			34530.80	38794.80			38794.80
土地资源利用与保护（2200106）	3252.46			3252.46	2681.18			2681.18	571.28			571.28
国土资源社会公益服务（2200107）	5895.61			5895.61	4880.38			4880.38	1015.23			1015.23
国土资源行业业务管理（2200108）	3487.84			3487.84	3513.13			3513.13	-25.29			-25.29
国土资源调查（2200109）	2382.12			2382.12	429.71			429.71	1952.41			1952.41

（续）

科目名称	财政拨款预算额				财政拨款执行额				预算与执行的差异额			
	合计	基本支出		项目支出	合计	基本支出		项目支出	合计	基本支出		项目支出
		人员经费	公用经费			人员经费	公用经费			人员经费	公用经费	
地质及矿产资源调查（2200113）	101431.72			101431.72	77559.14			77559.14	23872.58			23872.58
国外风险勘查（2200116）	991.22			991.22	921.55			921.55	69.67			69.67
地质勘查基金（周转金）支出（2200119）	2917.87			2917.87					2917.87			2917.87
矿产资源专项收入安排的支出（2200120）	518676.44			518676.44	438670.98			438670.98	80005.46			80005.46
事业运行（2200150）	29916.51	17161.64	12754.87		29325.59	18215.48	11110.11		590.92	-1053.84	1644.76	
其他国土资源事务支出（2200199）	62103.84			62103.84	27961.43			27961.43	34142.41			34142.41
住房保障支出（221）	14661.57	14661.57			11404.75	11404.75			3256.82	3256.82		
住房改革支出（22102）	14661.57	14661.57			11404.75	11404.75			3256.82	3256.82		
住房公积金（2210201）	7359.80	7359.80			7209.23	7209.23			150.57	150.57		
提租补贴（2210202）	1012.36	1012.36			741.82	741.82			270.54	270.54		
购房补贴（2210203）	6289.41	6289.41			3453.70	3453.70			2835.71	2835.71		

据国土资源部提供的说明，其部门预算和执行结果的差异总额为205095.72万元。其中："应用研究"科目差异额为6492.34万元，"技术研究与开发"科目差异额为101.79万元，"科技条件与服务"科目差异额为3461.62万元，"科技重大专项"科目差异额为65.33万元，主要原因是项目因气候条件等不可抗力因素及部分工作需跨年度进行，影响了预算执行进度，"国土资源事务"科目差异额为190704.68万元，主要原因是受特殊事件影响部分遗留问题未处理完毕以及部分项目工作需跨年度进行；"行政事业单位离退休"科目差异额为624.82万元，主要原因是部分项目调整了计划或预算下达时间较晚："住房改革支出"科目差异额为3256.82万元，主要原因是部分地区住房补贴政策有调整，暂未执行预算。

（资料来源：国土资源部网站。）

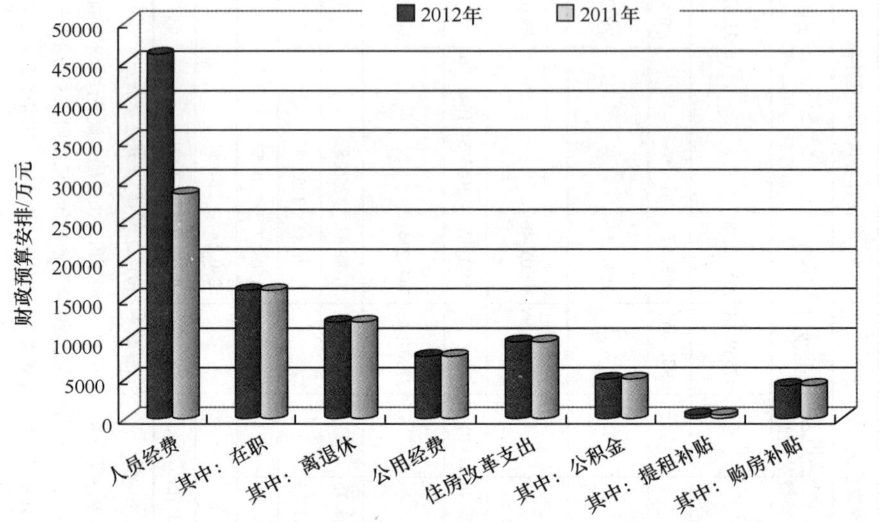

图 2-1　2011—2012 年中国地质调查局基本支出预算安排情况

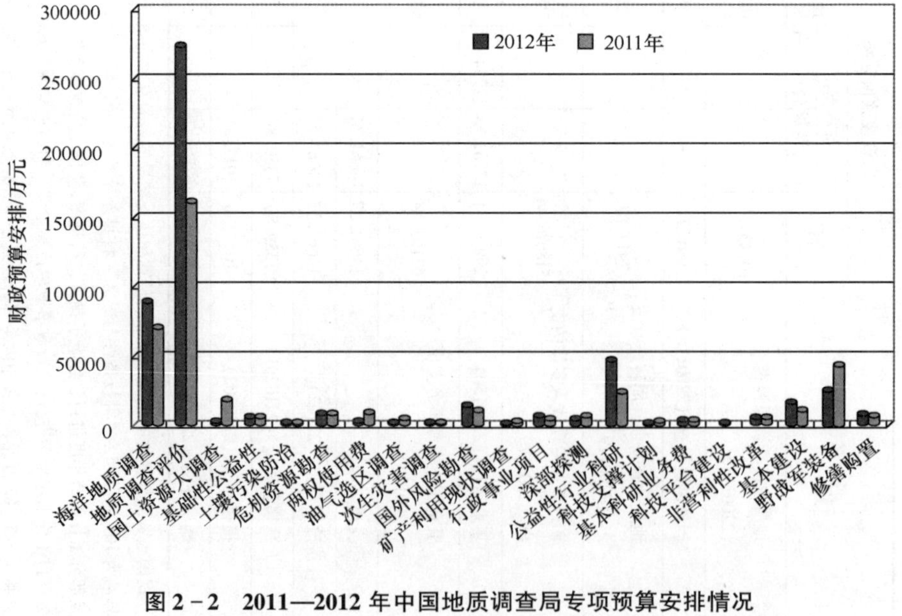

图 2-2　2011—2012 年中国地质调查局专项预算安排情况

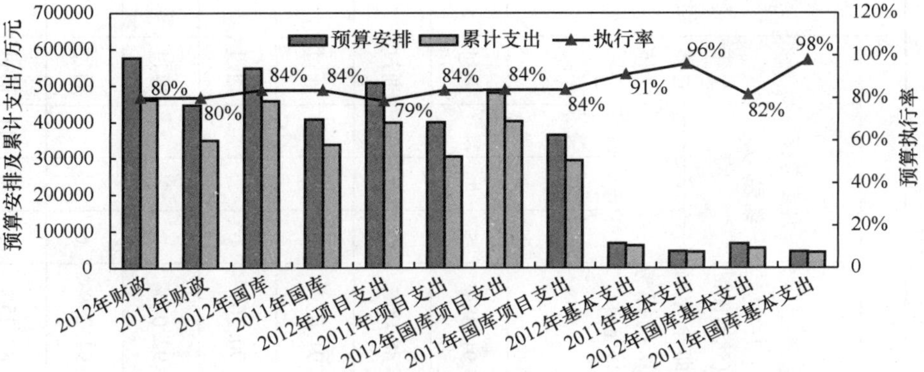

图 2－3　2011—2012 年中国地质调查局财政及国库预算执行总体情况

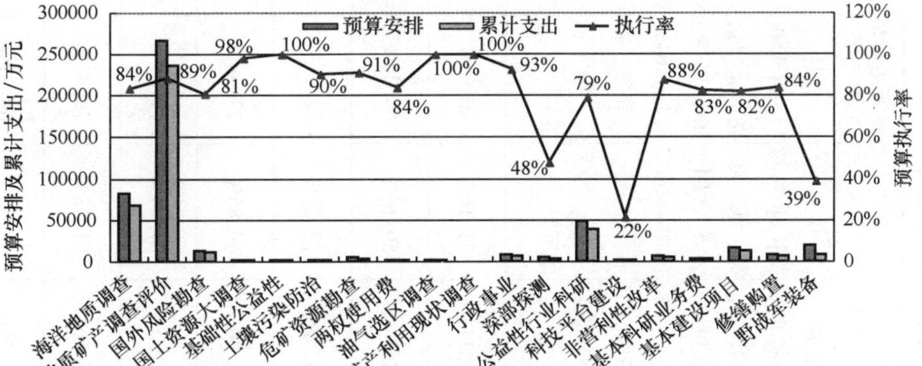

图 2－4　2012 年中国地质调查局专项预算执行情况

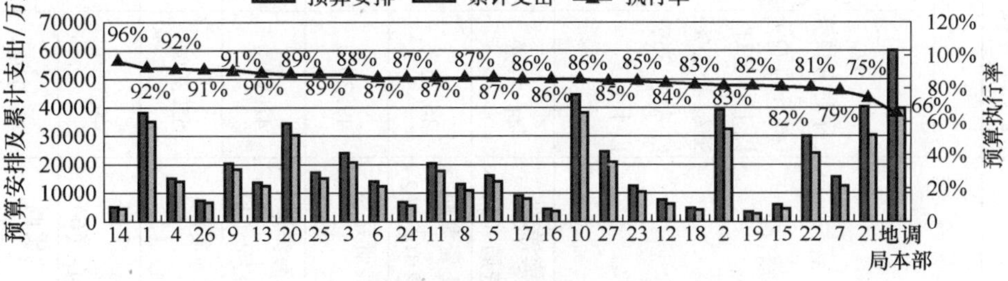

图 2－5　2012 年中国地质调查局国库预算执行情况

注：图下的 1～27 与表 2-2 中的序号相对应，代表相对应的单位名称。

表 2-2　中国地质调查局 2012 年度预算执行情况考核表（与财政拨款项目预算执行计划表对应）

单位名称	序时预算执行考核情况											评优建议
	6 月（序时考核亮绿灯:42.75%以上；黄灯：36%~42.75%；红灯：36%以下）	7 月（序时考核亮绿灯：49.4%以上；黄灯：36%~49.4%；红灯：36%以下）	8 月（序时考核亮绿灯：57%以上；黄灯：48%~57%；红灯：48%以下）	9 月（序时考核亮绿灯：66.5%以上；黄灯：56%~66.5%；红灯：56%以下）	10 月（序时考核亮绿灯：76%以上；黄灯：64%~76%；红灯：64%以下）	11 月（序时考核亮绿灯：85.5%以上；黄灯：72%~85.5%；红灯：72%以下）	12 月（达到86%，即全年预算执行考核通过）	月度考核结果/次			全年总体考核	
								绿灯通过	黄灯预警	红灯警示		
广州海洋地质调查局（1）	41.77%	53.45%	61.11%	71.16%	80.68%	88.52%	91.38%	5	1		通过	
中国国土资源航空物探遥感中心（2）	36.21%	49.32%	53.04%	59.16%	66.09%	78.31%	88.06%		6		通过	
发展研究中心（3）	49.20%	55.53%	60.52%	72.27%	78.11%	85.70%	91.02%	6			通过	
青岛海洋地质研究所（4）	42.97%	51.91%	61.30%	69.86%	77.68%	87.09%	90.76%	6			通过	
天津地质调查中心（5）	55.30%	58.70%	63.55%	67.94%	71.67%	73.43%	92.04%	4	2		通过	
沈阳地质调查中心（6）	49.46%	60.26%	67.10%	71.53%	79.47%	85.71%	94.23%	6			通过	
南京地质调查中心（7）	45.04%	47.73%	51.76%	54.39%	69.21%	76.00%	87.25%	1	4	1	通过	

（续）

单位名称	序时预算执行考核情况											评优建议
	6月（序时考核亮绿灯:42.75%以上；黄灯：36%~42.75%；红灯：36%以下）	7月（序时考核亮绿灯：49.4%以上；黄灯：36%~49.4%；红灯：36%以下）	8月（序时考核亮绿灯：57%以上；黄灯：48%~57%；红灯：48%以下）	9月（序时考核亮绿灯：66.5%以上；黄灯：56%~66.5%；红灯：56%以下）	10月（序时考核亮绿灯：76%以上；黄灯：64%~76%；红灯：64%以下）	11月（序时考核亮绿灯：85.5%以上；黄灯：72%~85.5%；红灯：72%以下）	12月（达到86%，即全年预算执行考核通过）	月度考核结果/次			全年总体考核	
								绿灯通过	黄灯预警	红灯警示		
武汉地质调查中心（8）	52.36%	57.52%	62.29%	72.18%	76.19%	86.11%	88.86%	6			通过	
成都地质调查中心（9）	59.67%	69.34%	72.67%	78.32%	81.56%	86.88%	95.64%	6			通过	
西安地质调查中心（10）	34.03%	73.66%	76.81%	79.51%	82.50%	86.10%	88.21%	5		1	通过	
水文地质环境地质调查中心（11）	45.62%	52.78%	60.54%	70.56%	78.01%	83.69%	93.19%	5	1		通过	
国土资源部实物资料中心（12）	46.02%	52.07%	60.32%	71.18%	80.02%	86.54%	91.92%	6			通过	
中国地质环境监测院（13）	45.35%	55.22%	61.19%	66.19%	73.53%	84.27%	91.09%	3	3		通过	
中国地质图书馆（14）	50.56%	57.39%	62.35%	74.46%	81.04%	88.29%	96.75%	6			通过	

（续）

单位名称	序时预算执行考核情况											评优建议
	6月（序时考核亮绿灯:42.75%以上；黄灯：36%~42.75%；红灯：36%以下）	7月（序时考核亮绿灯:49.4%以上；黄灯：36%~49.4%；红灯：36%以下）	8月（序时考核亮绿灯:57%以上；黄灯：48%~57%；红灯：48%以下）	9月（序时考核亮绿灯:66.5%以上；黄灯：56%~66.5%；红灯：56%以下）	10月（序时考核亮绿灯:76%以上；黄灯：64%~76%；红灯：64%以下）	11月（序时考核亮绿灯:85.5%以上；黄灯：72%~85.5%；红灯：72%以下）	12月（达到86%，即全年预算执行考核通过）	月度考核结果/次			全年总体考核	
								绿灯通过	黄灯预警	红灯警示		
地科院矿产综合利用研究所（15）	48.87%	59.05%	65.71%	72.76%	77.90%	83.35%	88.94%	5	1		通过	
郑州矿产综合利用研究所（16）	50.88%	56.89%	62.04%	70.96%	78.04%	87.29%	90.04%	6			通过	
地科院勘探技术研究所（17）	40.61%	55.35%	64.12%	71.02%	77.89%	82.22%	87.87%	4	2		通过	
地科院探矿工艺研究所（18）	29.03%	54.14%	62.67%	70.43%	74.92%	82.03%	88.97%	3	2	1	通过	
北京探矿工程研究所（19）	43.66%	54.65%	60.98%	71.60%	74.01%	92.59%	93.79%	5	1		通过	
地科院（20）	55.18%	65.45%	68.39%	74.47%	77.94%	89.07%	90.21%	6			通过	
地科院地质研究所（21）	45.01%	50.66%	57.02%	62.02%	67.02%	78.17%	90.47%	3	3		通过	

（续）

单位名称	序时预算执行考核情况											评优建议
	6月（序时考核亮绿灯:42.75%以上；黄灯：36%~42.75%；红灯：36%以下）	7月（序时考核亮绿灯:49.4%以上；黄灯：36%~49.4%；红灯：36%以下）	8月（序时考核亮绿灯:57%以上；黄灯：48%~57%；红灯：48%以下）	9月（序时考核亮绿灯:66.5%以上；黄灯：56%~66.5%；红灯：56%以下）	10月（序时考核亮绿灯:76%以上；黄灯：64%~76%；红灯：64%以下）	11月（序时考核亮绿灯:85.5%以上；黄灯：72%~85.5%；红灯：72%以下）	12月（达到86%，即全年预算执行考核通过）	月度考核结果/次			全年总体考核	
								绿灯通过	黄灯预警	红灯警示		
地科院矿产资源研究所（22）	35.49%	52.27%	61.22%	66.00%	71.43%	85.55%	93.15%	4	1	1	通过	
地科院地质力学研究所（23）	46.58%	53.51%	60.48%	66.01%	70.42%	80.04%	88.49%	4	2		通过	
国家地质实验测试中心（24）	49.14%	54.46%	61.06%	70.01%	80.02%	88.42%	96.56%	6			通过	
地科院水文地质环境地质研究所（25）	34.12%	57.14%	64.02%	71.27%	80.94%	86.64%	93.14%	5		1	通过	
地科院岩溶地质研究所（26）	45.21%	52.19%	60.01%	70.25%	77.03%	87.33%	94.97%	6			通过	
地物地化勘查研究所（27）	46.72%	53.68%	60.66%	70.87%	79.25%	83.19%	88.04%	5	1		通过	

2. 几年来的成绩可观，但深入分析还存在一些问题

（1）预算年度实际执行期短。依据《中华人民共和国预算法》规定，“预算年度自公历一月一日起，至十二月三十一日止”，预算期间为12个月。但在实际工作中，国家财政预算年度与单位预算执行期往往不一致，主要原因是财政预算批复在每年的4月份，依照法定程序，资金实际拨付为每年的5月，使得单位预算年度实际执行期为7个月。由此，造成单位科研业务执行期延迟，部分专项项目无法按设计施工期及时组织施工，同时，在国库集中支付管理模式下，不同财政额度科目下的专项资金不能垫支，造成新立项目1—4月无预算执行，年底结余资金虚大；实际执行期理应顺延5个月，但财政预算绩效考核实际上没有考虑该因素对单位预算执行的影响，单位预算执行难度增大了。

（2）预算编制科学性有待提高。编制预算是对单位人员、科研业务、财务状况的整体运行的战略计划。科学合理地编制预算，是预算执行管理工作的起点，也是顺利执行预算的基础保障。

预算编制的主要管理工作是在充分综合上年度和历年的财务核算和决算数据的基础上，考虑单位公用支出、人员支出和资本支出的费用总量结构，并紧密结合单位预算年度的国库集中支付用款计划、单位科研项目计划、单位修缮购置基础投入计划等内容，科学合理地编制预算。预算编制包括单位基本支出预算和项目预算，应注重基本支出与项目支出预算的紧密结合。中国地质调查局预算的重点是项目预算，因此财政项目预算是管理核心，这一点与单位的职能定位相一致。其重点是根据单位科研业务实际承担能力和预算执行能力，统筹经费预算和合理的费用结构。

但由于预算编制时间短，预算科目逐渐细化，资金支出可预见性降低。基本支出预算不充裕，尚不能按照单位实际情况编制；项目支出预算尚未与部门预算充分衔接，专项项目设计立项时间仓促，预算编制质量不高。单位基本支出预算不足，项目经费不稳定使得总体预算协调性差，综合预算能力不强，造成预算执行缓慢，财政资金国库支出不均衡。

（3）单位预算执行内控管理的系统性、应变能力不足。财政预算资金批复晚、预算结构不合理等客观现实，导致预算单位本身在预算执行过程中，缺乏

全面、科学、系统的综合内控管理，应变能力不足，不能有效支撑预算执行。主要体现在以下方面：

1）预算执行综合内控管理意识有待提高。预算执行的内控管理是单位内部各部门协调统一全员参与的系统工程，不是单位某个部门能独立完成的。某些单位领导只重视预算编制，忽视预算执行，缺乏预算执行内控管理意识。现实情况中，单位人事、财务、科研等各职能管理部门往往各管一面，部门之间不容易就预算执行内控形成统一的综合内控管理思路，综合内控协同完善管理的思想尚未深入；科研项目组只重视科研工作，往往忽视与项目预算执行内控管理相结合，缺乏项目经费预算执行安全有效的内控意识。同时，职能管理部门与科研业务部门不能有效沟通，预算执行内控信息上下交流不畅，导致单位预算执行内控管理资源不能有效聚集，整体支撑力不足，综合协调的内部控制管理意识有待提高。

2）内部统筹计划的财务管理内控工作有待加强。主要表现为：①单位内部全面统筹的财务计划理念不强。中央级科研单位在预算管理中，不注重将预算编制和执行两方面的内控管理融入单位全部整体业务活动中，只注重预算而忽视内部预算细化管理，忽视编制单位整体的财务计划，忽视单位经济业务活动与用款计划协调统一；只注重科研业务活动的经济核算，不能从单位事业运行整体出发，不能有效地计划统筹，进行全面财务管理，缺乏综合预算执行内控的财务理念。②财务计划不切合实际不深入，不够精细化。财务计划是所有单位内部控制管理的重要一环。中央级科研事业单位在制订落实预算执行的内部财务计划中，因基础工作不扎实，缺乏有效的效益评价数据支撑，导致计划脱离业务实际；计划制订经验不足，缺乏系统分析，导致计划片面；计划制订不精细，照搬预算，不能有效发挥统筹管理作用。内部统筹计划的财务管理工作是预算执行综合内控管理工作的重要方面，目前在中央级科研事业单位中，这方面工作有待加强和提高。

3）预算执行内控管理的适应性和应变能力薄弱。在单位预算执行中，年度中期追加项目经费、调整单位预算的情况时有发生。面对这种情况，财务单位往往准备不充分；计划调整能力减弱，预算执行综合内控管理的应变能力薄弱。

4）改革开放尤其是近几年来，经济体制改革和政府职能转型对我国财政支出比率的影响十分明显。我国财政支出出现了与瓦格纳法则基本一致的规律。财政支出规模和比率已初步开始和国际接轨。地质调查面临更加蓬勃发展的机遇——更加广泛和深化的工作领域、更细化的专业分工和国际分工，预算及其执行会有更严峻的课题等待解决！

七、地质调查项目预算管理面临的新要求

地质调查项目预算管理面临的新要求主要表现为：①财政要求细化预算编制放在项目申报立项阶段，并通过数据采集系统进入财政预算库，成为今后财政检查和考评的主要依据。②部门预算管理要求：编制收支计划，实行预算总量控制；适应基本支出定员定额试点，强化综合预算编制；加强结转和结余资金管理，优化财政资源配置；推进绩效评价试点，强化绩效观念；推进资产管理与预算管理、政府采购相结合；加强政府采购预算管理，规范政府采购行为。③预算刚性约束和结转、结余资金管理规定要求预算更加真实。④预算执行情况的监督检查要求预算更加符合客观需要。

第二节　地质调查项目绩效考评研究

财政支出绩效管理改革发端于西方市场经济发达国家，现已成为各国实施公共行政和公共财政改革的“代名词”，对政府的公共组织行为、财政管理制度以及社会经济发展等产生了重要影响。我国财政支出绩效管理改革始于21世纪初，经过多年探索，逐步形成了适合我国特点的评价思路，并从试点逐渐全面推开。

一、财政预算支出绩效管理的现状及趋势

2005年5月，财政部预算司研究制定了《中央部门预算支出绩效考评管理办法（试行）》，这个办法在出台过程中也多次征求过中央部门的意见，是规范部门绩效考评工作的一个指导性文件。财政部要求各部门要在此文件确定的原则下开展绩效考评工作，加强财政支出管理，强化支出责任，提高财政资金的使用效益，体现政府公共服务目标。

2009年6月22日，财政部制定了《财政支出绩效评价管理暂行办法》（财预〔2009〕76号）。该办法明确了财政部门和各预算部门（单位）是绩效评价

的主体，绩效评价应当遵循的基本原则、绩效评价的主要依据、绩效评价的对象和内容；绩效目标应当包括的主要内容；绩效目标应当符合的要求、绩效评价指标的确定应当遵循的原则、具体绩效评价标准、主要绩效评价方法；绩效评价的组织管理和工作程序、绩效报告和绩效评价报告的相关要求和主要内容、绩效评价结果及其应用等。

2010 年 6 月 21 日，《财政部关于编制 2011 年中央部门预算的通知》（财预〔2010〕271 号）明确了“进一步推进预算项目支出绩效评价试点，强化预算绩效观念，提高公共服务质量”的 2011 年预算编制和预算管理工作的重点：继续扩大绩效评价试点范围，明确相关方在绩效评价工作中的职责，规范工作程序和步骤；加强对包括绩效评价项目确定、事前自评、事后自评和绩效评价、评价结果运用在内的全过程管理；完善评价指标和评价文本，提高评价工作的规范性和可操作性；根据部门预算的实际情况，选择部分重点项目进行全面的综合考评；积极运用绩效评价结果，逐步实现绩效评价结果与项目支出预算管理的有机结合；建立和完善绩效评价公开制度，对绩效评价目标、结果等进行内部公示。

2011 年 4 月 2 日，《财政支出绩效评价管理暂行办法》（财预〔2011〕285 号）（以下简称 285 号文），明确了“绩效评价的主体”“绩效评价应当遵循的基本原则”“绩效评价的主要依据”“绩效评价的对象和内容”“绩效目标”“绩效评价指标的确定、评价标准的衡量和方法的采用”“绩效评价的组织管理和工作程序”“绩效评价结果及其应用”等内容，为积极推进预算绩效管理工作，规范财政支出绩效评价行为，建立科学、合理的绩效评价管理体系，提高财政资金使用效益，提供了依据。

1. 关于绩效评价管理体系

与以往相比，285 号文主要是从绩效考评到绩效评价的转变，在绩效评价工作管理的相关规定上也在不断演化。

（1）在绩效评价管理的职能方面，以往强调“指导（领导）”与“执行”，即中央主管部门和财政部门负责指导、审查项目承担单位的绩效评价工作，负责制定绩效评价的有关管理办法及相关规范文件；项目承担单位负责项目的绩效评价工作，根据中央主管部门和财政部的意见改进项目管理工作，提高项目实施绩效。现在在延续以往关于主管部门和财政部对绩效评价的指导、领导和规范管理职能的基础上，进一步明确“各级财政部门和各预算部门（单位）是绩效评价的主体”。这意味着主管部门和各级财政部门不仅是绩效评价的指导者、领导者，也是绩效评价的执行者。也就是说，绩效评价今后是一项常态化、经常性的工作，是各级政府部门和项目承担单位均要开展的工作，表明绩效评价工作要从微观到宏观，从局部（工作项目）到整体（全部财政预算支出）分层次、分级别进行。

（2）首次提出了第三方（中介机构）承担绩效评价工作的要求。这一规定将意味着绩效评价工作的管理要发生一系列变化，如果第三方评价成为趋势，财政部门和各预算部门需要制定绩效评价中介机构及其执业的管理规范，评估人员的资质管理等。这进一步规范了绩效评价工作的程序。与以往相比，这一规定变化很大，本次规定的绩效评价工作程序是把绩效评价作为一种常态化、正规化、法制化的要求来规范的。

（3）还对绩效评价应遵循的原则、依据、评价指标、评价标准和评价方法等做了原则规定，这些规定突出了绩效评价工作的严肃性、规范性。

（4）明确了在项目立项阶段就应申报“财政支出绩效目标”且非常详细，并增加了绩效报告和绩效评价报告，去掉了以往规定的“自评报告”。

2. 关于绩效评价涉及的范围

从285号文的精神看，应该是“全程化、全面化”。所谓全程化是指从项目预算开始到项目执行直至项目结束及后续产出，都应该进行相应的绩效评价，有预算绩效评价、执行（阶段）绩效评价、项目后（成果）绩效评价。全面化是指绩效评价工作不仅是在项目承担单位进行，项目的主管部门、财政部门也要开展绩效评价。尤其增加“服务对象满意度”指标，此指标突出了公共财政改革的相关要求。就地质调查项目来说，工作项目绩效评价由承担单位进行，计划项目由主管单位（地调局）组织进行绩效评价。

3. 关于指标体系

关于绩效评价指标体系，285号文做了较大变动，但仍有很大的连续性。指标规定的最大变动是：①一级指标由以往的四个变为三个，其中：“项目管理”“项目绩效”两个一级指标基本沿用了原来指标内容，而“项目决策”属于部分内容新增的一个一级指标。现在整体指标体系由 3 个一级指标 8 个二级指标 20 个三级指标构成。②绩效指标评分标准基本沿袭了原来的全部绩效满分为 100 分的评分体系，但在指标解释和评价标准上更加具体。③从分值上看，更加注重“项目绩效”，占到 55 分，其中项目效果占 40 分。

二、地质调查项目绩效评价方法及应用研究

2010 年，《财政部、国土资源部关于印发〈地质矿产调查评价专项资金管理办法〉的通知》（财建〔2010〕174 号）明确要求国土资源部按照财政部有关规定组织对重点项目进行绩效考评。

1. 地质调查项目绩效评价实践探索

我国地质调查项目绩效评价研究始于 2000 年，从绩效评价需要出发，侧重绩效评价的指标体系研究。研究单位主要有中国地质调查局发展研究中心、中国国土资源经济研究院、中国地质大学（北京）等。在多年研究的基础上，2012 年，中国地质调查局研究制定了《地质调查项目财政支出绩效评价办法（试行）》（中地调发〔2012〕136 号），并从 2013 年地质矿产调查评价新开项目立项论证报告编制开始，启动地质调查项目绩效评价工作。关于地质调查项目绩效评价的研究大致经历了三个阶段。

第一阶段（2000—2004 年）：地质调查项目技术经济、社会效益评价阶段。

中国地质大学（北京）、中国地质调查局发展研究中心等单位在“地质调查项目技术经济评价、社会评价方法研究”课题中，提出了“发展贡献论”，该理论至今仍对创建地质调查项目评价指标体系具有指导意义。这一阶段主要是进行了分类，通过定量评价的方法和指标，探索评价地质调查的效益。优点是能够定量评价，但方法复杂，工作量大，需要专门人员和专家开展评价。

第二阶段（2005—2006 年）：国家地质工作评价研究阶段。

中国地质调查局发展研究中心应用公共物品理论，以地质大调查项目为例，详细分析了国家地质工作的经济属性，开展了以评价为目的的国家地质工作分类探索。在对“十五”国土资源大调查地质调查成果评估报告（3572 个项目）深入分析研究的基础上，提出了产出和效益的区分标准，分别建立了一套适应自身特点的国家地质工作单个项目和国家地质工作总体评价的评价思

路、评价方法、评价指标体系（包括 33 个产出指标和 134 个效益指标）和评价准则，并进行了适用性分析。通过国家地质工作效益评价，可以定量评价地质工作对经济社会的作用，但评价难度很大，需要长期跟踪探索研究。

中国地质矿产经济学会开展了“地质工作社会效益评价研究”项目，探索了以具体案例的方式评价地质工作的社会效益，丰富了地质工作效益评价的方法和思路。

第三阶段（2006 年至今）：财政支出地质工作项目绩效评价研究阶段。

中国地质调查局发展研究中心致力于财政支出地质调查项目绩效评价研究，先后对基础地质调查项目、矿产资源调查评价等项目进行了试点研究（参见“地质调查项目绩效评价指标体系参考样表”），在学科建设等方面取得了积极进展。尤其是2011—2012 年，为执行《财政部关于印发〈财政支出绩效评价管理暂行办法〉的通知》（财预〔2011〕285 号）的规定，在以往研究的基础上，紧密结合管理需求，做到研究与管理相结合，及时转换研究成果，以项目为单元，将绩效评价融入项目管理环节，开创了将地质调查绩效评价应用于管理实践的新阶段。

2. 地质调查项目绩效评价类型

根据评价目的、主体、对象等不同，可将地质调查项目绩效评价分为三类：一是以科学反映地质调查作用和贡献为目的的绩效评价；二是以地质调查项目内部管理为目的的绩效评价；三是以外部监管与决策为目的的绩效评价，详见表 2－3。

表 2－3　地质调查项目绩效评价类型

评价类型	评价目的	评价主体	评价对象	评价执行人	评价阶段
效益评价	科学反映地质调查作用和贡献	中国地质调查局、其他社会组织	计划项目 工作项目	专家组	事后评价
项目管理绩效评价	内部管理 提高绩效	中国地质调查局	计划项目 工作项目	项目组 专家组	事前评价 事中评价 事后评价
专项绩效监督管理评价	外部监管与决策提高绩效	财政部 国土资源部	地调专项 重要地调项目	专家组	事后评价

3. 项目内部管理绩效评价探索

项目内部管理绩效评价采用地质调查计划项目或工作项目作为单元，按照《地质调查项目管理制度》的有关规定，将绩效评价融入项目立项（评估）、设计编写与审查、最终成果报告评审验收等管理环节。不再另设新机构或者专门组织人员单独开展绩效评价工作，评价工作由相应环节的评审专家组完成。

（1）评价思路转变。

1）由被动评价到主动评价与被动评价相结合。长期以来，绩效评价工作都是处于被动评价状态。针对地质调查项目周期长、投资大、风险大等特点，本书中的绩效评价工作尝试主动评价与被动评价相结合。首先由项目承担单位拟定绩效目标，并对照绩效目标进行自评，然后由专家组评价，这样有助于发挥项目承担单位的主观能动性，可创造性地提高项目绩效。

2）由事后效益评价为主到过程控制与事后效益评价并重。绩效评价工作由以前结题后评价转变为项目管理各环节的过程控制与效益评价并重，见图2－6。项目立项阶段，新开项目预期绩效评价不达标，不予立项；续作项目年度和预期绩效评价均不达标，不予立项。成果报告评审与验收阶段绩效不达标，限期整改，整改不达标者，对承担单位能力等级资质（或者项目负责人资格）进行重新评估。

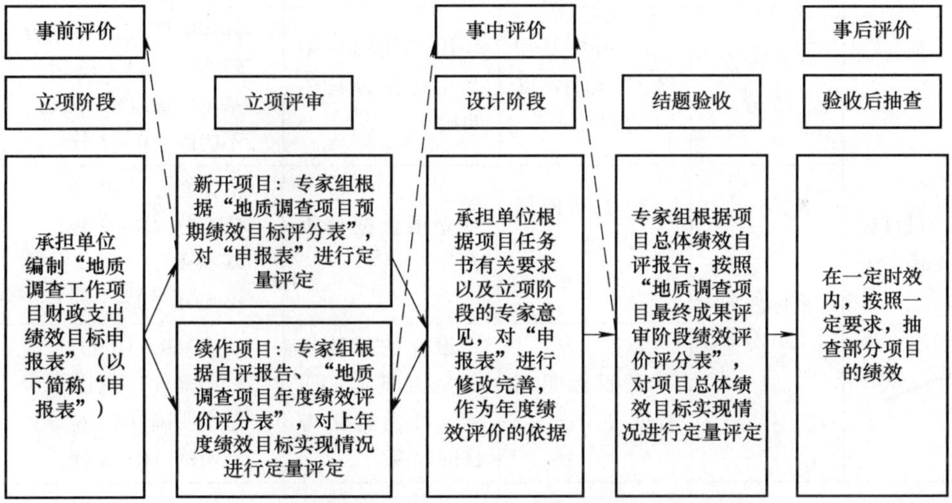

图2－6　中央财政支出地质调查项目绩效评价过程控制示意图

3）由追求定量评价为主到兼顾定量与定性评价，突出简便易行。项目绩效评价一般都考虑设置定量的指标，以期使评价结果清晰明了。在对地质项目绩效评价时，对于产出指标等可量化的大多采用定量指标，但由于地质调查项目数量多，有些指标需要专家定性评价，并且还需要在评价过程中简便易操作，因此，指标设置过程中需以精确定量评价为主，兼顾定性评价，做到简便易行。

（2）评价体系。地质调查项目绩效评价体系包括两部分：一是绩效目标体系，含年度绩效目标和总体绩效目标；二是评价指标体系，分别设计了立项绩效评价、年度绩效评价以及最终成果绩效评价三个评价阶段的指标体系。以新开项目立项阶段采用的地质调查项目预期绩效目标指标体系（见表2－4）为例，它由3个一级指标、6个二级指标和9个三级指标组成，其中二级指标“预算用途”属于淘汰指标，申请预算符合地质调查专项资金使用要求，则开始评价，否则不予立项。

表2－4　地质调查项目预期绩效目标指标体系

一级指标及分值	二级指标及分值	三级指标	指标解释	评价标准
	预算用途	申请预算用途合规性	申请预算是否符合地质调查专项资金使用要求	符合则接着往下评价，不符合则不予立项
项目目标（35分）	用户类别（15分）	1. 用户及用途明确程度（15分）	用户及用户主要用途是否具体明确	具体明确（14～15分） 较明确（11～13分） 基本明确（8～10分） 不明确（0～7分）
	目标任务（20分）	2. 立项依据充分性（10分）	立项依据是否充分	依据充分（10分） 较充分（8～9分） 基本充分（6～7分） 不充分（0～5分）
		3. 目标明确程度（10分）	设立的绩效目标是否具体、明确，可供量化考核的程度	明确（9～10分） 较明确（7～8分） 基本明确（5～6分） 不明确（0～4分）
项目技术方案与预算（30分）	技术方案（20分）	4. 工作量具体化程度（10分）	工作量部署是否具体、合理，可供量化考核的程度	具体（9～10分） 较具体（7～8分） 一般（5～6分） 不具体（0～4分）
		5. 技术方案编制质量（10分）	立项报告或设计质量评定等级	优秀（10分） 良好（8～9分） 合格（6～7分） 不合格（0～5分）

（续）

一级指标及分值	二级指标及分值	三级指标	指标解释	评价标准
项目技术方案与预算（30分）	年度预算（10分）	6. 预算编制质量（10分）	项目预算编制质量评定等级	优秀（10分） 良好（8~9分） 合格（6~7分） 不合格（0~5分）
项目预期效益（35分）	产出（25分）	7. 产品明确程度（20分）	提供产品的数量、质量是否具体、明确，可供量化考核的程度	明确（18~20分） 较明确（14~17分） 基本明确（10~13分） 不明确（0~9分）
		8. 时效性（5分）	成果/阶段性成果完成时间是否合理	合理（5分） 较合理（4分） 基本合理（3分） 不合理（0~2分）
	效益（10分）	9. 预期效益显著性（10分）	项目经济、社会、环境及综合效益是否显著，不同类别各有侧重	效益显著（9~10分） 效益较好（7~8分） 效益一般（5~6分） 效益差（0~4分）

（3）评价步骤。地质调查工作项目绩效评价，与项目立项、设计编制与审查、质量监督、野外验收、成果报告评审与验收等管理环节同步进行。具体评估分四步：

1）拟定绩效目标，对目标进行评价。项目立项阶段，由承担单位拟定绩效目标，在新开项目立项申请报告（续作项目评估报告）中以专门章节，编制“申报表”；由承担报告评审工作的专家组，对地质调查项目预期绩效目标（年度绩效目标）进行定量评定。项目设计阶段，承担单位根据项目任务书有关要求以及立项阶段的专家意见，对“申报表”进行修改完善，并作为年度绩效评价的依据。

2）年度绩效考评。项目年度成果评审阶段，项目组应对照年度绩效目标对年度绩效进行自评，在此基础上，专家组开展评价。

3）总体绩效考评。项目最终成果评审阶段，项目组应对照总体绩效目标对年度绩效进行自评，在此基础上，专家组开展评价。

4）后续绩效考评。项目完成一定时间，项目成果得到转化应用后，由专家组对项目绩效进行评价。

(4) 建议。

1) 把绩效评价作为地质调查项目管理的重要抓手。充分利用绩效评价这一管理工具，提高项目管理绩效。通过实际应用，完善以项目管理为目的地质调查项目绩效评价方法、指标体系和标准，争取使绩效评价与项目技术评审、预算审查整合。

2) 加强重大地调专项绩效评价。可从评价地质调查专项总体绩效和抽查重要地质调查项目绩效两方面入手开展研究。

3) 完善后评价指标体系。地质调查项目完成一段时间后，其效益才会逐渐显现，要深入探索研究地质调查项目后续效益的定量评价的方法，客观评价地质工作在经济社会发展中发挥的重要作用。以地质矿产调查评价专项的实施为契机，就一定金额（200 万元以上）或具有社会重大贡献影响和经济影响的地质调查项目，进行项目绩效评价试点，在实际应用中检验并修正相关指标、完善该指标体系。

4) 在竞争性选择地质调查项目承担单位时，加强绩效评价结果的应用，使“财政支出绩效评价管理”落到实处。

5) 借助规范化、程序化、科学化、信息化的手段，为财政支出绩效评价管理工作提供技术支撑。

4. 协助局完成了地质调查项目绩效考评相关管理办法的起草

此次地质调查项目完成了地质调查项目绩效评价指标体系构建，参见“地质调查项目预期绩效目标专家评分表”“地质调查项目年度绩效评价专家评分表”“地质调查项目最终成果评审阶段绩效评价专家评分表”。参见《中国地质调查局关于印发〈地质调查项目财政支出绩效评价办法（试行）〉的通知》(中地调发〔2012〕136 号)。

第三节　人均饱和货币工作量研究与应用

主要依托局属单位 2010—2012 年度财政预算数据，针对地质调查项目经费预算中存在的支出比例问题，对某些预算指标（如人均基本支出、人均人员费、人均项目支出经费，尤其是人均地质调查项目，甲乙类地调项目经费结构等）进行了人均饱和货币工作量研究，并将结果用于 2014 年立项工作中，对不同类型单位的地调项目经费及结构进行测算，并对其产生的影响进行评估和应用。

一、财政预算规模与结构分析

1. 中国地质调查局部门预算编制情况的在职、离退休人员情况

据 2010—2012 年的部门预算编制所用在职人员数和离退休人员数，2010—

2012 年度参加中国地质调查局部门预算编制情况的在职、离退休人员均稳步增长。其中：2011 年度在职人员增长率为 2.83%，2012 年度在职人员增长率为 2.04%。具体到五类单位情况如下：①中国地质调查局本级 2011 年度在职人数呈现负增长，而 2012 年度的在职人数无增长；②专业地调机构的在职人数增长较为稳定，2011 年度为 1.56%，2012 年度为 1.28%；③公共服务机构的在职人数 2011 年度增长较快为 3.15%，2012 年度增长缓慢为 0.87%；④科技创新与技术支撑（转制）的在职人数 2011 年度增长缓慢，2012 年度增长迅猛为 4.47%；⑤科技创新与技术支撑（非营利）的在职人数增长两年度呈现迅猛增长态势，2011 年度为 4.58%，2012 年度为 3.04%。具体到三类单位情况如下：①地质事业单位 2011 年度的在职人数增长较大为 2.53%，2012 年度略有增长为 1.26%；②转制科研单位在职人数 2011 年度略有增长，2012 年度呈现较大幅度增长为 4.47%；③非营利科研单位的在职人数 2011 年度和 2012 年度均呈现较大幅度增长，分别为 4.58% 和 3.04%。

2. 财政预算情况

（1）总体情况。全局财政预算 2011 年度财政预算增长率为 25.27%，2012 年度财政预算增长率为 22.71%。

1）所属单位三年年均情况。三年年均不足 1 亿元的有九个单位（国土资源部实物资料中心、中国地质图书馆、地科院矿产综合利用研究所、地科院郑州矿产综合利用研究所、地科院勘探技术研究所、地科院探矿工艺研究所、北京探矿工程研究所、国家地质实验测试中心、地科院岩溶地质研究所）；三年年均大于 1 亿元不足 2 亿元的有八个单位（天津地质调查中心、沈阳地质调查中心、南京地质调查中心、武汉地质调查中心、中国地质环境监测院、水文地质环境地质调查中心、地科院地质力学研究所、地科院水文地质环境地质研究所）；三年年均大于 2 亿元不足 3 亿元的有五个单位（发展研究中心（全国地质资料馆）、青岛海洋地质研究所、成都地质调查中心、地科院本部、地科院地物地化勘查研究所）；三年年均大于 3 亿元不足 4 亿元的有四个单位（广州海洋地质调查局、中国国土资源航空物探遥感中心、地科院地质研究所、地科院矿产资源研究所）；三年年均大于 4 亿元不足 5 亿元的有一个单位（西安地质调查中心）；三年年均大于 5 亿元不足 10 亿元的有一个单位（中国地质调查局本级）。

2）2011 年度增长情况。2011 年度呈现负增长的有四个单位（中国地质调查局本级（-17.33%）、中国国土资源航空物探遥感中心（-0.82%）、发展研究中心（全国地质资料馆）（-10.29%）、国土资源部实物资料中心（-1.04%））；2011 年度增长率大于 100% 的有五个单位（西安地质调查中心

(108.83%)、地科院勘探技术研究所(111.82%)、北京探矿工程研究所(107.76%)、地科院本部(155.45%)、地科院地质研究所(102.04%));2011年度略微增长的是青岛海洋地质研究所;2011年度增长率大于50%小于100%的有五个单位(广州海洋地质调查局(52.79%)、中国地质环境监测院(51.15%)、中国地质图书馆(75.21%)、地科院矿产综合利用研究所(76.54%)、地科院探矿工艺研究所(59.47%))。

3)2012年度增长情况。2012年度呈现负增长的有11个单位(中国国土资源航空物探遥感中心(-2.60%)、发展研究中心(全国地质资料馆)(-0.56%)、水文地质环境地质调查中心(-26.31%)、中国地质环境监测院(-0.52%)、地科院矿产综合利用研究所(-13.61%)、地科院勘探技术研究所(-10.52%)、地科院探矿工艺研究所(-14.13%)、北京探矿工程研究所(-8.17%)、地科院本部(-29.37%)、地科院地质研究所(-16.36%)、地科院矿产资源研究所(-2.33%));2012年度增长率大于100%的有一个单位(成都地质调查中心(116.12%));2012年度增长率大于50%小于100%的有四个单位(中国地质调查局本级(71.40%)、沈阳地质调查中心(56.56%)、地科院郑州矿产综合利用研究所(58.30%)、地科院地质力学研究所(51.26%))。

4)财政预算专项情况。财政预算涉及的项目主要以专项形式体现,具体有:"海洋调查专项""国土资源大调查专项""基础性公益性地质调查项目""全国土壤现状调查及污染防治专项""危机矿山接替资源勘查项目""矿产资源补偿费矿产资源远景调查项目""探矿权采矿权使用费和价款管理及成本费用支出项目""全国油气资源战略选区调查与评价专项""行政事业项目""深部探测技术与试验研究专项""公益性行业科研专项""国家科技支撑计划课题""非营利性科研机构改革专项""国家科技基础条件平台建设项目""中央级科学事业单位修缮购置专项""中央级公益性科学院所基本科研业务费""基本建设项目""地质队伍'野战军'技术装备建设""地震灾区次生地质灾害调查评价""国外矿产资源风险勘查专项""三峡库区地质灾害防治""汶川地震断裂带科学钻探(WFSD)专项""地质矿产调查评价项""全国矿产资源利用现状调查专项"等,2010—2012年度呈现快速增长态势。

(2)在职人均项目支出情况。三年平均在职人均项目支出67.30万元,其中:除中国地质调查局本级外,三年平均在职人均项目支出超过100万元的单位有发展研究中心(全国地质资料馆)、西安地质调查中心、地科院本部、地科院地质研究所、地科院矿产资源研究所;三年平均在职人均项目支出50万~100万元的单位有中国国土资源航空物探遥感中心、青岛海洋地质研究所、天津地质调查中心、沈阳地质调查中心、成都地质调查中心、中国地质环境监测院、地科院地质力学研究所、地科院地物地化勘查研究所。

（3）人均基本支出情况。局属28个单位人均基本支出（人员经费+公用经费+住房改革支出）情况：2010年度3.82万元、2011年度4.2万元、2012年度5.47万元，三年年均4.5万元，其中：人均人员经费2010年度2.31万元、2011年度2.97万元、2012年度3.77万元。

据中国地质调查局2010年度、2011年度、2012年度财务决算汇编的数据，中国地质调查局在职职工年人均工资及福利（不含住房改革支出）情况：2010年度8.39万元，2011年度10.12万元，2012年度11.57万元。

就人均基本支出情况而言，比照美国还有较大差距。美国地质调查局工资水平在社会上属中上层，在同行业中也是较高的，有利于吸引和稳定高级专业技术人才。

3. 五类单位财政预算情况

中国地质调查局本级2011年度财政预算呈现负增长，而2012年度大幅增长；专业地调机构财政预算增长较为稳定，2011年度为1.56%，2012年度为1.28%；区域性地调机构两年度以50%左右的速度增长；公共服务机构财政预算增长稳定，2011年度增长为9.15%，2012年度增长缓慢为5.18%；科技创新与技术支撑（转制）和科技创新与技术支撑（非营利）单位2011年度增速非常明显，但2012年度呈现负增长（注：分类据中国地质调查局，并适当细分）。

4. 三类单位财政预算情况

三类单位的财政预算情况：地质事业单位2011年度和2012年度的财政预算大幅稳定增长，分别为14.56%和36.99%；转制科研单位和非营利科研单位2011年度的财政预算增长迅猛，2012年度却呈现负增长（注：分类据中国地质调查局）。

5. 地质调查财政预算情况

（1）2010—2012年度地质调查财政预算总体情况。中国地质调查局28家单位的地质调查财政预算为：2010年地质调查财政预算177103.17万元，2011年地质调查财政预算274603.82万元，2012年地质调查财政预算350483.58万元，如图2-7所示。

（2）在职人均地质调查项目经费情况。三年平均在职人均地质调查项目经费支出38.65万元，其中：除西安地质调查中心外，三年平均在职人均地质调查项目经费支出超过50万元的单位有：中国地质调查局本级（56.13万元）；发展研究中心（全国地质资料馆）（58.65万元）；天津地质调查中心（59.82万元）；沈阳地质调查中心（58.41万元）；成都地质调查中心（60.97万元）；

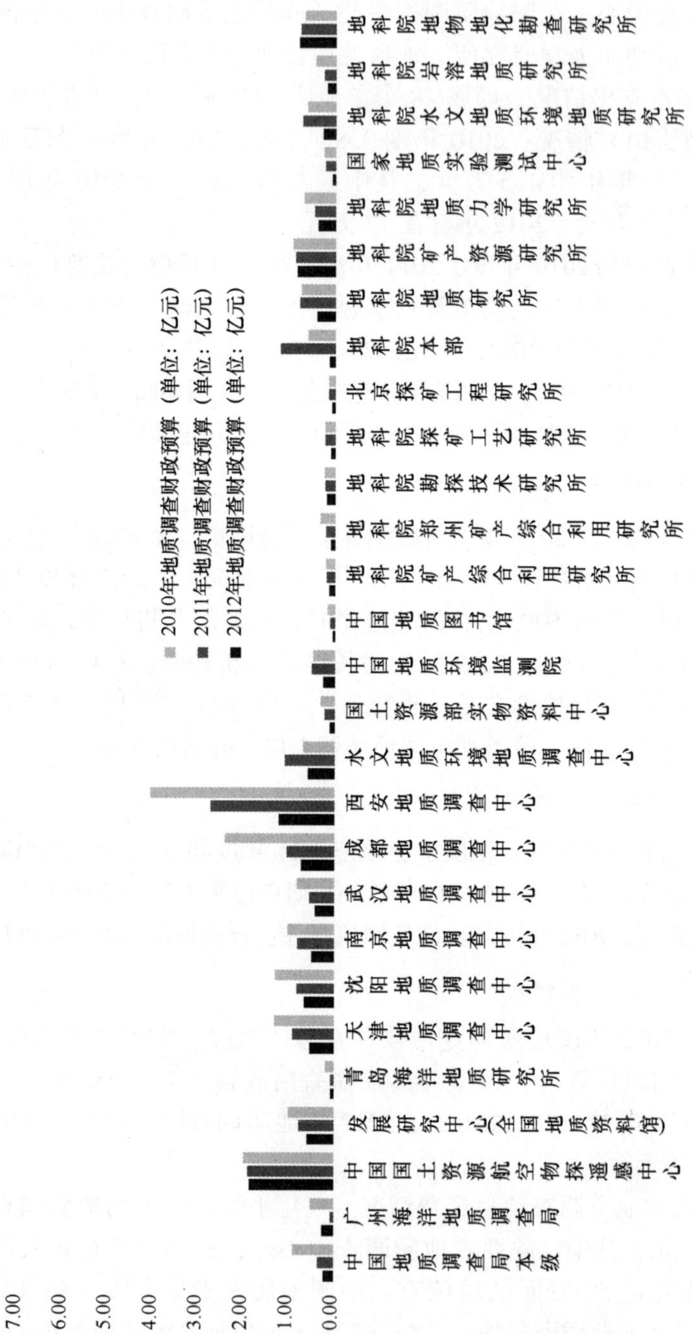

图2-7　2010—2012年度中国地质调查局局属单位地质调查财政预算情况

地科院本部（56.32 万元）；地科院矿产资源研究所（66.94 万元）。三年平均在职人均地质调查项目经费支出为 40 万～50 万元的单位有：中国国土资源航空物探遥感中心（47.14 万元）；南京地质调查中心（40.36 万元）；水文地质环境地质调查中心（39.94 万元，四舍五入后为 40 万元）；地科院地质研究所（46.91 万元）；地科院地质力学研究所（43.29 万元）。相关情况如图 2－8 至图 2－13 所示。

二、地质调查矿产评价专项承担单位立项预算控制数测算及项目经费结构统筹部署应用

1. 2011—2013 年矿评专项项目经费结构分析

考虑到续作优选及优选项目基本由地调局及其二级组织实施单位整体委托，此次分析数据不含续作优选及优选项目。

2013 年甲类项目经费约占 70%，乙类项目经费约占 30%。其中，基础地质调查、矿产资源调查和海洋地质调查中甲类项目的比例较高，约 80% 及以上，地质科技中甲类项目的比例最低，仅占 30%。而地质调查局直属单位承担的项目中，乙类项目占了近一半。总体看，地质调查局承担甲类项目经费占甲类项目总经费比例为 36%，承担乙类项目经费占乙类项目总经费比例为 66%。反映了地质调查局直属单位承担甲类项目能力严重不足。主要原因有二：一是地质调查局直属单位承担了大量项目管理、综合研究和成果集成的任务，影响了承担甲类项目的精力；二是地质调查局直属单位的人员结构不利于承担甲类项目。

总体看，地质调查局承担甲类项目经费占甲类项目总经费比例不足 40%，承担乙类项目经费占乙类项目总经费比例接近 70%。反映了地质调查局直属单位承担甲类项目能力不足。应加强调查与研究相结合，通过开展地质调查，推动科技创新与服务。

通过整理、分析 2011—2013 年度矿评专项项目的专业类型（第一种分类：基础地质调查、矿产资源调查、地质信息化、水工环地质调查、地质科技、海洋地质调查和其他。第二种分类：甲类和乙类）及其经费结构，可以得出以下认识：①以单位业务定位为依据，促进单位预算与项目预算的有机统一，加强单位预算宏观调控和统筹协调；②以年终经济指标考核和分级分类测算、调研各单位财政收入与各类非财政收入的结构比例并提出合理化建议为抓手，促进各单位收入（经济）结构合理化；③要以带队伍、促业务发展、厉行节约、提高资金使用效益为目标，细化总量控制的依据，提高野外调查工作的投入比重，局属单位项目预算总量控制依据需要进一步精细、科学。

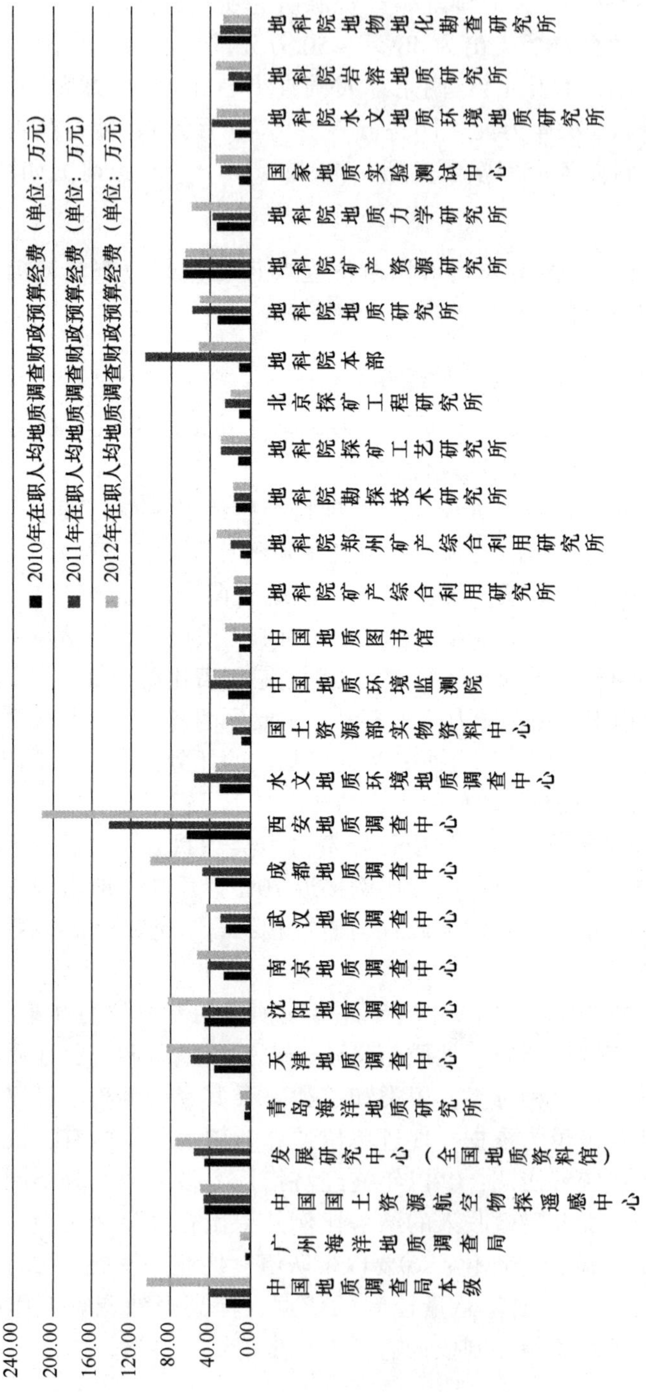

图2-8　2010—2012年中国地质调查局局属单位在职人员地质调查财政预算情况

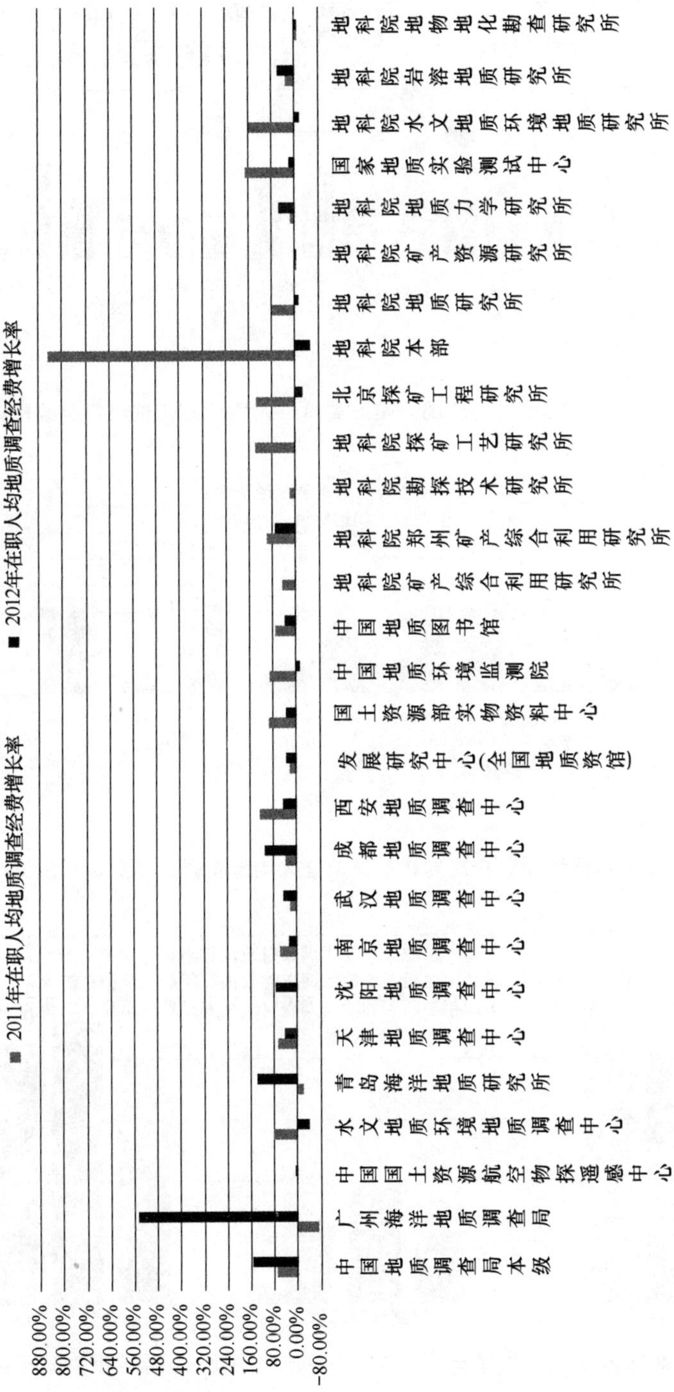

图2-9　2011—2012年中国地质调查局局属单位在职人均地质调查财政预算经费增长情况

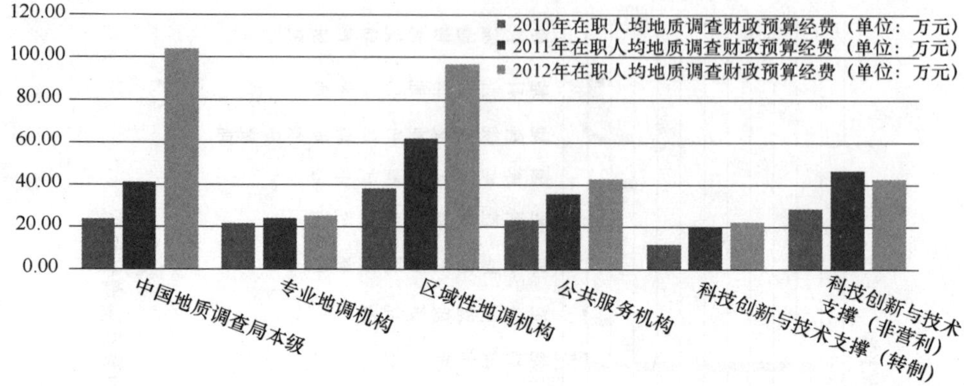

图 2－10　2010—2012 年中国地质调查局局属五类单位人均地质调查经费财政预算情况

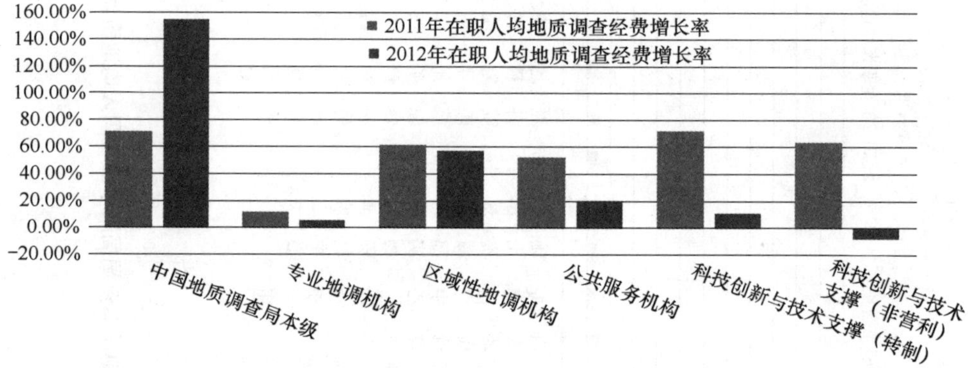

图 2－11　2011—2012 年中国地质调查局局属五类单位人均地质调查经费财政预算增长情况

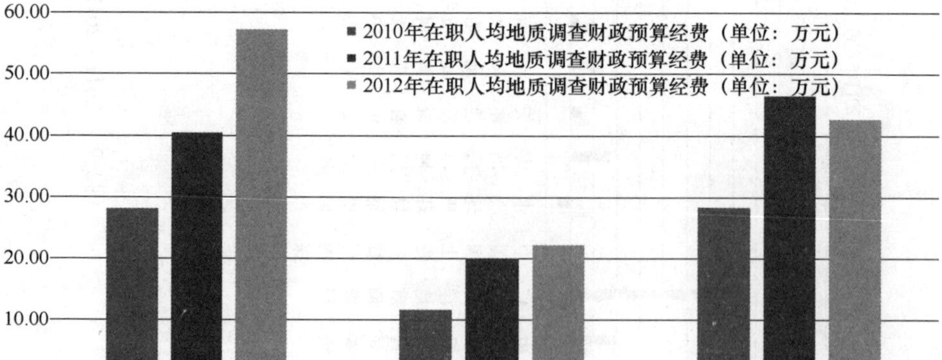

图 2－12　2010—2012 年中国地质调查局局属三类单位人均地质调查经费财政预算情况

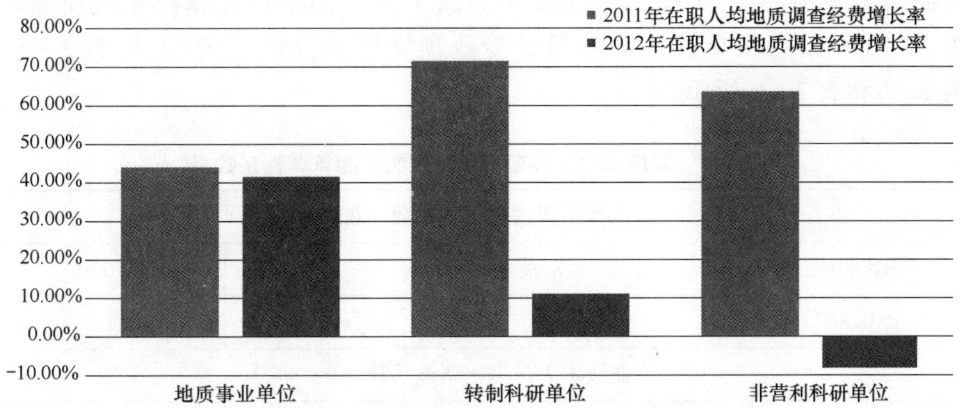

图 2-13 2011—2012 年中国地质调查局局属三类单位人均地质调查经费财政预算增长情况

2. 单位立项预算控制数测算与统筹部署应用

政策工具的一项主要职能就是把国家的目标与意志通过合适的手段贯彻下去，以此实现国家的战略目标。通常来说，政策工具按照强制力的大小可分三种类型，分别是强制性政策工具、混合型政策工具与自愿性政策工具。

科技事业是个体依托思想自由环境而发展的产物，强制无法解决科技问题。经费作为体现国家目标与意志的政策工具不能依靠强制性措施，但也不能完全由研究者凭个人兴趣来进行研究，这样将无法兼顾国家的目标。因此，经费作为政策工具只能是混合型的，既不是强制的，也不是完全自愿的，而是一种折中状态。

当下的科学早已告别小科学时代的单枪匹马的英雄时代，取而代之的是建制化的合作时代。

科研经费的功能主要有三个：①经费作为一种政策工具，传达国家的意志与目标；②进行资源配置与知识生产；③经费作为政策工具实现规训职能。

面对日益增长的财政预算执行管理和地质调查队伍建设需求，中国地质调查局基于地质调查矿产评价专项的项目经费和数量及专业，进行了各类承担单位地质调查矿产评价专项立项的预算控制数测算及项目经费结构统筹部署。例如，根据局属单位矿评项目预算控制数测算调整系数提出了局属单位矿评项目分专业预算控制数建议。参见“局属单位矿评项目预算控制数测算调整系数表”“2014 年局属单位矿评项目预算控制规模测算表”“2014 年局属单位矿评项目分专业预算控制数建议表”，如表 2－5、表 2－6和表 2－7 所示。

表 2－5　局属单位矿评项目预算控制数测算调整系数表

<table>
<tr><td colspan="5">乙类项目占比调整系数（B）</td></tr>
<tr><td>B≥80%</td><td colspan="3">80% >B≥60%</td><td>B<60%</td></tr>
<tr><td>0.8</td><td colspan="3">0.9</td><td>1</td></tr>
<tr><td colspan="5">专业技术人员占比调整系数（D）</td></tr>
<tr><td>D≥85%</td><td colspan="3">85% >D≥75%</td><td>D<75%</td></tr>
<tr><td>1.1</td><td colspan="3">1</td><td>0.9</td></tr>
<tr><td colspan="5">中高级专业技术人员占比调整系数（E）</td></tr>
<tr><td>E≥80%</td><td colspan="3">80% >E≥70%</td><td>E<60%</td></tr>
<tr><td>1.05</td><td colspan="3">1</td><td>0.95</td></tr>
<tr><td colspan="5">直接参加项目人员占比调整系数（F）</td></tr>
<tr><td>F≥85%</td><td colspan="3">85% >F≥75%</td><td>F<75%</td></tr>
<tr><td>1.1</td><td colspan="3">1</td><td>0.9</td></tr>
<tr><td colspan="5">预算执行率调整系数（G）</td></tr>
<tr><td>G≥0.85</td><td>0.85>G≥0.7</td><td>0.7>G≥0.5</td><td>0.5>G≥0.3</td><td>G<0.3</td></tr>
<tr><td>1</td><td>0.9</td><td>0.8</td><td>0.5</td><td>0</td></tr>
</table>

三、财政拨款项目预算执行计划应用

为加强局属单位财政拨款项目预算执行，借助现代化和信息化的管理手段，从上年度的立项和部门预算编制到下年度的设计及部门预算下达，各单位根据相关资料和数据按单位和预算科目制定和修改财政拨款项目预算执行计划，如“2013 年财政拨款项目预算执行计划表（按单位）”“2013 年财政拨款项目预算执行计划表（按预算科目）”。这样在某种程度上使部门预算逐步科学化、精细化，管理实践更加理性、客观。

表 2-6　2014 年局属单位矿评项目预算控制规模测算表

单位名称	2014 年预计在职人员数/人	专业技术人员数/人	在职人员中技术人员占比	中高级专业技术人员/人	专业技术人员中中高级人员占比	从事项目人员数/人	在职人员中从事项目人员占比	矿评项目中乙类项目占比	地调及科研项目中矿评项目占比	2012 年矿评项目预算执行率	2014 年地矿专项预算控制规模建议/万元	自身承担部分/万元	2013 年矿评项目预算实际安排情况/万元	自身承担部分/万元	备注
合计	6115	4418	72.2%	3096	70.1%	4481	73.3%	73.7%	61.2%	78.6%	225240	156950	235105	161005	
航遥中心	580	430	74.1%	279	64.9%	330	56.9%	44.6%	53.1%	71.2%	15200	10660	19290	10987	
发展研究中心	257	182	70.8%	153	84.1%	182	70.8%	100.0%	96.1%	88.8%	16000	8400	19070	11265	
天津地调中心	274	194	70.8%	117	60.3%	150	54.7%	43.2%	95.0%	58.8%	11500	8010	12780	8856	
沈阳地调中心	279	177	63.4%	124	70.1%	177	63.4%	33.7%	85.0%	92.6%	12800	9600	11885	10696	
南京地调中心	296	236	79.7%	167	70.8%	251	84.8%	68.0%	71.1%	74.9%	11000	8520	10915	7484	
武汉地调中心	326	240	73.6%	175	72.9%	289	88.7%	66.3%	78.1%	74.8%	13000	10210	12210	9800	
成都地调中心	413	299	72.4%	201	67.2%	323	78.2%	50.9%	73.3%	72.1%	15000	11650	14080	10936	
西安地调中心	447	327	73.2%	227	69.4%	337	75.4%	43.7%	74.2%	68.8%	16200	11340	18195	13413	
水环地调中心	328	243	74.1%	133	54.7%	210	64.0%	42.0%	69.0%	92.3%	10000	8710	9950	7752	
油气调查中心	120	95	79.2%	69	72.6%	95	79.2%	83.7%	31.8%	85.0%	2100	1520	1230	616	
实物资料中心	199	105	52.8%	56	53.3%	67	33.7%	84.9%	72.3%	78.0%	5860	3990	5760	3660	
地环监测院	232	166	71.6%	129	77.7%	164	70.7%	60.7%	57.3%	86.2%	7630	4850	7630	4536	
地质图书馆	130	99	76.2%	84	84.8%	82	63.1%	100.0%	59.4%	93.8%	3000	2330	3090	2121	
成都综合所	190	159	83.7%	95	59.7%	166	87.4%	95.0%	41.2%	79.3%	3900	2940	3260	2509	
郑州综合所	155	117	75.5%	81	69.2%	131	84.5%	97.2%	45.0%	90.3%	4300	2650	4530	2818	

（续）

单位名称	2014年预计在职人员数/人	专业技术人员数/人	在职人员中技术人员占比	中高级专业技术人员/人	专业技术人员中中高级人员占比	从事项目人员数/人	在职人员中从事项目人员占比	矿评项目中乙类项目占比	地调及科研项目中矿评项目占比	2012年矿评项目预算执行率	2014年地矿专项预算控制规模建议/万元	自身承担部分/万元	2013年矿评项目预算实际安排情况/万元	自身承担部分/万元	备注
勘探所	213	101	47.4%	56	55.4%	108	50.7%	100.0%	67.5%	85.8%	6100	4430	5440	3928	
工艺所	140	102	72.9%	58	56.9%	103	73.6%	80.8%	70.0%	83.0%	4500	3020	3930	3608	
探工所	132	99	75.0%	46	46.5%	87	65.9%	100.0%	63.1%	91.7%	3800	2850	2680	2328	
地科院	173	59	34.1%	42	71.2%	104	60.1%	95.0%	40.2%	95.6%	3300	2250	3500	2191	
地质所	246	210	85.4%	183	87.1%	239	97.2%	89.5%	47.4%	85.7%	10650	5930	10650	6604	
资源所	256	215	84.0%	195	90.7%	215	84.0%	76.9%	51.3%	92.0%	10000	6200	13875	7806	
力学所	215	151	70.2%	130	86.1%	151	70.2%	60.7%	55.0%	84.2%	7800	4530	8140	5196	
测试中心	145	121	83.4%	98	81.0%	125	86.2%	98.6%	45.0%	95.0%	4300	3010	4300	2734	
水文所	327	259	79.2%	172	66.4%	257	78.6%	61.0%	55.0%	83.8%	10200	7690	9830	6700	
岩溶所	233	178	76.4%	118	66.3%	184	79.0%	50.9%	53.0%	94.3%	8800	5870	8720	4761	
物化探所	389	284	73.0%	187	65.8%	284	73.0%	69.7%	43.0%	84.7%	8300	5790	10165	7701	

表 2-7 2014 年局属单位矿评项目分专业预算控制数建议表

（单位：万元）

单位名称	合计		资料信息类（总工室）		资源评价类（资源评价部）		基础调查类（基础部）		水工环类（水工环部）		地质科技类（科外部）		其他类（财务、人教部）	
	2014 年	2013 年	2014 年	2013 年	2014 年	2013 年	2014 年	2013 年	2014 年	2013 年	2014 年	2013 年	2014 年	2013 年
合计	225240	235105	24380	29055	53350	53870	36990	48470	55860	55750	53670	47240	990	720
航遥中心	15200	19290	550	480		300	10400	14300	810	500	3440	3710		
发展研究中心	16000	19070	6720	8700	6390	7390	600	840	90	150	1900	1690	300	300
天津地调中心	11500	12780	1380	1540	3450	3830	2480	2760	2920	3240	1270	1410		
沈阳地调中心	12800	11885	660	1075	6490	4460	2290	3770	1710	1500	1650	1080		
南京地调中心	11000	10915	1110	1315	3050	3530	2380	2400	2360	2350	2100	1320		
武汉地调中心	13000	12210	830	1410	4270	2720	1990	3030	3350	3250	2560	1800		
成都地调中心	15000	14080	970	1570	7410	5080	1950	3870	1790	2190	2880	1370		
西安地调中心	16200	18195	790	1850	5120	5455	3610	3970	4920	4660	1760	2260		
水环地调中心	10000	9950	180	220					9520	9410			300	320
油气调查中心	2100	1230	100	200	2000	1030								
实物资料中心	5860	5760	4900	4400	160	440	390	920			410			
地环监测院	7630	7630	470	540	60	70	410	530	6690	6490				
地质图书馆	3000	3090	2390	2720							300	370	310	
成都综合所	3900	3260			1310	770		330			2590	2160		
郑州综合所	4300	4530			1310	2510			200	150	2790	1870		
勘探所	6100	5440		40							6100	5400		

（续）

单位名称	合计		资料信息类（总工室）		资源评价类（资源评价部）		基础调查类（基础部）		水工环类（水工环部）		地质科技类（科外部）		其他类（财务、人教部）	
	2014 年	2013 年	2014 年	2013 年	2014 年	2013 年	2014 年	2013 年	2014 年	2013 年	2014 年	2013 年	2014 年	2013 年
工艺所	4500	3930							1770	2360	2730	1570		
探工所	3800	2680					200	150	160		3440	2530		
地科院	3300	3500	1660	1170	130	150	270	440	100		1140	1740		
地质所	10650	10650	20	40	410	500	3790	4290	80	100	6350	5720		
资源所	10000	13875			7840	10805		140			2160	2930		
力学所	7800	8140	230		2500	3300	1300	1240	2470	2250	1300	1350		
测试中心	4300	4300	310	410	480	440	550	390	480	150	2480	2910		
水文所	10200	9830	550	660	320				8300	8900	1030	270		
岩溶所	8800	8720	300	290			480	480	8020	7950				
物化探所	8300	10165	260	425	650	1090	3900	4920	120	150	3290	3780	80	100

第四节　竞争性承担单位预算财务管理机制调查研究

一、地质调查工作竞争现状

地质调查工作竞争包括地质调查项目优选和地质调查项目承担单位优选两种类型。前者是指项目承担单位根据地质工作规划、国家专项的投资支持方向、立项指南等要求，提出向国家申请支持的项目。后者简称竞争性选择，是指在项目工作区域清楚、目标任务明确、主要工作手段和实物工作量具体的前提下，择优选择项目承担单位的过程。

1999 年，中国地质调查局建立之初就开展过一次全国范围内的地质调查项目竞争性选拔。之后，随着全国各省地质调查院的组建陆续到位，地质调查项目立项自下而上的申报竞争性选拔逐渐演变成自上而下计划安排，地质工作安排体现了国家意志，项目承担单位仅限于中央野战军、地方野战军和未属地化的行业队伍，期间仅有个别项目开展了工作手段招标，如：鄂尔多斯盆地陕北能源化工基地地下水勘查专项 2004 年钻探工程开展了邀请招标，东部地球化学填图样品实验测试工作开展了公开招标，在全国范围内选择实验测试中心，这些招投标工作为地质项目竞争性选拔提供了一定的基础。2006 年中央地质勘查基金管理中心成立后，举办了内蒙古东部地区煤炭资源潜力评价项目公开招标。金属矿产评价项目由于矿权限制，通常采取承担单位申报，省级矿管主管部门推荐，专家评议，中央地质勘查基金管理中心批准等程序来确定项目。

自 2010 年以来，现行地质调查项目承担单位由原来的中央公益性和地方公益性地质调查队伍逐步扩大到社会不同的行业地勘队伍，地质调查项目承担单位的数量、规模、结构、类型都较之以往更加广泛，如图 2－14 和图 2－15 所示。

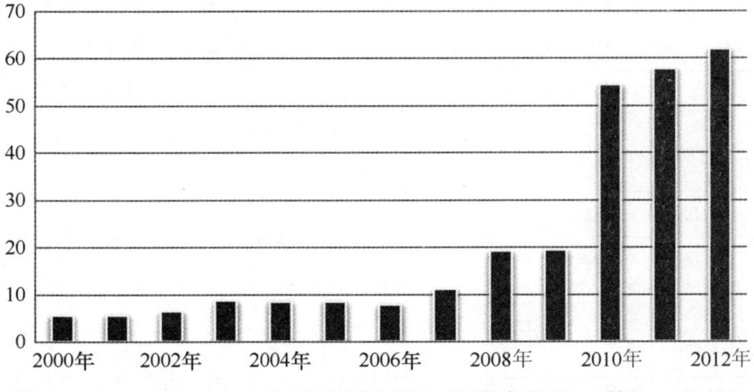

图 2－14　2000—2012 年地质调查投入总量变化图（单位：亿元）

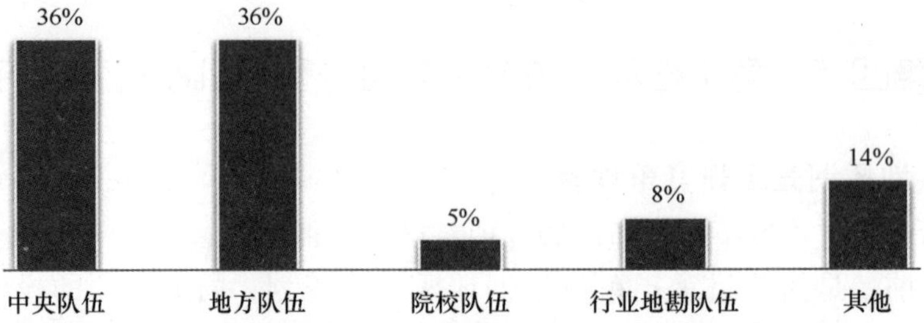

图 2-15 2011 年各类队伍承担地质调查经费对比分析图

2011 年，在中国地质调查局统一部署和领导下，竞争性优选项目承担单位试点工作在中国地质调查局本部、西安地质调查中心、中国地质科学院和有色地调中心展开。竞争性选择项目承担单位工作试点得到全国各地勘单位、科研院所、地质矿业公司的积极响应。完成 105 个项目优选，涉及经费 4.59 亿元，占年度地质调查项目经费的 8%。在 105 个项目中，共收到投标书 331 份，163 家单位参与投标。2012 年，安排优选的项目共 279 个，预算总额 89370 万元，具体情况见表 2-8 和表 2-9。

表 2-8 2012 年竞争性选择承担单位项目情况表

项目类型	预算/万元					项目数量/个					备注
	小计	公开招标	邀请招标	竞争性谈判	委托	小计	公开招标	邀请招标	竞争性谈判	委托	
合计	89370	45090	9430	21380	13470	279	160	30	56	33	
1. 基础	55910	43270	1770	2600	8270	193	151	4	10	28	
2. 矿产	29580	1020	6760	17000	4800	76	7	24	41	4	
3. 水环	1200		800		400	2		1		1	
4. 科技	1620			1620		3			3		
5. 信息	1060	800	100	160		5	2	1	2		

表 2-9 2012 年竞争性选择承担单位流标项目情况表

项目类型	预算/万元				项目数量/个				备注
	小计	公开招标	邀请招标	竞争性谈判	小计	公开招标	邀请招标	竞争性谈判	
合计	10830	8800	630	1400	41	35	4	2	
1. 基础	8600	8600			33	33			
2. 矿产	830	200	630		6	2	4		
3. 科技	1400			1400	2			2	

二、地质矿产调查评价项目竞争性承担单位预算财务管理现状

随着地质矿产调查评价项目竞争性承担单位工作的不断扩大和深入，现有的管理模式与管理方法面临着挑战与创新，其中最迫切需要解决的是地质矿产调查评价项目竞争性承担单位预算财务如何管理的问题。

我们有针对性地调研了近年来地质调查项目竞争性承担单位预算财务管理的实际情况，具体如下：

1. 地质调查项目经费管理模式

根据地质调查项目预算或合同价款，依据内部生产费用定额分解项目经费，主要分为三部分：项目组控制费用、业务部室控制费用、管理及日常经费。项目组控制费用主要包括项目组人员费、聘用人员费、日常材料费、交通费用、设计制图费、槽探工程费等；业务部室控制费用主要包括设计评审费、野外验收费用、报告评审费、岩矿测试费用、钻坑探重型工程费等；管理及日常经费主要包括管理部室费用、全院职工五险一金、人身意外保险、设备折旧费等，每年由院与各项目签订经济责任书，明确项目组的工作量、经费等事项，次年根据院相关文件考核。辅助生产单位制图室、汽车队、物业中心实行独立核算，收入实行与接收服务项目组或部室进行内部结算制度，从而进行内部收支考核，这样也便于内部单位项目牵制督促。

2. 从立项、设计编制预算到会计核算落实预算执行中存在的主要问题

（1）预算编制过程中由于时间紧、人员少，存在应付的现象，如专用材料和燃料费预算明细表的编制与实际支出相差较大；会计核算多种工作手段共同承担的费用难以划分清楚，使地质项目工作手段预算与实际发生额产生较大差异。

（2）设备使用费和购置费的预算编制。《中国地质调查局关于〈地质矿产调查评价项目预算编制和审查要求（试行）〉的通知》（中地调函〔2010〕88 号）以及《中国地质调查局关于下达地质矿产调查评价专项 2012 年项目任务书的通知》（中地调函〔2012〕30 号）等相关文件的规定要衔接好，以免引起误解。

（3）虽然会计核算使用“用友”会计软件，但与真正实现 ERP（即企业资源计划）管理相距甚远，仅仅是代替了手工记账。原计划充分利用“用友”会计软件预算管理功能，但由于各种原因还没有实现，仅仅依靠 Excel 表进行预算与实际对比分析查找差距，没有实现精细化预算管理并具体细分落实到每一项预算费用和地质项目支出科目。

（4）由于对地质调查项目有关文件的理解不够，在预算费用分解时遇到很多新问题都值得商榷，如管理费的分摊控制比例、内部物业管理等各项费用结算等。

（5）地质项目经费使用情况总结报告的编制，应按地质项目核算，这样能完整地反映一个地质项目的全过程和全貌。

（6）地质项目拨款年末账务处理。由于地质调查项目资金预算标准执行财政部、国土资源部《国土资源调查预算标准　地质调查部分》（财建〔2010〕52号）、中国地质调查局《地质调查项目预算标准》（2010年试用版），每个地质调查项目资金基本是上级主管部门核定后一次下拨到项目承担单位，待项目完成后由中国地质调查局组织专家组进行验收，按《中国地质调查局关于进一步加强国土资源地质调查项目经费使用情况总结报告编制与验收工作的函》（中地调函〔2010〕240号）对项目资金预算、财务核算、工作量完成情况、成果验收汇交等逐一审查验收。

预算结余处理情况如下：地质调查项目资金不是每年年初下拨，有时甚至12月份下拨当年项目资金，在会计处理时每年年末按项目预算预提项目支出，次年冲减预提费用；按实际支出数上报国土资源地质调查项目专项经费会计报表，按包含预提费用的支出数上报地方财政部门决算。

如果预算结余资金在报地方财政部门决算时作为结余处理，次年使用该资金审批手续会相当麻烦，同时对申报立项也会造成影响。

（7）地质项目经费预算执行率的高低不是财务人员所能决定的，经济工作与技术工作有时出现脱节现象，经济数据不能及时真实反映地质项目工作进展情况。这就需要单位内部各个部门相互协调，建议在较高层次的会议上督促预算的执行。

（8）由于体制的原因，地勘单位年度考核与经济效益挂钩，而财政专项又不能产生利润，这个矛盾非常突出。为此，公益性地勘单位体制不顺，势必造成公益性单位进入地质市场争取项目创造效益，从而对公益性地质项目的完成进度造成影响。

3. 招投标、优选项目经费是否缴纳营业税

由于该类项目任务书上的项目承担单位为招标或优选项目牵头单位，而非项目承担单位，依据《国家税务总局关于地质矿产部所属地勘单位征税问题的补充通知》（国税函发〔1996〕656号），“（二）地勘单位承担其他各项地质勘探工作取得的收入，包括地勘单位分包其他单位承担的政府安排的地勘工作取得的收入，均属于营业税的征税范围。”

根据《财政部、国家税务总局关于专项用途财政性资金企业所得税处理问题的通知》（财税〔2011〕70号）规定，该项目经费免征企业所得税。

各承担单位对该类项目按财政拨款项目管理和核算，而各地税务机关对是否征收营业税政策掌握不一，建议在下达该类项目任务书时加“项目承担单位：具体单位名称”，并将此类项目按实际完成工作量及成果情况实行经费结算制度。

联合投标项目任务书下达也需要在任务书上明确各承担单位及经费，便于项目经费的核算工作。

建议给优选出来的项目再单独下一次任务书，以解决税收问题和高精度涉密资料收集问题。

4. 全成本预算项目经费

预算标准很重要，它是确定项目投资规模的依据。基于野外变数比较大，不可能完全按照预算去执行，不利于企业化改制后多元化产业并举的地勘单位内部管理制度等因素，成本预算只能是一种工作手段。

预算执行情况如何，应该从工作量和成果方面进行严格监督和把关，质量处罚条款要严厉。

在预算标准里应该把营业税[⊖]和企业所得税考虑进去，做全成本预算。现行项目管理是以合同加任务书的形式，合同只是规范项目工作的约束性文本，但税务部门见到合同就要征税，事业单位企业化改制后，单位性质发生了根本改变，财务管理工作中增加了大量的涉税事宜，如果财政资金能够市场化运作，就可以理顺企税部门之间的关系，从而也能转变事业单位不纳税的观念，利税在预算标准中增加了，如果偷逃纳税，责任由企业自负。

5. 项目资金列支问题

（1）折旧率太低。与现行行业固定资产管理办法中折旧率的规定和税法中同类设备折旧年限的规定差异较大。野外高强度的作业，对设备的磨损程度加快，应采用加速折旧的方法来提高设备的更新改造。例如，区调专业队伍在野外主要设备是车辆，在安全保障程度提升的情况下，车辆的规格提升，价格也会提升。而按10.5%的年折旧率折旧年限为9.5年，明显跟不上现实情况，项目专用车辆在项目工作周期内不做他用时，每年多计提的折旧谁来承担？这就与本单位内部管理办法产生了矛盾。

（2）人员费（其中含五险一金）占项目经费总额的30%，较低。以区调为主业的队伍，主要以人的技术为生产力，流动分散作业，劳动强度大，人身损耗严重，而人员费（其中含五险一金），占项目经费总额的30%较低，不足以支付人员费。2011—2012年，地质事业费年人均2万多元，主要用于队伍维持、稳定和基地生产、生活基础设施改造、维修等。随着地勘单位企业化改制进程的推进，地质事业费将逐年递减，没有可用于补助项目人员工资的资金来源。

（3）费用列支渠道难以确定。会计人员不出野外，即使在野外工作，因为

⊖ 项目研究时间为2011—2012年，所以是“营业税”，现在已经全面推开营改增。

不参与地质工作，他们也无法辨别野外各项费用是在哪个工作手段中形成的，“材料费”“交通费”是在“地质测量”还是在“槽探”工作手段中列支？一人多岗时“人员费”是在“地质测量”还是在“槽探”工作手段中列支？会计人员会很困惑，如果会计人员与技术人员欠沟通，费用划分就由会计人员人为确定，这样与预算偏差较大，甚至是为完成预算而核算，失去了会计信息数据的可比性和利用价值。

（4）应该允许有项目经费节余。若允许有项目经费节余，则管理项目资金时就会精打细算。企业要有持续经营和储备后续发展基金的理念，不能今天有项目今天花完，明天项目接不上又面临大量人员下岗。项目采取招投标形式后，市场竞争激烈，地勘单位中标难度越来越大，没饭吃或吃不饱的情况会随时出现。

（5）专项资金管理办法与单位内部激励措施发生矛盾。项目资金不允许列支奖金、绩效工资等，事业单位企业化改制后，除基本工资外，绩效工资和奖励工资等激励性工资如何在项目资金中列支？专项资金管理办法会与单位内部激励措施发生矛盾。

6. 合同保证金或质量保证金的缴纳及缴纳比例问题

保证金非押金，不能从财政资金里扣除，只能由中标单位灵活处理。

7. 资金使用的合理性、有效性、利润空间问题

随着地质调查项目承担单位的日益多元化，对资金使用的合理性、有效性、利润空间问题的讨论日趋激烈，并不可回避，需进一步调查研究。

8. 中标后续预算财务管理责任机制没有建立

经过“公开招标、邀请招标、竞争性谈判”及万不得已的“综合评议”“委托建议”、投标、中标、合同签订、设计审查之后，负责此项工作的地质调查项目二级管理单位按外协方式拨付项目经费，减少了资金拨付环节，避免了中间环节，使资金效益得到充分发挥，提高了地质工作效率。

按理想的状态，各地质矿产调查评价项目竞争性承担单位按合同和项目设计书要求执行，将有利于地质调查项目组织实施单位对此类项目的资金监管。但是，从2011年度和2012年度的地质调查项目决算看，优选项目的财务管理状况堪忧。根本原因是地质调查项目组织实施单位和地质矿产调查评价项目竞争性承担单位在没有行政隶属关系的情况下，既不能向财政要全程管理，也不能向市场要商业机制，责任机制没有建立。

9. 形成了“建设项目中标单位预算财务管理机制研究”报告

项目组总结了建筑行业的相关做法，形成了“建设项目中标单位预算财务

管理机制研究”报告。

10. 参与形成竞争性选择地质调查项目承担单位管理办法

详见《中国地质调查局关于印发竞争性选择地质调查项目承担单位管理办法的通知》（中地调函〔2013〕32号）。

三、公共财政资金市场化运作机制研究

项目组结合《中华人民共和国预算法》《中华人民共和国合同法》《中华人民共和国会计法》、企业会计制度、审计实务，开展了公共财政资金市场化运作机制研究，重点探索了如何优化合同管理机制、形成符合地质调查特点的合同管理模式。

合同管理是作为法律关系的主体，依法对合同的签订、履行、变更、解除以及合同纠纷所进行的计划、组织、控制、调解、诉讼和监督检查等一系列活动的总称。

合同是从事经济活动取得经济效益的桥梁和纽带，同时不规范的合同也是产生各种纠纷的根源。因此，合同管理是管理问题中的重要内容，搞好合同管理，是推进稳健发展的必然条件。

合同管理问题主要表现为：①合同管理意识差，法律风险防范意识淡薄；②合同管理体系不健全，合同管理漏洞多，合同把关不严；③合同监控管理不完善、不规范；④重视度不够，专业合同管理人才匮乏。

为了提高合同管理机制效率，可以实行一些措施，如岗位责任制、监督考核制、档案管理制、委托代理制、财务公开制等合同的管理制度，一定要做到职责分明，详细规定每个相关部门、职位、人员的相关责任，实行奖惩制度，使员工知道有所为和有所不为，以此最大限度地来规避合同的风险，从根本上保证企业的利益，提高合同管理的效益。力争做到：竞争性承担单位项目运作达到“技术和商务可控”：既要“完成工作”，又要“合理使用经费”“适应延伸审计”和“适合基层预算管理”。

优化合同管理机制措施具体如下：

1. 强化法制观念，提高合同管理意识

一些法定代表人或相关负责人不熟悉法律的相关规定，没有把合同管理纳入管理之中，或者在一些重大投资决策、重大活动等方面的决策过程中法律风险意识不强，甚至对法务人员提出的警示置若罔闻。因此，建立培训机制，加强法律、法规培训，强化法制观念，提高合同管理意识势在必行。在法律培训过程中，应充分结合岗位实际需求，对管理人员及财务审计部门等重点岗位的工作人员，加大合同法、公司法、财税法、担保法、金融法等经济法律知识的

培训力度，强化他们的法制观念，提高依法运作和市场契约意识。注意防范合同法律风险。

合同法律风险是指在合同订立、生效、履行、变更和转让、终止及违约责任的确定过程中，合同当事人一方或双方利益损害或损失的可能性。

合同法律风险主要表现在合同本身的法律风险以及来自外部的法律风险。法律风险产生原因及涉及内容见表2－10。

表2－10　法律风险产生原因及涉及内容

法律风险产生因素	涉及内容
环境因素	主要是指合同双方当事人事前都无法预知的或属于不可抗力的因素，包括政治、政策、法律、社会、科技进步以及地理环境、气候变化、交通事故、自然灾害等不可控因素
合同相对方因素	主要是指对方的履约能力：包括合同对方的诚信记录、财务信用、支付能力、生产能力、技术水平、业绩状况等
自身因素	主要是指自身的风险防控机制，包括合同决策、内部管理、法务人员素质、监控能力、技术水平等

合同管理在处理合同法律风险的问题上，有“合同签订前”“合同履行中”“合同履行出现问题后”三个阶段，风险点各有不同，解决的方法也所侧重。事前主要是防范，事中关键是控制，而事后就只能被动补救。

（1）合同签订前出现的问题。

1）合同签订时因合同主体不符合法律法规的要求导致合同无效，浪费不必要的人力物力。

2）合同签订时不符合法定程序导致合同无效。

（2）合同履行中存在的法律风险。合同履行中存在的法律风险主要有：

1）合同履行中因相对方履约能力下降产生法律风险。履约能力包括信用能力、支付能力、生产能力等。合同签订后，可能存在因对方履约能力下降导致已签订生效的合同中途流产。

2）合同履行中因合同主体和合同内容变更产生的法律风险。因合同无法包括双方所有的权利义务，某些合同因履约周期较长或过程中出现与原合同不符的情况，已经约定的内容在实际中产生变化，或已没有履行的必要，此时合同的变更也会对合同产生不可预知的风险。

3）合同履行中因合同相对方诚信缺失导致合同欺诈。合同欺诈形式多样，有伪造虚假证件、私自转包合同等。

4）合同履行中因管理机制不严导致合同纠纷。

合同法律风险的三个防控阶段当中，最重要和最容易实现法律风险控制环节的就是事中控制，即对合同履行过程的设计和控制。在事前防范到位的情况下，应加大对事中控制力度、辅之以事后补救，以构建全过程、全方位的内部法律防控体系，达到在合同管理各阶段风险可控的目的。

2. 建立健全合同管理制度

（1）建立健全并实施招投标机制。加强招投标项目的全方位、全过程管理，确保合同的顺利履行。要从合同的立项、谈判、签订、履行、验收、结算等各个阶段进行跟踪管理。律师要全程参与招标合同项目的管理，对合同的签订、审批、履约质量把好“法律审查关”，保证合同项目的合法性、可行性、安全性。

（2）健全合同审查机制，实行合同签约人负责制和重大合同履行报告制度，督促依法审慎签约。合同负责单位、合同承办人要对合同的前期调查、谈判、签约、履行、验收、结算等全过程负责；对履行周期长、标的额大、复杂疑难的重大合同实行计划履行、定期报告制度，及时解决履行过程中遇见的问题。

（3）建立合同担保制度，预防、规避合同项目风险。

（4）重视合同证据工作，做好合同公证、鉴证。依照法律的规定，谁主张谁举证，主张权利要有证据支持，否则，要承担败诉的法律后果。要保留好合同书等文书原件，合同管理相关部门应当重视经济合同文本、凭据的收集、整理、归档工作，做到未雨绸缪，防患于未然。一旦涉及经济纠纷，要及时调查经济往来记录，查阅原始档案等。因此，搜集、保全相关证据，可以有效提高胜诉的概率。同时，要充分认识合同公证、鉴证的重要作用，对大额合同、重要合同依法进行公证、鉴证，保证经济活动的合法性。

（5）重视合同履行的后续工作，确保合同有效执行。合同的后续管理工作是合同有效执行的关键，也是签订合同的意义所在。密切关注合同履行过程，确保合同履行善始善终。合同一经签订成立，即具有法律效力，必须按照合同的约定履行合同，变更合同须经双方当事人协商一致，否则就要承担相应的法律后果。尽量程序化、机制化，形成合同履行后续监督机制。

要完善漏洞修复机制，抓好合同变更、中止、纠纷处理等工作，凡与双方利益有关的权利义务的变更、关系的履行和确定、合同的执行等所有行为都必须采用交接单、协议书、议定书、工作联系单、备忘录等书面形式保存固定下来，且必须有双方负责人的签字盖章。

（6）探索资金拨付市场机制：预算管理和合同管理相结合，考核预算执行，按工作进度拨付经费；借鉴地勘基金的相关做法，预算管理实行结算管理模式；按中国地质调查局《地质调查项目管理制度》中的相关要求通过抓成果质量抓工作进度，以保证市场机制不能改变资金用途、资金用于项目开展上。

（7）建立健全合同管理机构。应该采取统一管理和分项合作的形式，即要求法律机构来对合同的起草、签订、履行、变更、纠纷行使监督和管理。同时，也需要专职合同人员负责财务等部门之间的协调。

3. 加大专业合同管理人才培养，提高合同管理人员的素质

（1）选拔合同管理人才。

（2）加大合同管理人才培训。

（3）建立合同管理岗位责任制。

（4）对合同管理人员进行相关素质培养。

第三章 地质调查财务管理研究

第一节 地质调查财务管理现状

2010 年 4 月，财政部组织地勘行业专家，对中国地质调查局起草、国土资源部审查通过的《地质矿产调查评价专项资金管理办法（讨论稿)》进行了研讨。2010 年 5 月，财政部、国土资源部正式印发《地质矿产调查评价专项资金管理办法》。作为国家层面的、指导性的政策文件，它是制定地质矿产专项项目管理、预算管理、财务管理等具体政策性文件的基础，规定了财政部、国土资源部、中国地质调查局及项目承担单位对资金监督检查的职责分工及违规问题的处理原则；规定了专项资金的经费构成、开支范围、经费拨付要求、经费核算要求、结转结余资金管理要求、资产管理要求等内容。相关内容如图 3－1、图 3－2 和图 3－3所示。

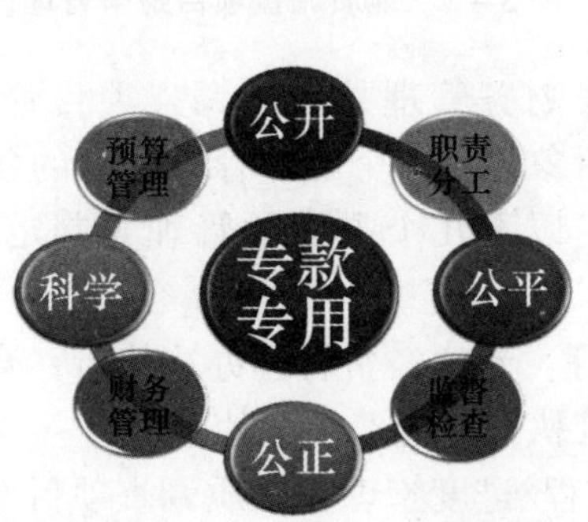

图 3－1 专项资金管理全过程示意图

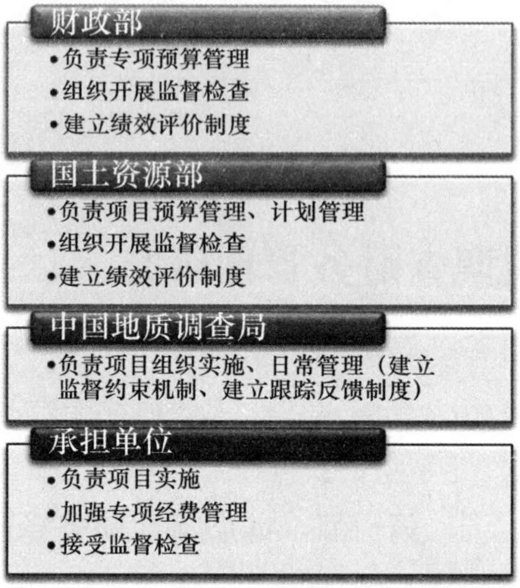

图 3－2　专项资金的管理方式及各级管理的职责分工示意图

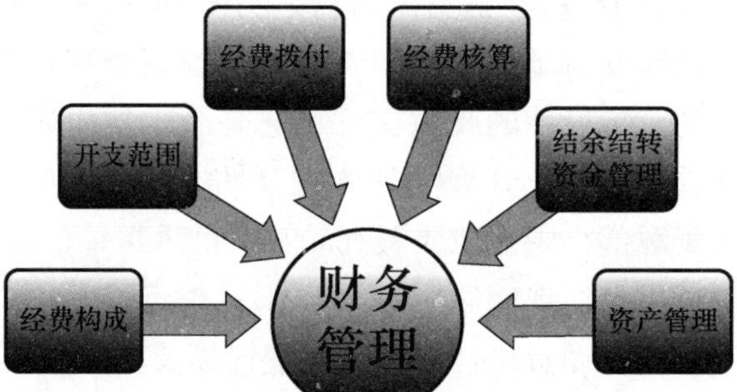

图 3－3　地质调查项目财务管理内容构成示意图

地质调查项目财务管理是地质调查项目管理体系的重要组成部分。宏观上，财务管理的对象涉及整个经费管理体系的各个层面，专项开展以来，中国地质调查局开展了以下几个方面的管理并制定了相关制度，如图 3－4 所示。具体如下：

（1）规制管理：专项经费管理办法执行；会计制度执行；专项经费核算制度执行；预算标准执行；经费规范使用。

（2）范围/流程/进度管理：地质调查项目专项经费批复；专项经费拨付与经费到位管控；地质调查项目设计、经费预算编制与审批；委托业务专题设计、预算编制、审批；预算变更审批与管控；结余经费管理与审批；项目经费决算、审查、验收组织管理。

（3）风险控制：单位财务内控；经费支出审批程度；支付票据管控。

（4）采购管理：采购预算编制与审查；政府采购制度的执行；采购预算执行；采购合同结算。

（5）人力资源管理：预算人员、采购人员培训及信用管理；经审专家资质培训、业务培训及信用管理；经费验收专家资质培训、业务培训及信用管理。

但在相关研究方面存在创新性、实效性和前瞻性不足等问题，表现为滞后性、单一性、封闭性等特征。

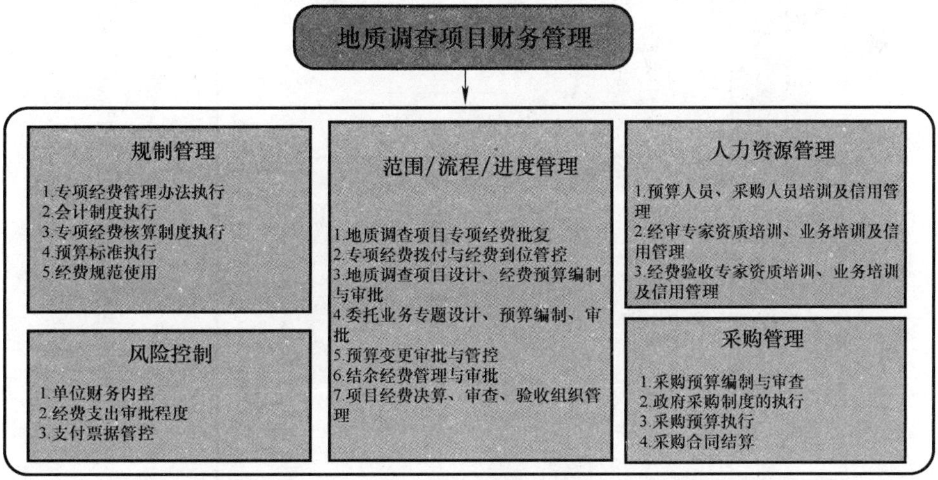

图 3-4 地质调查项目财务管理示意图

作为组织实施者，中国地质调查局很重视财务信息化的建设，财务信息化所研建和推广使用的相关管理信息系统，为规范工作流程、提高工作效率、促进财务工作起到了积极作用，有力地支撑了财务管理，如图 3-5 所示。主要体现在如下几方面：

（1）支出与预算基本衔接，有超预算控制手段，基本实时反映预算执行情况。由于有超预算控制机制和相应的技术手段支持，单位各级领导可及时准确地了解整个单位或部门的项目执行情况。

（2）通过技术手段进一步加强了内部控制监管体系，防范了财务风险。

在制度层面上，中国地质调查局已建立了一系列的业务申请及资金报销流程等规章制度，并应用于日常财务业务中。

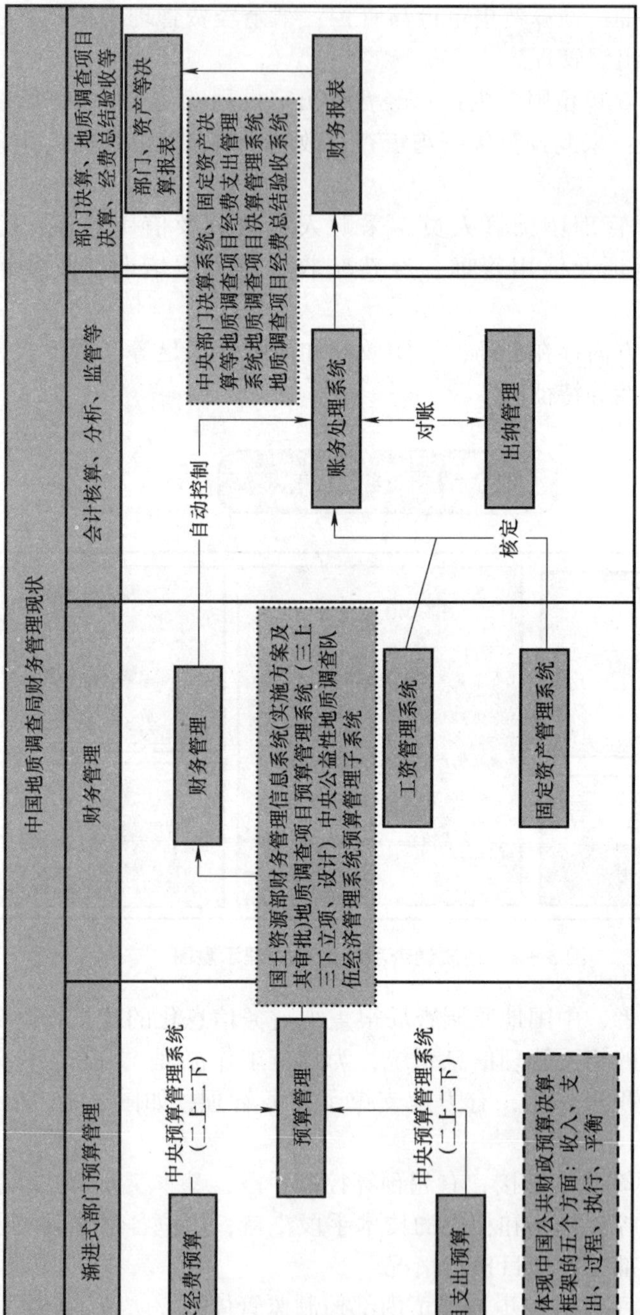

图3-5 中国地质调查局财务管理现状示意图

（3）基本有效实时监管预算执行及项目资金运行情况。预算管理与执行、核算、决算基本衔接，基本达到预算、执行、核算、决算松散一体化。

但同地质调查财务管理与运行机制理想状态对比，其差距对照由图 3－6 和图 3－7 可见一斑，主要体现在无统一系统平台、统一业务规范、统一数据中心、统一操作门户和统一应用支撑平台；管理流程关键点具备，但无缝共享连接还没有完全达到，三维财务数据信息的反映还不完备。

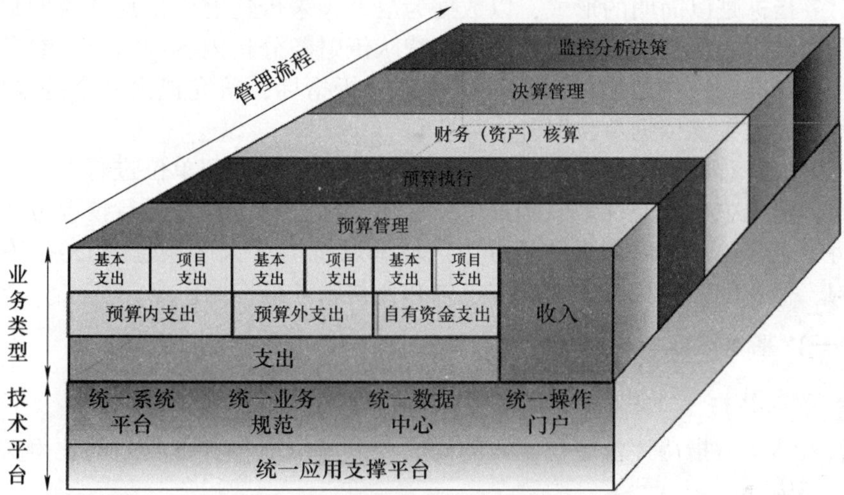

图 3－6　地质调查财务管理与运行机制理想状态示意图之一

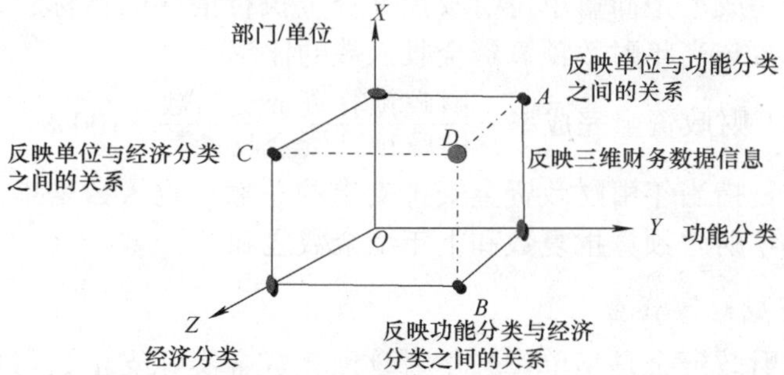

图 3－7　地质调查财务管理与运行机制理想状态示意图之二

第二节　中央公益性地质调查队伍经济运行情况分析

计划和判断中央公益性地质调查队伍经济运行情况的优劣，主要是对其财务状况和工作成果进行横向和纵向的分析、比较，并借此说明问题。财务状况分析主要是通过对适合中央公益性地质调查队伍的财务指标进行计算，利用比较分析法和因素分析法，对计划完成情况、预算收支执行情况、资产管理情况等几个方面进行分析。

本节对比了局属单位的主要经济指标，分析了它们的经济运行情况。

一、中央公益性地质调查队伍财务指标设置与解释

财务指标是以简明的形式，以数据为语言，来传达财务信息并说明财务活动情况和结果。根据中央公益性地质调查队伍财务分析内容的需要，参考《事业单位会计准则》中给出的事业单位财务分析指标，研究提出九个基本指标。指标所需数据主要依据单位财务决算资料。

对中央公益性地质调查队伍分类，便于按照不同类型单位进行财务指标分析对比。根据中央公益性地质调查单位性质，结合单位财务运行情况分析的需要，将中央公益性地质调查队伍分为区域地调机构（大区调查中心）、专业调查机构、科技创新机构、技术支撑机构和公共服务机构等。

（一）基本指标

1. 收入结构

收入结构是指待评价单位收入的构成，以单位当年各种收入的比例关系反映收入结构。

2. 财政资金完成率

财政资金完成率是衡量单位财政预算资金执行情况的指标，是指当年财政预算资金支出数与当年财政预算资金收入数的比率。

$$财政资金完成率=\frac{财政预算资金支出数}{财政预算资金收入数}\times 100\%$$

式中，支出数是指当年由财政资金安排支出的总额；收入数是指当年财政资金的总额，为当年财政预算批复数和上年结余数之和。

3. 人均完成财政资金

人均完成财政资金是指单位当年财政预算资金实际支出数与单位全部在职职工人数的比，表示当年支出的财政资金平均到每个职工的数量。

4. 人均完成总货币工作量

人均完成总货币工作量是指单位当年完成的全部业务项目货币工作量（包括财政资金项目、事业项目和非独立核算企业经营项目）与单位全部在职职工人数的比，表示当年平均每个在职职工完成的货币工作量。

5. 人均完成大调查工作量

人均完成大调查工作量是指单位当年完成的大调查项目货币工作量与单位全部在职职工人数的比，表示当年平均每个在职职工完成的大调查项目货币工作量。

6. 经费自给率

经费自给率是指单位当年除直接财政拨款以外的收入与总支出的比率。该指标主要衡量单位对外创收的能力。

$$经费自给率=\frac{事业收入+经营收入+附属单位上缴收入+其他收入}{总支出}\times 100\%$$

7. 对外收入增长率

对外收入增长率是衡量单位对外创收的能力变化的指标，为当年收入增长量与上年对外收入的比率。

$$对外收入增长率=\left(\frac{当年对外收入}{上年对外收入}-1\right)\times 100\%$$

式中，对外收入包括事业收入、经营收入、附属单位上缴收入和其他收入。

8. 人均对外收入

人均对外收入是衡量单位对外创收能力的指标，为当年单位对外收入与在职职工人数的比。

$$人均对外收入=\frac{当年对外收入}{在职职工人数}$$

式中，对外收入包括事业收入、经营收入、附属单位上缴收入和其他收入。

9. 资产负债率

资产负债率是衡量事业单位利用债权人提供资金开展业务活动能力的指标，以及反映债权人提供资金的安全保障程度。该指标反映一定时期负债占事业单位资产总额的比例。

$$资产负债率=\frac{负债总额}{资产总额}\times 100\%$$

（二）组合指标

中央公益性地质调查队伍财务分析的基本指标大体上反映了财务活动的某一方面的状况，为了全面深入分析，可以在基本指标的基础上，演化出多个指标。通过这些指标的组合，可集中、全面反映财务状况的不同侧面。下面列出了收支结构状况、财政资金执行情况、劳动强度（效率）、资产管理和对外创收指标五个方面的财务指标组合。

1. 收支结构状况指标

$$人员支出比率=\frac{人员总支出}{总支出}\times 100\%$$

$$公用支出比率=\frac{公用经费总支出}{总支出}\times 100\%$$

$$财政收入占总收入比率=\frac{财政收入}{总收入}\times 100\%$$

$$事业收入占总收入比率=\frac{事业收入}{总收入}\times 100\%$$

$$经营收入占总收入比率=\frac{经营收入}{总收入}\times 100\%$$

2. 财政资金执行情况指标

$$本年度财政资金完成率=\frac{当年用财政拨款安排的支出数}{当年财政拨款收入数}\times 100\%$$

$$本年度财政资金结余率=\frac{当年财政收入-当年财政支出}{当年财政收入}\times 100\%$$

$$本年年末财政资金结余率=\frac{当年用财政拨款安排的支出数}{当年财政拨款收入数+上年年末财政资金累计结余数}\times 100\%$$

$$本年年末财政资金结余率=\left(1-\frac{当年用财政拨款安排的支出数}{当年财政拨款收入数+上年年末财政资金累计结余数}\right)\times 100\%$$

3. 劳动强度（效率）指标

$$人均总收入=\frac{行政事业收入总额}{在职职工总数}$$

$$人均财政收入=\frac{财政收入}{在职职工总数}$$

$$人均对外收入=\frac{事业收入+经营收入+其他收入等}{在职职工总数}$$

$$人均总支出=\frac{行政事业支出总额}{在职职工总数}$$

$$人均财政支出=\frac{用财政资金安排的支出总额}{在职职工总数}$$

4. 资产管理指标

$$资产负债率=\frac{负债总额}{资产总额}\times 100\%$$

5. 对外创收指标

$$经费自给率 = \frac{事业收入 + 经营收入 + 附属单位上缴收入 + 其他收入}{总支出} \times 100\%$$

对外收入（含事业收入、经营收入、其他收入等）占总收入比率 =

$$\frac{当年对外收入}{总收入} \times 100\%$$

对外收入（含事业收入、经营收入、其他收入等）增长率 =

$$\left(\frac{当年对外收入}{上年对外收入} - 1\right) \times 100\%$$

二、局属单位经济运行情况对比分析

2011—2012 年度主要是对中央公益性地质调查队伍财务状况和工作成果进行横向和纵向的分析、比较，并借此说明问题。财务状况分析主要是通过对适合中央公益性地质调查队伍的财务指标进行计算，利用比较分析法和因素分析法，对计划完成的情况、预算收支执行情况、资产管理情况等几个方面进行分析。局属单位主要经济指标对比如下：

1. 收支对比

局属单位从 2002 年到 2012 年的收支及结余情况，见图 3－8。可以看出，十一年来的收入、支出明显分为两个阶段，这与《国务院关于加强地质工作的决定》（2006 年 1 月）密切相关。

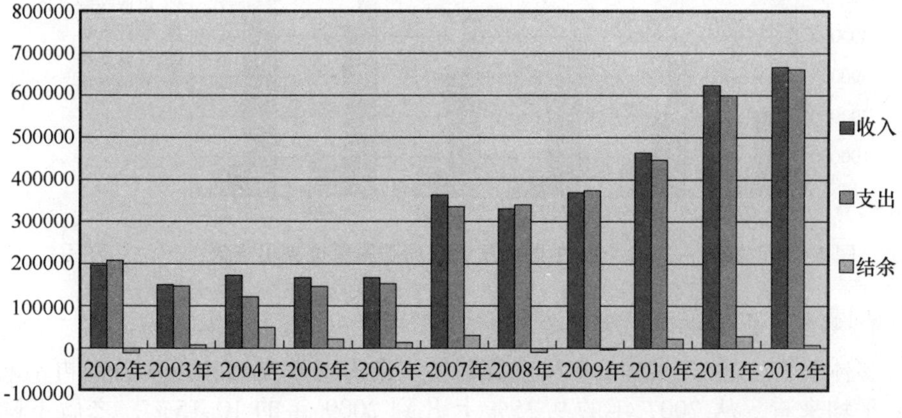

图 3－8　2002—2012 年中国地质调查局局属单位收支结余情况（单位：万元）

2. 收入走势

2007—2012 年局属单位总收入随着财政收入的平稳变化而变化，财政收入是局系统总收入的主要来源，是决定局系统收入大小的主要力量，如图 3－9 所示。

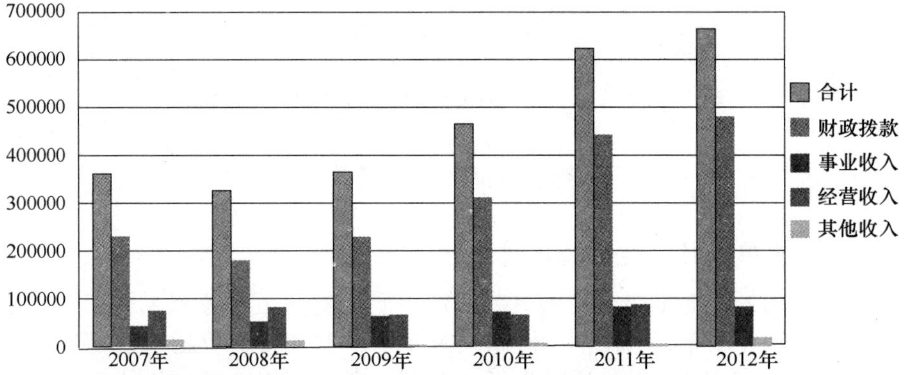

图 3－9　2007—2012 年度中国地质调查局局属单位收入走势（单位：万元）

3. 支出走势

2007—2012 年局系统的支出随着地质调查需求的强劲上升而不断增加，如图 3－10 所示。

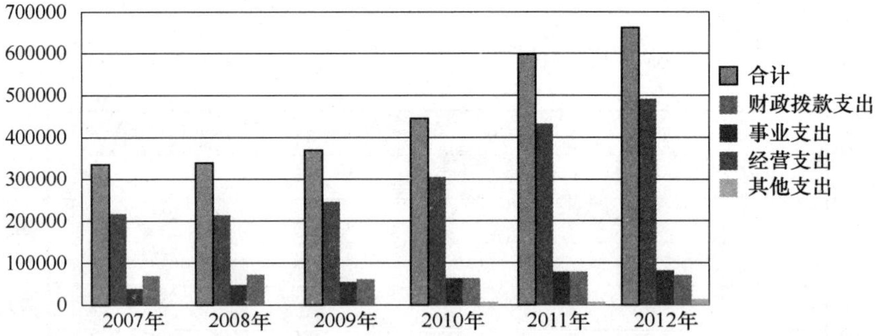

图 3－10　2007—2012 年度中国地质调查局局属单位支出走势（单位：万元）

4. 基本支出占财政比重走势

整体而言，2007—2012 年局系统基本支出占财政支出比重先升高再不断降低；平均来看，从 2007 年的 9.25% 上升到 2009 年的 10.15%，之后下降到 2011 年的 7.20%，2012 年略有回升，为 7.89%，见表 3－1 和图 3－11。

表 3-1 2007—2012 年局属单位基本支出占财政支出比重对比

	2007 年	2008 年	2009 年	2010 年	2011 年	2012 年
总计（平均）	9.25%	9.00%	10.15%	9.43%	7.20%	7.89%
大区调查中心	11.32%	10.48%	13.90%	8.82%	6.99%	4.07%
专业调查机构	5.62%	7.11%	8.76%	10.84%	7.02%	10.01%
科技创新机构	13.25%	11.03%	10.73%	8.61%	5.92%	9.45%
技术支撑机构	11.07%	8.99%	5.16%	9.38%	9.12%	4.91%
公共服务机构	11.99%	8.23%	10.07%	9.57%	11.05%	12.93%

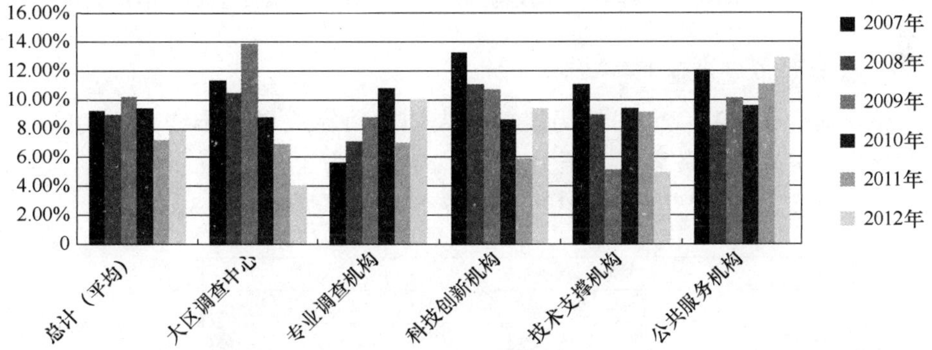

图 3-11 2007—2012 年度中国地质调查局局属单位基本支出占支出比重走势

5. 财政资金完成率对比

2007—2012 年，局属单位财政资金完成率 2008 年相对较低，2009 年、2010 年随着执行力度加大，财政资金完成率不断提高，2009 年为 70.5%、2010 年为 73.5%、2011 年为 78.2%、2012 年为 81.6%，见表 3-2 和图 3-12。

表 3-2 2007—2012 年，局属单位财政资金完成情况

	2007 年	2008 年	2009 年	2010 年	2011 年	2012 年
合计（平均）	65.7%	44.1%	70.5%	73.5%	78.2%	81.6%
大区调查中心	66.5%	54.3%	83.6%	84.2%	81.4%	85.7%
专业调查机构	69.3%	34.8%	64.0%	69.4%	76.0%	76.2%
科技创新机构	64.7%	51.8%	75.6%	73.8%	79.5%	83.7%
技术支撑机构	70.9%	32.9%	62.9%	60.5%	72.1%	78.3%
公共服务机构	54.8%	48.6%	58.8%	71.4%	75.9%	77.8%

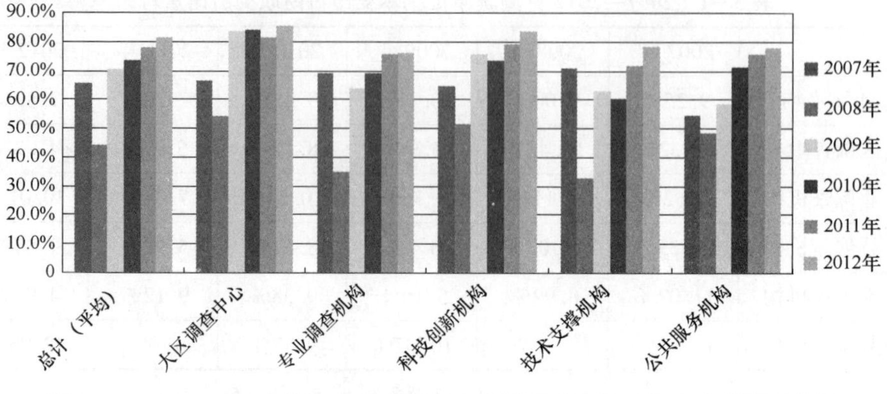

图 3－12　2007—2012 年度中国地质调查局局属单位财政资金完成情况比较

6. 人均货币完成量走势

整体而言，2007—2012 年局属单位人均货币完成量逐步增大，2012 年略有回落，业务人员任务繁重、压力较大，2009 年为 35. 7 万元、2010 年为 45. 5 万元、2011 年为 57. 7 万元、2012 年为 57. 5 万元，见图 3－13。

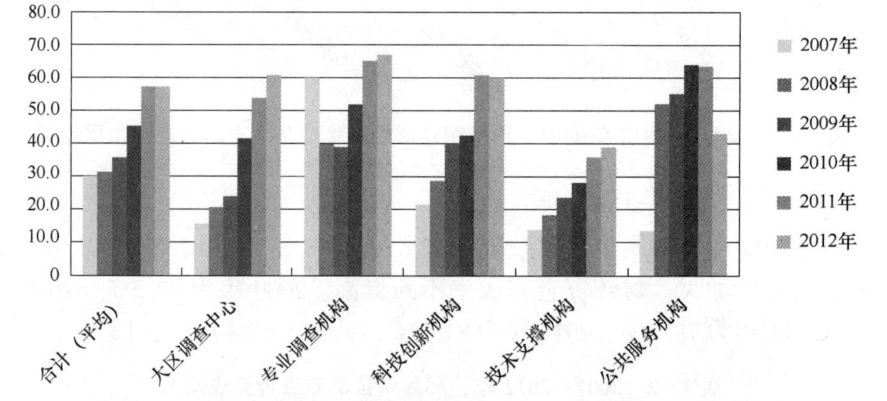

图 3－13　2007—2012 年度中国地质调查局局属单位人均货币完成量走势（单位：万元）

三、所属队伍财务考核指标体系与应用研究

（一）概述

1. 研究背景

建立中国地质调查局局属单位财务考核指标是不断完善局属单位管理体系，提升管理决策的科学化、民主化水平的需求。2005 年中国地质调查局对有关财务

指标考核进行初步研究，通过对不同类型局属单位进行调研和投入产出的对比分析，分析其产出的社会效益和经济效益。但由于各单位自身的特殊性，现有的考核指标不能准确、科学地评价局属单位财务管理与经济发展情况，需要进一步针对不同类型单位补充与设置相应的考核指标。局属单位财务考核指标体系是加强部门财务管理、提高单位经济效益的重要手段。当前，中央公益性地质调查队伍单位财务考核工作正在开展，有很多具体问题需要进行研究。

指标是考核的尺度，局属单位财务指标很多，每个指标只能描述某一方面的属性，要对局属单位的财务管理与经济效益进行综合分析，仅仅通过测算几个简单的财务比率显然不能得出科学的评价结果，这就需要把多种指标综合起来组成一套合理的指标体系进行考核。

2. 国内外相关研究综述

（1）有关财政支出评价。我国的财政支出评价始于20世纪80年代末。我国财政支出评价工作由于起步晚，主要存在以下问题：①缺乏统一的法律保障；②没有明确的管理机构；③缺乏科学、规范、合理的方法指标体系；④评价内容不完整；⑤评价结果约束乏力；⑥评价工作缺乏持续能力。

国外财政支出效益评价始于20世纪30年代美国新政时期。60年代后，财政支出评价方法体系逐步成熟和完善，并在欧美主要国家及一些发展中国家被广泛运用，成为各国政府加强宏观调控、促进财政投资科学化、增强财政支出效果的关键手段。

（2）有关企业财务考核评价。改革开放以前，国内对企业的考核评价只侧重对工业经济的运行效果进行考核。随着我国社会主义市场经济体制的逐步建立与完善，开始重视和研究企业考核评价问题。国内主要是从财务效益、资产安全、资产流动和发展能力等内容进行考核评价，指标体系以财务性指标为基础。目前国有资本金绩效评价体系包括基本指标、修正指标和评议指标三个层次共32个指标。但对中央公益性地质调查队伍单位财务考核指标体系的研究还不多，再加上局属单位所处行业和单位性质的特殊性，不可能按照上述国内的其他指标体系及权重和标准值进行考核。

3. 局属单位的划分

根据中国地质调查局队伍结构调整方案对局属单位性质及职责的规定，结合单位考评需要，将局属单位分为四类：地质调查机构、非营利科研机构、转企所和公共服务机构。

（1）地质调查机构。包括天津地质调查中心、沈阳地质调查中心、南京地质调查中心、武汉地质调查中心、成都地质调查中心、西安地质调查中心、青岛海洋地质研究所、广州海洋地质调查局、中国国土资源航空物探遥感中心、中国地质调查局水文地质环境地质调查中心。

（2）非营利科研机构。包括中国地质科学院机关及所属 7 个研究所，中国地质科学院地质研究所、中国地质科学院矿产资源研究所、中国地质科学院地质力学研究所、中国地质科学院水文地质环境地质研究所、中国地质科学院地物地化勘查研究所、中国地质科学院岩溶地质研究所、国家地质实验测试中心。

（3）转企所。包括中国地质科学院矿产综合利用研究所、中国地质科学院郑州矿产综合利用研究所、中国地质科学院勘探技术研究所、中国地质科学院探矿工艺研究所、北京探矿工程研究所。

（4）公共服务机构。公共服务机构由中国地质调查局发展研究中心、中国地质环境监测院、中国地质图书馆等构成。

（二）指标体系设计研究

1. 设计原则

为了建立一个可行的财务考核指标体系，首先要明确设计原则，之后依据这一设计原则合理地设计局属单位财务考核指标体系的框架结构和指标内容，最后根据这一框架结构和指标内容确定具体的指标计算方法和数据的获取方式，设计局属单位财务考核指标体系一般应遵循以下原则：

（1）科学性原则。财务考核指标的设计既要考虑到评价研究的任务，也要符合客观现象本身的特点、性质及其运动规律。要注意指标的代表性及体系的完整性，要求指标之间不重复、不遗漏，指标之间既相互独立，又互为补充。

（2）可比性原则。财务考核指标在设计中要注意指标的口径和方法具有动态可比性，并在空间范围内也可比。

（3）可操作性原则。设计财务考核指标，既要考虑财务考核的目的和需要，也要照顾到客观条件的可能性。要使所有指标使用的数据均可从现有的财务资料和会计核算数据中获得，以这些可验证的资料为基础。

（4）统一性原则。财务考核指标设计要注意会计核算、业务核算的联系和统一的原则。

（5）尊重历史惯例原则。在长期的财务管理、会计核算、经济统计以及经营管理过程中，已经形成一些理论和实践证明能够对特定内容予以反映的若干指标。

2. 指标设计注意问题

局属单位财务考核指标体系不是一些指标的简单堆积和随意组合，而是根据实际情况而建立起来并能反映中国地质调查局局属单位财务管理状况的一个指标集合，在设计局属单位财务考核指标中，要注意以下几个问题：

（1）局属单位财务考核指标体系中，单位财务经济指标、单位财务管理状况等方面都应该得到体现，而且应得到同样的重视，否则就不能成为真正的局属单位财务考核指标体系。

（2）局属单位财务考核指标体系应当充分反映和体现局属单位财务经济与管理的内涵，从科学的角度去系统而准确地理解和把握局属单位经济发展的实质。

（3）局属单位财务考核指标体系应当相对比较完备，即指标体系作为一个整体应当能够基本反映局属单位经济发展的主要方面或主要特征。

（4）局属单位财务考核指标体系中的指标数量不宜过多，在相对比较完备的情况下，指标的数目应尽可能地压缩，以易于操作为限。指标数目过多将会使人们难以把握和采用。

（5）局属单位财务考核指标体系应具有独立性，即指标体系中的指标应当互不相关、彼此独立。这样，一方面可以使指标体系保持比较清晰的结构，另一方面可以保证指标体系中的指标数目得到压缩。

（6）局属单位财务考核指标体系中的指标应具有可测性和可比性，定性指标也应有一定的量化手段与之相对应。另外，这些指标的计算方法应当明确，不要过于复杂，计算所需数据也应比较容易获得和比较可靠。

（7）对于一些难于量化的指标采用专家问卷等调查方式。鉴于专家调查方式存在一些困难及可能产生的随意性，在设计指标体系时，应尽可能减少难以量化或定性指标的数量。

（8）局属单位财务考核指标体系中的指标内容在一定的时期内应保持相对稳定，这样可以比较和分析局属单位经济发展和财务管理情况。当然，绝对不变的指标体系是不可能的，指标体系将随着时间的推移和情况的变化而有所改变。

3. 指标体系设计

财务指标是以简明的形式，以数据为语言，来传达财务信息并说明财务活动情况和结果。综合考虑财务分析内容和《事业单位会计准则》中规定的事业单位财务分析的指标设置，由于中国地质调查局局属单位的类型不同，单位所负责内容不同，各类型单位指标体系设置也不相同。

（1）地质调查机构指标设置。包括财政资金完成率、资产负债率、对外收入增长率、财务管理水平。

（2）非营利科研机构指标设置。包括财政资金完成率、资产负债率、对外收入增长率、财务管理水平。

（3）转企所指标设置。包括财政资金完成率、资产负债率、对外收入增长率、人均对外收入、财务管理水平。

（4）公共服务机构指标设置。包括财政资金完成率、资产负债率、对外收入增长率、财务管理水平。

4. 指标的解释

（1）财政资金完成率。财政资金完成率是衡量单位财政预算资金（不含国债、基建拨款）执行情况的指标，为当年财政预算资金支出数与当年财政预算资金收入数的比率。

$$\text{财政资金完成率} = \frac{\text{支出数}}{\text{收入数}} \times 100\%$$

式中，支出数是指当年由财政资金安排支出的总额（是报表“局属单位行政类财政拨款收支决算表”中“用财政拨款收入安排的支出合计”）；收入数是指当年财政资金的总额，包括当年财政预算批复数修正值和上年结余数之和，各项当年财政预算批复数修正值 = 各项当年财政预算批复数 ×（12 - 财政预算批复月份)/12，12 月份批复不参与考核。

（2）资产负债率。资产负债率是衡量事业单位利用债权人提供资金开展业务活动能力的指标，以及反映债权人提供资金的安全保障程度。该指标反映一定时期负债占事业单位资产总额的比例。

$$\text{资产负债率} = \frac{\text{负债总额}}{\text{资产总额}} \times 100\%$$

（3）对外收入增长率。对外收入增长率是衡量单位对外创收的能力变化的指标，为当年对外收入增长量与上年对外收入的比率。

$$\text{对外收入增长率} = \left(\frac{\text{当年对外收入}}{\text{上年对外收入}} - 1\right) \times 100\%$$

式中，对外收入包括事业收入、经营收入、附属单位上缴收入和其他收入，独立核算经营企业的收入（转企所包括独立核算经营企业的收入，其他单位不包括独立核算经营企业的收入）。

（4）人均对外收入。人均对外收入是衡量单位对外创收能力的指标，为当年单位对外收入与在职职工人数的比率。

$$\text{人均对外收入} = \frac{\text{当年对外收入}}{\text{在职职工人数}}$$

式中，对外收入包括事业收入、经营收入、附属单位上缴收入和其他收入，独立核算经营企业的收入（转企所包括独立核算经营企业的收入，其他单位不包括独立核算经营企业的收入）。

（5）财务管理水平。财务管理水平是衡量单位的财务管理的水平的指标，其考核内容包括财务机构是否独立、财务规章制度是否健全，以及预算、财务决算、统计报表资料质量、审计财务检查情况等方面。

（三）考核指标权重的设置研究

确定考核指标后，为能够体现考核对象的代表性，同时兼顾差异性，需要确定各指标之间以及各类型单位的权重，以便通过一系列加权计算，得出考核结果。本研究运用德尔菲法对考核指标体系进行赋权，德尔菲法是一种主观定权法，其本质是由专家对考核指标直接赋权，通过均值和方差分析，反复测算，消除权重系数的可能误差，是目前较为常用的权重系数确定法。

在专家赋权时，为能够客观评价单位财务管理与经济发展状况，应该以可以计量的财务数据为主要考核依据。因财务数据本身固有的局限性，有时不能完全揭示评价对象全貌，因此可采用计量与评议相结合的评价方法，首先确定计量指标权重为90%，非计量指标权重为10%。指标具体权重见表3－3。

表3－3　中国地质调查局局属单位财务指标权重一览表（单位：分）

单位类型	单位名称	财政资金完成率权重	资产负债率权重	对外收入增长率权重	人均对外收入权重	财务管理水平权重	总分
地质调查机构	天津地质调查中心	45	20	20		15	100
	沈阳地质调查中心	45	20	20		15	100
	南京地质调查中心	45	20	20		15	100
	武汉地质调查中心	45	20	20		15	100
	成都地质调查中心	45	20	20		15	100
	西安地质调查中心	45	20	20		15	100
	青岛海洋地质研究所	45	20	20		15	100
	广州海洋地质调查局	45	20	20		15	100
	中国国土资源航空物探遥感中心	45	20	20		15	100
	水文地质环境地质调查中心	45	20	20	15		100
非营利科研机构	中国地质科学院	45	20	20	15		100
	中国地质科学院地质研究所	45	20	20	15		100
	中国地质科学院矿产资源研究所	45	20	20	15		100
	中国地质科学院地质力学研究所	45	20	20	15		100
	国家地质实验测试中心	45	20	20	15		100
	中国地质科学院水文地质环境地质研究所	45	20	20	15		100
	中国地质科学院岩溶地质研究所	45	20	20	15		100

（续）

单位类型	单位名称	财政资金完成率权重	资产负债率权重	对外收入增长率权重	人均对外收入权重	财务管理水平权重	总分
非营利科研机构	中国地质科学院地物地化勘查研究所	45	20	20	15		100
转企所	中国地质科学院矿产综合利用研究所	20	25	25	15	15	100
	中国地质科学院郑州矿产综合利用研究所	20	25	25	15	15	100
	中国地质科学院勘探技术研究所	20	25	25	15	15	100
	中国地质科学院探矿工艺研究所	20	25	25	15	15	100
	北京探矿工程研究所	20	25	25	15	15	100
公共服务机构	中国地质调查局发展研究中心	50	20	15		15	100
	中国地质环境监测院	50	20	15		15	100
	中国地质图书馆	50	20	15		15	100

（四）考核评分标准研究

制定客观准确的考核评分标准是局属单位财务指标考核工作走向标准化、规范化和科学化的需要。

1. Kane 和 Lawler 的六条标准与 Smith 的三条标准

J. S. Kane 与 E. E. Lawler（1980）从可测量的角度提出了六条选择评价指标的标准，即不确定性原则（Uncertainty）、可能性原则（Likelihood）、可观察性原则（Observability）、非污染性原则（Non－contamination）、排他性原则（Exclusiveness）和可验证性原则（Verifiability）。

PatriciaA. Smith 则认为：需要覆盖的时间范围（the Time － span to Be Covered）、所需要的确定性水平（the Specificity Desired）及与个体、组织需达成目标的吻合度（the Closeness to Organizational Goals to Be Approached）是确定标准时必须加以考虑的三个方面。具体地说，评价指标应当满足三个条件：①与个体、组织或社会需达成的某些重要目标有关。这包括两个方面：第一是指被认为是重要目标的效度，即对评价指标的测量既不应受到无关方差的污染，也不应不能充分解释组织和个体欲实现的重要目标；第二是指目标实现测量的效度，即测量不应是有偏差的或微不足道的。②可靠性，即在不同时期采用不同的（或可能明显类似的）测量方法所做出的评价的一致性。③实用性，即将要使用评价指标做决策的人必须认为评价指标是现实的、合乎情理的和可接受的。

2. 考核评分标准的属性

考核评分标准的属性包括：①与单位和组织有关；②是稳定的或可靠的；③能够区分出好与差；④实用。

3. 考核评分标准建立

根据上述有关理论，对考核评分标准进行研究，形成如表 3－4 所示的考核评分标准。

（五）考核结果的类型判定

综合考核结果依据考核指标体系得分产生，以最终考核得分和考核类型加考核级别表示，并据此编制考核报告。考核类型用字母表示，包括优（A）、良（B）、中（C）、低（D）、差（E）五种。考核级别是指对每种类型再划分级次，采用在字母后标注“＋”“－”号的方式表示。

1. 类型判定

考核类型以指标体系的综合考核得分为依据，按 85 分、70 分、50 分、40 分四个分数线作为类型判定的资格界线。

优（A）：综合考核得分达到 85 分以上（含 85 分）。

良（B）：综合考核得分达到 70～85 分（含 70 分）。

中（C）：综合考核得分达到 50～70 分（含 50 分）。

低（D）：综合考核得分在 40～50 分（含 40 分）。

差（E）：综合考核得分在 40 分以下。

2. 级别标注

对评价类型再划分级别，分别是：

优：A＋＋；A＋；A。

良：B＋；B；B－。

中：C；C－。

低：D。

差：E。

当综合考核得分属于“优”“良”类型时，以本类分数段最低限为基准，每高出 5 分（含 5 分，小数点四舍五入），提高一个级别；当综合考核得分属“中”类型，60 分以下用“C－”表示，60 分以上（含 60 分）用“C”表示；当综合考核得分属于“低”“差”类型，不分级别，一律用“D”“E”表示。

表 3-4　中国地质调查局局属单位财务指标考核评分标准一览表

指标名称	评分标准	标准分			
		地质调查机构	非营利科研机构	转企所	公共服务机构
权重		30%	30%	50%	30%
总分		100 分	100 分	100 分	100 分
财政资金完成率	该项得分 = 标准分 × 财政资金完成率，该项最高得满分	45 分	45 分	20 分	50 分
资产负债率	（1）地质调查机构、非营利科研机构、公共服务机构：低于 20%（含 20%）得满分。大于 20%，该项得分 = 标准分 × ［1 -（实际资产负债率 - 20%）］，高于 35% 不得分 （2）转企所：低于 30%（含 30%）得满分。大于 30%，该项得分 = 标准分 ×（1 -（实际资产负债率 - 30%）），高于 45% 不得分	20 分	20 分	25 分	20 分
对外收入	低于上年 60% 的该项不得分，达到上年 60% ~ 80% 的得 80% 的分，达到上年 80% ~ 100% 的得 90% 的分，达到上年 100% 及以上的得满分。其中：转企所超过上年 100% 的，可按比例加分	20 分	20 分	25 分	15 分
人均对外收入	与同类型单位人均对外收入的平均数比较，达到平均数得满分。人均对外收入低于平均数的，该项得分 = 标准分 ×（人均对外收入/同类型局属单位人均对外收入平均数）			15 分	
财务管理水平	财务管理水平好的满分。机构、制度不健全扣 5 分；预算、决算、统计报表及其他财务资料完成不好的扣 5 分；审计、财务检查和国有资产管理出现重大问题不得分	15 分	15 分	15 分	15 分

（六）相关应用

根据地质调查队伍管理工作重点，对 2010 年度财务考核指标取数范围和标准进行了修订，完善了公益性地质调查队伍尤其是所属队伍财务考核指标体系和评价方法，完善和补充了财务考核指标及指标解释，使其更具针对性，使考核工作能更准确、科学地反映被考核单位的状况。

第三节　国库集中支付条件下地质调查项目支出管理研究

本节力图通过研讨、分析以往地质调查项目支出管理状况，总结发现新情况，开创新思路，找出项目支出管理的规律性。对地质调查项目支出管理存在的问题进行深入细致的分析研究，提出相关的政策建议和措施，进而使地质调查项目支出管理工作适应财政国库管理体制改革的需要。主要对地质调查项目委托业务费支出管理、备用金管理、项目类款项支出、内部核算管理及资金归垫管理进行了研究。

一、地质矿产调查评价项目委托业务费支付管理研究

委托业务费是指地质调查项目实施过程中委托外单位进行研究、测试、施工、加工、软件研制等工作发生的费用。项目实际实施过程中还有列入咨询劳务费的由项目承担单位雇佣野外雇工完成的一些野外工程。

地质矿产调查评价专项启动以来，项目资金量大幅增长，项目实施需要委托其他单位或野外雇工来完成的工作量较大，这部分项目的经费预算比例也较大，因此，项目承担单位在这部分的资金支出管理上应重点进行监控。地质调查项目承担单位应按《中国地质调查局关于加强地质调查项目委托业务费管理的通知》要求与委托业务承担单位（野外雇工）签订合同或协议，并应凭签订的合同或协议根据工作进展及时支付。

1. 相关问题归纳

在过去的地质调查项目经费检查及审计工作中发现，部分项目承担单位存在委托业务无合同（协议）、无委托工作验收文件、无资金结算单等现象，对项目实施过程中委托完成的工作的费用缺乏有效的控制。

2. 影响

（1）不利于项目承担单位编制科学的用款计划，导致项目实施过程中资金调度困难，影响财政部门对项目承担单位用款计划的考核结果。

（2）不符合财政资金支付管理要求；

（3）容易造成项目资金的挤占、挪用。

（4）影响财政资金安全。

（5）影响项目的预算执行。

3. 总结

（1）项目承担单位应与委托业务承担人签订合同（协议），以利于编制科学的用款计划，满足用款计划考核的要求；有利于项目资金调度，满足项目实施的需要；有利于杜绝专项项目资金挤占、挪用；有利于项目承担单位按进度进行拨款，保证项目预算执行。同时，应加强对委托业务承担人委托项目专项资金的监管，对于大型的委托业务在委托业务完工后、委托业务的尾款支付之前进行专项审计，以保证专项资金安全。项目承担单位应保存完整的合同（协议），以便于合同执行过程中资金支付的登记与核对。执行合同（协议）时，要填写地质调查项目委托业务合同（协议）资金支（垫）付记录。向委托业务承担人支付委托业务费用时，应及时取得委托业务承担人开具的发票或收据；向委托业务承担人垫付费用时，应取得委托业务承担人出具的载有垫付事项、数量、计价方式、价格及金额的证明材料。地质调查项目委托业务合同（协议）资金支（垫）付记录要载明地质调查项目名称、合同（协议）编号、合同金额、委托业务承担人等信息，每笔支付、垫付的款项，应注明支付日期、支付方式、支付金额、累计支付金额，并由项目组经办人签字确认。委托业务合同（协议）中约定支付进度款的，项目承担单位应根据委托业务承担人的请款申请，对委托业务承担人完成的工作进度及质量进行审核，确定支付的进度款金额并办理支付手续。

（2）地质调查项目委托业务完工验收单是项目承担单位与委托业务承担人进行费用结算的重要依据。委托业务完工时，应填制地质调查项目委托业务完工验收单，委托验收应由委托业务承担人、项目组、项目组单位、技术管理部门及财务部门完成，验收单应载明验收日期、合同（协议）编号、地质调查项目名称、委托业务名称、完成的实际工作量、协议金额、结算金额、开工日期、竣工日期、工程（工作）内容、质量等级评定等，并报项目承担单位主管领导批准。

（3）委托业务完工验收后，应填制地质调查项目委托业务结算单，结算单包括以下内容：合同（协议）编号、地质调查项目名称、委托业务承担人、合同（协议）价款、委托业务内容；各项委托业务的结算造价、质量保证金、已付款项以及垫付的各类款项，计算出应付款项及尾款，并由地质调查项目承担单位审定。

二、地质矿产调查评价项目备用金管理研究

备用金的管理应考虑以下管理制度：设置批准制度、定额管理制度、日常

管理责任制度、清查盘点制度、审查入账制度和公务卡制度。

三、地质矿产调查评价项目类款项支出管理研究

建立以国库单一账户体系为基础、资金缴拨以国库集中收付为主要形式的财政国库管理制度，是对财政资金账户设置和缴拨方式的根本性变革，是一项十分庞大和复杂的系统工程，对地质调查项目类款项支出管理的影响也是根本性的，具体如下：

（1）对预算编制改革的影响。改革政府收支分类，科学反映各类财政收支活动，细化预算编制，全面推行部门预算制度，是财政预算改革对预算单位的基本要求。项目经费支出管理也应遵循这一原则。对此进行深入研究，便于分析项目预算与项目会计核算的差异，有利于强化项目预算编制及项目经费支出管理。

（2）调查了解现代化银行支付系统和国库支付执行机构，满足项目承担单位信息化的需要，有利于项目资金的审批，有利于对项目支出进行监管。

（3）应用计算机技术，健全完善单位财务管理信息系统，结合国库集中支付下的项目类款项的收支特点，账户设置、项目资金的专用性和各预算部门的特殊性，并顺利推进项目经费支出管理工作的开展，以利于项目经费支出满足地质调查项目预算执行。

（4）对监督制约机制的探析调查。地质调查项目经费管理涉及行业及单位较多，今后工作中应广泛了解国库集中支付下的财政资金运行状况；对地调项目相关的各个行业特点做必要的调研，掌握行业特点及行业的难点，建立健全地质调查项目资金类款项支出管理流程。

四、地质矿产调查评价项目内部核算管理研究

研究了国库集中支付的一系列制度，结合财政地质调查项目本身所具备的特点，调研了不同类型单位如何从内部考核制度上适应国库集中支付的政策条件，总结了内部核算管理模式。

五、地质矿产调查评价项目资金归垫管理研究

近几年，国土资源部推行零余额账户下的财政体制改革，部门预算资金运行质量有了明显的提高，但由于每年地质调查项目申报、审批等环节时间限制，地质调查项目预算下达相对滞后，国库用款额度到账很晚，地调局属单位项目预算执行受到了一定的影响，为了不影响地质调查正常开始，保持工作的连续性，加紧实施项目，就要在专项资金额度未到的情况下，用实有资金账户垫付，解决资金问题，也由此产生了财政资金的归垫问题，即用本单位实有资金账户资金垫付相关支出，再通过财政授权支付方式或财政直接支付方式将资

金归还原垫付资金账户的一种特殊行为。

地调局属单位归垫资金程序所需资料：地调局属单位归垫资金申请报告、申请归垫年度部门预算或追加预算的批复文件、财政授权支付用款额度到账通知书或财政授权支付银行对账单、垫支相关凭证，专项支出归垫资金需要提供有关项目申报或批复资料及需要提供的其他资料。

第四节　地质事业单位内部控制应用研究

一、我国内部控制的发展及研究综述

1. 内部控制法规制度发展

自20世纪90年代起，我国政府开始加大对企业内部控制的推行。1997年5月，中国人民银行颁布《加强金融机构内部控制的指导原则》，这是我国第一个关于内部控制的行政规定。1996年12月财政部发布《独立审计具体准则第9号——内部控制和审计风险》（于1997年1月1日施行），要求注册会计师审查企业的内部控制，并对内部控制的定义、内部控制的内容（包括控制环境、会计系统和控制程序）等做出了规定。1999年，《中国证监会关于上市公司做好各项资产减值准备等有关事项的通知》发布，要求上市公司本着审慎经营、有效防范化解资产损失风险的原则责成相关部门拟定（或修订）内部控制制度，监事会对内部控制制度制定的情况进行监督。1999年颁布，并于2000年7月实施的《中华人民共和国会计法》是我国第一部体现内部会计控制要求的法律，该法在第二十七条明确提出：各单位应当建立健全本单位内部会计监督制度，单位内部会计监督制度应当符合下列要求：记账人员与经济业务事项和会计事项的审批人员、经办人员、财物保管人员的职责权限应当明确，并相互分离、相互制约；重大对外投资、资产处置、资金调度和其他重要经济业务事项的决策和执行的相互监督、相互制约程序应当明确；财产清查的范围、期限和组织程序应当明确；对会计资料定期进行内部审计的办法和程序应当明确。

2000年12月21日，中国证监会在其所发布的《公开发行证券公司信息披露编报规则》第五条中对公开发行证券的商业银行、保险公司和证券公司实施内部控制制度问题也做出了相应的规定，不仅明确要求其应当建立健全内部控制制度，还要求在招股说明书正文中应当专设一部分，对其内部控制制度的完整性、合理性和有效性做出说明。此外，还要求上述单位应当委托所聘请的会计师事务所对其内部控制制度及风险管理系统的完整性、合理性和有效性进行评价，提出改进建议，并以内部控制评价报告的形式做出报告，随招股说明书

一并呈报中国证监会。从这一点上看，内部会计控制规范的出台已经具有了一定的运行基础。作为《中华人民共和国会计法》的配套法规之一，财政部于2001年6月22日，颁布了《内部会计控制规范——基本规范（试行)》和《内部会计控制规范——货币资金（试行)》。截至2004年6月30日，财政部又陆续发布了采购与付款、销售与收款、工程项目、担保、对外投资五个内部控制具体规范（试行）以及预算、成本费用、固定资产、筹资四个内部控制具体规范（征求意见稿)。2003年2月，财政部发布了《内部会计控制规范——销售与收款》；2008年6月28日，财政部、证监会、审计署、银监会、保监会联合发布了《企业内部控制基本规范》，自2009年7月1日起在上市公司范围内施行，鼓励非上市的其他大中型企业执行。2012年11月29日，财政部发布了《行政事业单位内部控制规范（试行)》，2014年1月起施行。

2. 我国理论界对内部控制的研究

我国对内部控制的理论研究受政策面的影响较大。起步时期，尽管国外已经进入内部控制整体框架阶段，而且证券市场监管手段也已非常成熟，但是我国国民经济中占主导地位的国有企业改制尚未完成，现代内部控制机制无从谈起。至20世纪90年代中期，随着国企改制的成功及证券市场的快速发展，内部控制制度才真正走入理论界的视野。学者们侧重点各异，主要有以下三条主线：

第一条是以研究内部控制基本理论为主，早期的内部控制理论在我国尚不成熟，多以对基本概念的辨别为主。随着证券市场的发展和企业改制的深化，内部控制研究逐渐向制度、框架发展。

第二条是以研究内部控制框架及制度为主，如刘明辉（2001）提出内部控制的整体框架由四个部分组成，即企业治理控制、企业管理控制、管理信息系统、企业文化。于增彪（2001）提出现代企业的内部控制是一个体系，应该将内部控制的设计分成总体设计和单项设计。阎达五、杨有红教授（2001）认为，保证会计信息的真实性是内部控制发展的主线，会计控制是公司内部控制的核心，内部控制目标随公司治理机制的完善呈多元化趋势。朱荣恩（2001）提出，单位内部控制可由三部分组成，即组织结构、人员管理、业务程序，并且认为当前重点是要加强企业业务程序的内部控制。

第三条是以研究内部控制有效性及评价为主，如李明辉（2002）认为我国上市公司内部控制体系存在三权制衡体系混乱，“内部人”控制现象严重，内部审计的地位弱化等问题。朱荣恩、应唯、袁敏（2003）从《萨班斯—奥克斯利法案》出发，阐述了美国内部控制评价的发展，在此基础上提出建议，认为我国应明确内部控制评价的内容，建立统一科学的评价标准，以法律法规的形式强制要求管理层对财务报告内部控制有效性进行评价。王立勇（2004）探讨了如何运用可靠性理论提高内部控制系统设计和评价的效果，采用可靠性理论及数理统计方法来构建内部控制系统评价定量分析的数学模型，评述企业管理层在内部控制系统设计和评价时，应根据企业业务流程图设计内部控制系统的可靠性框图。周春喜（2006）利用层次分析（AHP）法建立了内部会计控制的多层次评价指标体系，讨论了模糊综合评价数学模型，并对内部会计控制进行了综合评价，对定性指标进行了定量化处理。张宜霞（2007）认为内部控制评价的目标就是评价企业内部控制的有效性，一个适当的内部控制评价标准至少应满足相关性、没有偏见、一致性、可验证性和充分完整等条件，内部控制评价标准包括内部控制评价的标准和内部控制评价实施的标准，从企业经营管理的实际出发，坚持原则，根据企业规模的大小分别制定评价标准，为我国内部控制评价标准的建立指明了方向。其他的还有如郭晓梅、唐予华（2002）认为内部控制与会计信息共生共存，相互影响，加强内部控制有助于提高会计信息质量，而会计信息质量的提高又将促进内部控制的有效实施，最终促进委托代理问题的解决。

3. 内部控制的理论概述

（1）契约理论与内部控制。根据契约经济学理论，企业是一系列契约的组合，是个人之间交易产权的一种方式。市场是一种完备的契约，而企业则是一种不完备的契约。当不同的资源所有者参与到企业中来时，每个人的利益未必是统一或者说是一致的，这种契约的不完备性决定了内部控制在其中扮演的补充和降低交易成本的作用。正是这种不完备性对内部控制产生了需求，因此，内部控制系统是用来保证下属管理人员和雇员按要求履行合约、保证管理目标实现的重要手段。对上市公司而言，这种契约的意味也更加强烈，证券市场的作用就是通过价格来反映各种信息，这种信息是对不完备契约的一种补充说明，在证券市场上更加体现出各方利益的不统一性，有投资者、投机者、管理层内部人等各种角色，监管机构若要维护市场的稳定，投资人要保证企业健康发展最大化收益，减少各类欺诈舞弊案的发生，就必须依靠一套工具对可能危害发展的危险进行管理，这套工具中成本最低的就应该是内部控制。

（2）委托代理理论与内部控制。委托代理理论认为，为了实现企业的目标，应通过监督和激励对企业的管理者实施控制，不少学者正是基于此提出内部控制制度是公司治理结构的重要环节。要保证投资者所获得的财务报告的可靠性，就需要对企业管理者通过监督和激励来实施控制，即建立有效的公司治理机制。Jenson 和 Meckling（1976）认为内部控制实质上是企业管理者与所有者之间建立的契约模型，这种契约关系叫作代理关系。所有者通过内部控制来实现对管理者的尽职监督。在企业内部，企业作为一个由完成不同职责的人形成的系统，因为分工不同，形成了不同的代理关系，也存在着委托者和代理者之间的利益冲突和目标不一致，而解决委托代理问题的主要手段是约束和激励机制，这就表现为内部控制。从本质上讲，代理理论实现企业目标的手段即契约，通过各方签订的一系列契约实现权力的制衡和企业的管理，表现为公司治理机制。从理论上说，有效的公司治理将会带来一套有效的内部控制制度。

二、内部控制的本质和构建原则

1. 内部控制的本质

内部控制是指单位为实现控制目标，通过制定制度、实施措施和执行程序，对经济活动的风险进行防范和管控。内部控制的目标主要包括：合理保证单位经济活动合法合规、资产安全和使用有效、财务信息真实完整，有效防范舞弊和腐败，提高公共服务的效率和效果。内部控制效用的核心是通过一系列政策、程序和组织结构等设置一个完整的系统，来保障单位管理运作的顺畅性、安全性和合理性。从而提高单位的管理水平。内部控制的本质表现在以下方面：

（1）内部控制是一种机制。传统的观点认为，内部控制是一种管理工具和制约的手段。从内部控制要实现的目标和在单位管理中发挥的作用来看，它涉及单位职能、内设机构及其职能、经济法规、单位文化建设、内部管理制度等诸多方面，因此从本质上讲，内部控制不只是一种管理的工具和手段，更多是一种管理机制。

（2）内部控制是一个动态过程。《企业内部控制基本规范》中将内部控制定位于“旨在实现控制目标的过程”。因此，内部控制不是单一的文件制度和机械的规定，而是一个发现问题、解决问题的动态过程。这个过程需要不断地发现、反馈、解决问题。《行政事业单位内部控制规范（试行）》第七条规定：“单位应当根据本规范建立适合本单位实际情况的内部控制体系，并组织实施。具体工作包括梳理单位各类经济活动的业务流程，明确业务环节，系统分析经济活动风险，确定风险点，选择风险应对策略，在此基础上根据国家有关规定建立健全单位各项内部管理制度并督促相关工作人员认真执行。”第八条规定：“单位应当建立经济活动风险定期评估机制，对经济活动存在的风险进行全面、系统和客观评估。经济活动风险评估至少每年进行一次，外部环境、经济活动或管理要求等发生重大变化的，应及时对经济活动进行重估。”以上规定，足以说明内部控制是一个动态过程。

（3）内部控制是一种内部管理。任何单位的管理都分为外部管理和内部管理，外部管理主要是与外部具有关联关系的组织开展的一系列管理活动。而内部控制从定义上讲是一种面向单位内的管理，它强调的重点是控制性、程序性、全面性和遵循性。这种特性使单位通过规范性以及内部控制和其他管理工具的融合提高单位的工作效率。

2. 内部控制构建原则

面对不同的研究对象，内部控制的构建原则不尽相同。我们在此研究的是地质事业单位的内部控制，其构建的原则必须结合地质事业单位内部和外部各种因素。

（1）全面性原则。内部控制应当贯穿地质事业单位经济活动的决策、执行和监督全过程，实现对经济活动的全面控制。

（2）重要性原则。在全面控制的基础上，内部控制应当关注单位重要经济活动和经济活动的重大风险。

（3）制衡性原则。内部控制应当在单位内部的部门管理、职责分工、业务流程等方面相互制约和相互监督。

（4）适应性原则。内部控制应当符合国家有关规定和单位实际情况，并随着外部环境的变化、单位经济活动的调整和管理要求的提高，不断修订和完善。地质工作具有基础性、先导性、探索性等基本特征。基础性表现在我国地质工作的主要任务是以地球的岩石圈为主要研究对象，基于地球科学的相关基础理论，采用对应的工程技术与方法，研究地球及其各种组织结构，为人类更好地利用自然与保护自然提供对应的地质理论支撑、方法支持、资料积累，进而为人类更好地生存，社会经济更好地发展，针对资源、环境、自然灾害、工程建设等问题提供必要的建议。先导性表现在地质工作在国民经济中的服务具有先行性和超前性，同时，它又贯穿于经济建设的全过程。尤其对于矿产资源、能源的勘探来说，由于地下情况的探索需要一定的实践才能完成，因此，地质工作必须要提前“一个五年，或者十年”才能满足经济的需要。探索性表现在地质工作是一项为了利用和改造地球而去认识地球的调查研究工作，不是单纯的生产工作。地球经历 45 亿年以上的历史演变，很多地质作用和过程人类从来没有经历过，也无法模拟。

地质事业单位的内部控制体系框架的建立与完善应当遵循地质事业单位的行业特征、发展阶段、业务运行等特点，充分考虑地质事业单位内部控制存在的薄弱环节和主要风险所在，对单位内部控制点进行全面梳理，在此基础上构建内部控制。

（5）成本的最小化、内控成果的最大化原则。由于内部控制对防范舞弊和应对风险只起到合理保证的作用，在构建和维护内部控制体系时必须考虑成本与成果的关系。只有采取控制所获得的收益大于因控制所耗费的成本和降低的效率时，控制才是有用的和有益的，否则就会出现由于控制过于严密而导致的对单位效益和效率的损害。

三、地质事业单位内部控制的现状

中国地质调查局作为公益性的事业单位，长期以来积极适应国家宏观经济管理，十分重视经济管理工作，在强调经济管理工作服务地质事业的基础上，更加注重其规范性。2009 年开始委托北京中审亚太会计师事务所对所属单位 2005—2009 年的财务收支情况进行了审计，2011 年年初又对 2010 年的财务收支进行了审计。审计内容包括内部控制制度建设情况的全面检查和评估。审计结论显示：各单位不断加强了制度建设，陆续出台一些内部控制制度，但是与《行政事业单位内部控制规范（试行）》对比相差甚远。2012 年中国地质调查局开展了局属单位审计整改与财务管理制度执行情况的检查，其财务制度执行检查的主要内容是各单位贯彻执行国家层面的财务管理制度和中国地质调查局颁发的财务管理制度，以及各单位自行制定制度的适应性、有效性。借鉴 COSO 框架[㊀]，行政事业单位内部控制的要素归纳为内部环境、风险评估、控制活动、信息与沟通、内部监管五大方面。这里主要介绍前四个方面的现状。

（一）内部环境现状

内部环境规定单位的架构和运行机制，影响单位管理目标的制定和实现，塑造单位文化并影响员工的控制意识，是实施内部控制的基础。

1. 机构设置情况

《行政事业单位内部控制规范（试行）》明确要求单位内部控制组织工作要做到：确定内部控制职能部门或牵头部门，建立单位各部门在内部控制中的沟通协调和联动机制。中国地质调查局经过多年的发展，其组织结构体系逐渐完善，组织分工逐渐细化与明确，如区域地质调查机构、专业地质调查机构、科技创新与技术支撑机构、公共服务机构构成中国地质调查局的组织结构体系。每个地质调查机构下面又有多个地质调查中心、研究所、图书馆等。

中国地质调查局西安地质调查中心机构设置分四部分：①综合管理部门 11 个，分别为办公室（管理体系办）、财务资产处、人事教育处、总工程师室（科技发展处）、党委办公室、基建办公室、项目管理处、经济处、技术管理一处、技术管理二处、中央地勘基金西北项目监理办公室；②技术业务部门 9

㊀ 美国证券交易委员会唯一推荐使用的内部控制框架。

个，分别为基础地质处、矿产资源处、水文环境处、能源地质处、工程技术处、中亚地质研究中心、测绘遥感处、实验测试中心、环境评价治理中心；③综合服务部门3个，分别为资料信息处、物业管理处、离退休管理处；④具有法人资格的实体2个，分别是中地工程勘查有限公司、地矿宾馆。

中国地质调查局武汉地质调查中心内设机构分四部分：①4个综合管理部门：办公室、党委办公室（纪检监察审计室）、财务资产处、人事教育处；②2个业务管理部门：中南地区项目管理办公室（内设技术管理处、经济管理处、地质资料室）和总工程师室（科技外事处）；③10个专业研究室：基础地质室、矿产资源评价室、水工环地质室、地层古生物室（油气地质研究室）、勘查技术方法室、境外地质室（宜昌地调科技开发研究院）、地质灾害调查室（宜昌长江地质灾害防治工程勘察设计院）、岩矿综合利用室、岩矿测试室和同位素地球化学研究室；④宜昌基地管理处（离退休处）和物业管理部（后勤处）。

“中央地勘基金中南项目监理部”设在武汉地质调查中心。国土资源部和中国地质调查局在武汉地质调查中心分别设有“国土资源部中南矿产资源监督检测中心”和“中国地质调查局中南地质资料馆”，面向社会公众服务。

中国地质调查局成都地质调查中心内设机构分三部分：①办公室、总工程师室、财务资产处、人事教育处、党委办公室（监察审计室）；②技术业务部门，有青藏高原地质研究室、沉积与能源地质研究室、资源评价与矿床研究室、水文地质环境地质研究室、东南亚地学研究中心、勘查技术研究室、实验与分析测试室；③其他部门包括物业管理处、离退休管理处、基建办公室、车队。

中国地质调查局发展研究中心内设机构分四部分：①5个综合管理部门：办公室、党委办公室（纪检监察审计室）、财务资产处、人事教育处、科技外事处（质量管理办公室）；②5个业务部门：地质工作战略研究部、地质资料数据部、地质调查信息化部（地质信息技术实验室）、境外地质矿产研究部、专项支撑部；③3个其他部门：后勤处、物业中心、经营开发部；④两个所属单位：国土资源实物地质资料中心、国土资源部十三陵培训中心。

中国地质调查局所属的地质调查中心机构的职能中存在以下问题：①缺少对下属公司实施管理的部门、政策法规部门；②一些部门的职能过于庞大，如财务资产处，将资金的管理权限和财产物资管理的权限集于一个部门，顾此失彼，难以实现最佳管理效益；③将一些职能不尽相同的部门合署办公，导致此消彼长，职能发挥不到位。

2. 部门职责情况

一个单位部门的设置一是要考虑与上级单位部门的对口，二是要结合本单位的实际情况。无论怎样设置部门，都需要依据事业的发展来调整部门的职责，同时按照一定的办法来考核部门职责的履行情况。关于部门职责存在的问题包括：①部门职责没有全面覆盖，留有空白，如内部审计的职能、对所属企业管理的职能、政策法规研究和制定的职能、单位风险评估与识别的职能；②没有厘清部门职责的内涵与外延，做到职责的“无缝”衔接；③部门职责一经确定很少修订，对一些新的职责和新的要求没有认真分析是长期性还是临时性的，基本上是指定部门完成即可；④对职责履行情况没有进行过程监督，也没有系统的考核指标，年终考核仅凭部门负责人陈述，职工凭印象和感觉来判断部门职责履行情况。上述现象的存在导致有些部门长期不履行某些职责或者职责履行不到位，为单位的管理带来风险；业务部门由于地质工作难以做到专业的绝对隔离，所以相互交叉的专业部门之间相互推诿，职能履行难以到位。

3. 关键岗位人员情况

《行政事业单位内部控制规范（试行）》中要求：建立内部控制关键岗位工作人员的培训、评价、轮岗等机制；工作人员要具备相应的资格和能力。中国地质调查局自 1999 年成立以来，随着我国经济建设快速发展，国家和社会对地质工作需求的逐渐旺盛，中国地质调查局所属的队伍规模逐年扩大，队伍的结构发生着变化，但就宏观来看，新增人员中主要是业务人员。2011 年中国地质调查局所属单位行政管理人员占总人数的比例为 12% 。

内部控制的工作人员主要是单位的管理人员，业务人员与管理人员不成比例，导致一些管理岗位人员的缺位，甚至是涉及内部控制的一些关键岗位长期缺位。

（1）总会计师岗位的缺失。《总会计师条例》规定：全民所有制大、中型企业设置总会计师；事业单位和业务主管部门根据需要，经批准可以设置总会计师；总会计师是单位行政领导成员，协助单位主要行政领导人工作，直接对单位主要行政领导人负责；凡设置总会计师的单位，在单位行政领导成员中，不设与总会计师职权重叠的副职；总会计师组织领导本单位的财务管理、成本管理、预算管理、会计核算和会计监督等方面的工作，参与本单位重要经济问题的分析和决策；总会计师具体组织本单位执行国家有关财经法律、法规、方针、政策和制度，保护国家财产。

《总会计师条例》中明确规定事业单位和业务主管部门根据需要，经批准可以设置总会计师。中国地质调查局未设总会计师，而参考有关规定，中国地质调查局有依据也有必要设置总会计师岗位。

（2）总经济师岗位的缺失。关于事业单位设置总经济师，国家没有出台政策法规。总经济师是企业经营计划管理和经济分析、经济预测、经济统计等项工作的总负责人，在厂长或经理领导下，统管企业的经营决策和经济计划工作。

在我国，大中型企业多设有专职的总经济师或由主管经营的副总兼任。未设总经济师的小型企业，由经营副总或指定的职能部门行使总经济师的职权。

总经济师是在总经理直接领导下进行工作的高级管理人员，属于企业的高级管理岗位，即高层领导岗位，对企业的发展和经营决策起着重要的作用，所以，研究其定位就有着十分重要的意义。

1）总经济师是总经理经营活动的参谋长。一个企业所设的三总师（总经济师、总工程师、总会计师）分别是经营活动、工程技术、财务管理各方面的总参谋，而以总经济师为主导的经营活动，其涉及面广、影响之大远非总工程师、总会计师所能比拟，所以，就一定意义来讲，它是企业总经理的第一参谋长，是企业生产经营活动的主导参谋。

2）总经济师是企业管理的总设计师。企业管理包括计划、生产、技术、设备、质量、劳动人事、工资分配、物资供应、营销、财务等内容，只有总经济师应该而又有能力把各项管理有机地综合在一起，并使之减少内耗，扩大积极因素，为企业始终保持轨道上良性运转而努力工作。同时，他也要定期、不定期对企业经济活动分析做好准备工作和主讲工作，并能正确评价企业生产经营活动现状，对存在的问题、改进意见提出主导性意见和建议。

3）总经济师是企业发展的总策划者。总经济师责无旁贷地是企业发展、规划的总撰稿人，并能征求各方面的意见，正确协助总经理把握住企业发展的方向，掌握国内外企业、同行业的发展动态，使规划有较强的可操作性，保证企业可持续发展。

4）总经济师永远是“三改一加强”的促进派。作为总经济师，必须先为企业打算。当前，企业面对世界经济一体化、知识经济、信息高速公路等新技术、新管理思维的挑战，任重而道远，作为总经济师必须协助总经理广纳人才，果断搞好改革、改制、改造；完成加强企业管理的重大历史使命，与企业的前途和发展同呼吸、共命运，努力奋斗不已。

5）总经济师应是企业努力学习、追求上进的典范。总经济师作为企业总经理在经营管理方面的参谋长，在知识、学识方面必须有过人之处，因此，除了有丰富的管理和生产实践的经验之外，还必须掌握和使用新知识、新技术，使企业不至于因知识、技术老化而落伍、被淘汰。所以，作为一名总经济师，必须不断地学习国内外企业管理的新知识、新技术、新概念、新思维、新方法。要不断努力，及时学习和准确掌握企业应遵循的国家、政府及各部门制定的法律法规、法令，使企业在合法的轨道上正常运转。

6）总经济师是维护整体、顾全大局的勇士。总经济师在企业中负有重要的管理责任，同时又是各级领导和职工十分瞩目的高层领导。为此，总经济师必须有较高的人格魅力，成为职工的良师益友，成为企业主要领导的得力助手。为此，在各种场合、各种条件下，要时时处处维护企业信誉，以大局为工作标准，不谋私利，一心为公，当好领导和职工可信赖的优秀管理带头人。

以上资料显示，我国目前主要是在大中型企业设置总经济师。从总经济师的职能看，总经济师是单位宏观经济活动的总参谋者、总策划者、总设计者，要求其有渊博的知识、过人的胆识、较高的人格魅力。

与企业相比较，中国地质调查局所属的事业单位，其单位的管理包括计划、预算、地调、科研、绩效、劳动人事、工资收入分配、物资供应、对外创收、资产、基本建设、对下属企业的管理、财务等内容。这些内容全部都涉及经济管理。一直没有设置总经济师，绝大多数的单位经济管理工作由领导班子一人或者几人来承担。这些单位的领导班子成员所学专业和长期所从事的工作几乎都不是经济管理，所以难以全方位地管理好单位的经济工作，表现为遇到问题就分配到相关的部门去处理，出了问题便强调自身不懂经济管理。虽然有些单位已经模拟企业设置了副总经济师，但是副总经济师不是领导班子成员，其职能的发挥必然受到局限或者是限制。只有设置总经济师才能把各项管理职能有机地结合在一起，协助单位法定代表人承担起制定单位经济运行机制，参与单位中长期发展规划编制，编制单位年度计划和预算，统筹人力资源配置和工资收入分配，制定单位经济管理制度，制定内部控制体系，履行对财务、资产、统计工作的宏观管理，建立绩效考核体系，负责基本建设的概算、预算、决算工作，负责对下属企业管理等职责，从而保证单位遵纪守法，可持续发展。

受地质事业单位人员领导班子成员数量的限制，对照总会计师和总经济师的职能，建议一个单位总会计师和总经济师先只设置一个，最好是设置总经济师。

（3）内部审计的缺位。中国内部审计协会发布的《中国内部审计准则》，对内部审计做出定义，内部审计是一种独立、客观的确认和咨询活动，它通过运用系统、规范的方法，审查和评价组织的业务活动、内部控制和风险管理的适当性和有效性，以促进组织完善治理、增加价值和实现目标。中国地质调查局所属的事业单位有的设置了内部审计岗位，大部分单位没有设置。在职能的履行上由于内部审计人员的工资、福利、职务升迁受到单位的控制，客观与主观都难以保证其工作的独立性，这是制约内部审计工作开展的主要原因。

（4）关键岗位能力有待提升。一些事业单位重业务轻管理，导致管理人员少，学历低、职称低，一些重要岗位人员如财务负责人、主管会计、出纳、资产管理人员很少得到轮岗和培训，更有的单位由于受人员数量的限制，没有做到全部相互牵制岗位的职能分离。

4. 内部控制机制运行情况

内部控制机制包括：经济活动的决策、执行、监督机制是否有效分离；权责是否对等；是否建立健全决策机制、岗位责任制、内部监督等机制。对照这些要求，存在的问题表现在决策和监督方面有隐形的机制，没有明确或者说成文的机制；执行方面控制太死，层层控制，流于形式。前者如有的单位所有的支出必须法定代表人审批，结果法定代表人难以了解每一笔经济业务的实际情况，导致有些审批处于盲目状态，同时严重影响工作正常开展；后者表现在审批流程和审批时间长，从下而上审批，其控制成了上一个看下一个、下一个“盼”上一个，对承担的责任存在着侥幸的心理，其责任最终可以说变成了零。

5. 忽视伦理道德建设

任何一个制度都离不开人的作用。同一个制度在不同的单位由不同的人来执行，往往会产生不同的结果。长期以来许多单位往往只重视内部控制制度的制定，而忽视对制度培训以及对执行制度有关人员的职业道德、社会道德等伦理道德的教育。其结果造成许多单位并不是没有内部控制制度，而是内部控制制度没有得到很好的执行。

（二）风险评估现状

地质事业单位的目的是为政府和公民提供公共产品和公共服务，资金的主要来源是国家和地方财政投入，未来 10 ~ 20 年，我国处于工业化、城镇化发展的关键阶段，能源资源消耗仍将持续增长，矿产资源供需处于旺盛期，财政投入逐年增加，所以生存的风险似乎不存在。但是地质事业单位作为事业单位，它天然存在基本的政治风险、经济风险、环境风险，这三种风险在一定的条件下会相互依存相互转化。《行政事业单位内部控制规范（试行）》是一个针对内部管理全方位的控制。对照《行政事业单位内部控制规范（试行）》，地质事业单位目前的内部控制主要是制定管理办法和制度，这些制度在全面性、规范性、可操作性、时效性等方面都不同程度地存在着一些问题。

在计划经济的体制下，地质工作的投入和产出全部由国家包揽，没有风险。随着我国由计划经济向市场经济的转变，地质工作作为国民经济的一项重要工作，同样也走向了市场经济，资金投入由国家的单一渠道投入到多渠道投入，产出随着投入的不同而提供给不同的投资者和委托者。由于市场经济固有的一些风险性和投资者、委托者与地质工作产品的提供者利益矛盾，双方都存在着一定的风险性，加之腐败问题的存在，所以风险存在于地质工作的全过程，需要地质事业单位全方位识别风险，评估风险，通过内部控制制度的建立，规避风险或者降低风险。

（三）主要控制活动

控制活动包括预算业务控制、收支业务控制、政府采购业务控制、资产控制、建设项目控制、合同控制。对政府采购业务，国家和上级主管单位制定了一系列的管理制度，并采用信息化管理和控制，运行情况基本规范；而建设项目不是所有的单位都存在：所以这两项不在此论述。相关情况如图 3－14 和图 3－15所示。

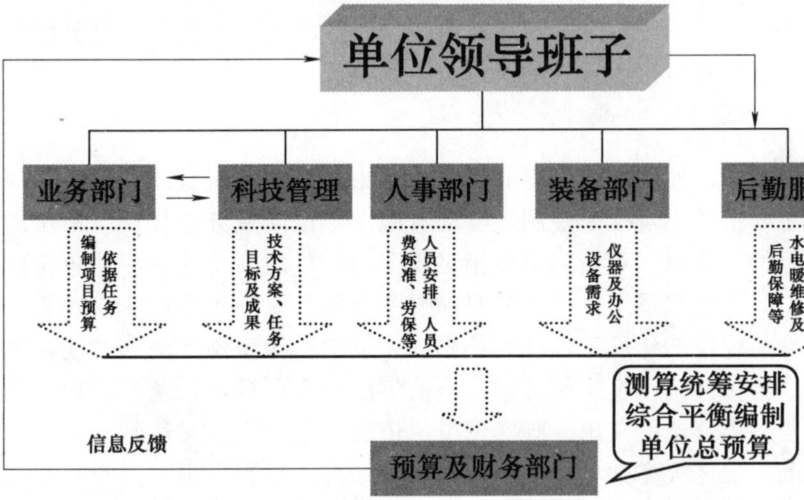

图 3－14　内部控制涉及的流程和关键的业务节点示意图之一

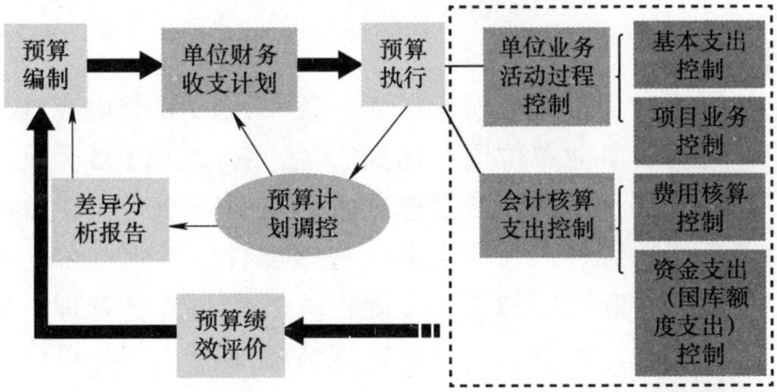

图 3－15　内部控制涉及的流程和关键的业务节点示意图之二

1. 预算管理现状

中国地质调查局所属的事业单位基本上都属于中央财政“定额补贴”单

位，基本支出的不足成为制约全局发展的瓶颈，每个单位在完成国家任务的基础上，必须承担一定的商业性地质工作，获取一定的收入来弥补基本支出的不足和基本建设费用。目前大多数预算单位在预算管理方面存在的问题有：①预算不全面，表现在上报财政部的预算重视申请中央财政拨款，轻视自行创收预算。其原因是一些单位不重视自行创收，中国地质调查局对各单位的基本支出预算难以准确把握。②申请中央财政项目预算没有充分评估自身承担的能力，认为越多越好，经费逐年递增。③项目结转资金逐年递增，预算执行逐年放缓。④执行难以做到既满足单位的正当开支，又使项目的财政资金专款专用，基本支出挤占项目财政资金的现象时有发生。⑤决算时注重财政预算的执行情况的决算，忽视自行创收预算的执行情况的决算。

2. 收支管理现状

按照管理会计原理，地质事业单位的费用划分为固定费用和变动费用，其固定费用主要由单位规模来控制，变动费用由单位的业务来控制。单位的规模是相对固定的，所以固定费用也是相对固定的。目前维持地质事业单位固定费用的中央财政资金严重不足，这就要求财务管理者做好年度的收支预算。单位的收支管理与单位的年度工作计划是相辅相成的，年度预算的编制使年度工作计划有了经济目标，年度工作计划实施使年度收支预算得以落实。通过收支预算合理安排各类资金的支出，既实现单位依法组织收入，又达到合法合理安排支出的目的。现在大多数单位没有年度收支预算，或者说只有财政资金的收支预算，单位正当开支的缺口部分基本上是盲目支出或者是估量支出，导致了许多挤占挪用项目财政资金和超支现象，单位的支出不合法。

3. 资产管理现状

伴随着业务的拓展、单位规模的扩大，各单位的资产也在逐年增加。2011年中国地质调查局所属事业单位资产达到73亿元，人均105万元。其中固定资产38亿元，人均55万元。在资产管理方面存在的问题有：①重视货币资金的管理，轻视固定资产的管理，表现在资产管理没有设置独立部门，人员少，岗位设置难以相互牵制，制度不健全；②固定资产重购置轻管理，如办公设备没有配置标准，重复购置，浪费严重；③轻视债权清理，一些单位的债权长期不清理，形成不必要的坏账损失。

4. 合同管理现状

地质事业单位的合同按照收入与来源，可以分为受托合同与委托合同；按照经济来源分为采购合同、工程合同、服务合同、雇佣合同、租赁合同、借款合同、投资合同；按照权限可以分为管理部门合同和业务部门合同。合同管理已经成为地质事业单位管理的一个主要方法。目前地质事业单位合同管理方面存在的问题有：①没有设置合同签订权限，有的单位是全部合同由法定代表人来签订，受法定代表人工作状态的影响，一些合同难以及时签订，有的单位直接授权支付，签订者专业和所站角度不同，导致合同的签订存在一定的风险；②野外工作期间，职工个人与法定组织或者自然人签订合同，只是职工个人签名，没有加盖单位的合同章；③合同管理没有按照专业进行分类管理并登记合同台账，导致管理混乱，难以查阅。

（四）信息与沟通存在的问题

（1）机制的缺失。一些信息是由少数人所做的决策，由于没有信息传递机制，信息的封闭增强了决策者和决策过程的神秘性，加深了职工对决策者的隔膜感，强化了职工的盲从性，从而导致了决策者做决策的随意性和专断。

（2）信息渠道畅通度不高，开放度低。利益冲突造成了信息在传递过程中信息渠道的匮乏，从而影响了信息的传递和质量。

（3）信息失真。由于信息沟通中的情景变化，如情感因素，导致信息失真。

（4）信息传递媒介不合适。信息传递没有确切的传递媒介，导致信息传递的速度、范围不确定，影响信息传递的质量。

四、内部控制方法

当风险点确认以后，一个单位应针对这种风险发出必要的指令。控制活动是确保管理层的指令得以执行的政策及程序，如核准、授权、验证、调节、复核、保障资产安全及职务分工等。

1. 不相容岗位相互分离

所谓不相容职务，是指在经济业务处理过程中，集中于一人办理容易产生漏洞和弊端的两项或两项以上的职务。不相容职务分离控制，概括而言，即经济业务的授权者与执行者要分离，执行者与记录者、监督者要分离，物资财产的保管者与使用者、记录者要分离。不相容职务分离的核心是内部牵制。

不相容岗位相互分离的方法是合理设置内部控制关键岗位，明确划分职责权限，实施相应的分离措施，形成相互制约、相互监督的工作机制。为了加强会计基础工作，建立规范的会计工作秩序，提高会计工作水平，根据《中华人民共和国会计法》的有关规定，1996 年 6 月 17 日财政部财会字 19 号发布了《会计基础工作规范》。《会计基础工作规范》第十二条规定，会计工作岗位，可以一人一岗、一人多岗或者一岗多人。但出纳人员不得兼管审核、会计档案保管和收入、费用、债权债务账目的登记工作。第十六条规定：国家机关、国有企业、事业单位任用会计人员应当实行回避制度。单位领导人的直系亲属不得担任本单位的会计机构负责人、会计主管人员。会计机构负责人、会计主管人员的直系亲属不得在本单位会计机构中担任出纳工作。需要回避的直系亲属为：夫妻关系、直系血亲关系、三代以内旁系血亲以及配偶关系。

2. 内部授权审批控制

权限的无边必然导致事态发展的不确定，甚至是为所欲为，也就无法控制风险。内部授权就是明确各岗位办理业务和事项的权限范围、审批程序和相关责任，建立重大事项集体决策和会签制度。相关工作人员应当在授权范围内行使职权、办理业务。

3. 归口管理

根据单位的实际情况，按照权责对等的原则，确定归口管理部门或者是成立非正式组织，对有关经济活动实行统一管理。

4. 预算控制

实行全面预算管理，就是指单位所有与经济有关的活动和人员全部要纳入预算管理，强化对经济活动的预算约束，使预算管理贯穿于单位经济活动的全过程。

5. 财产保护控制

建立资产日常管理和定期清查机制，采取资产记录、实物盘点、定期盘点、账实核对等措施，确保资产安全完整。

6. 会计控制

建立健全单位财务管理制度，加强会计机构建设，提高会计人员业务水平，强化会计人员岗位责任制，规范会计基础工作，建立和完善会计档案管理和会计工作交接办法，明确会计凭证、会计账簿和会计报告处理程序。

7. 单据控制

要求单位根据国家规定和单位的经济活动业务流程，在内部管理制度中明确界定各项经济活动所涉及的表单和票据，要求相关工作人员按照规定填制、审核、归档、保管单据。

8. 内部控制报告

各单位应当建立和完善内部控制报告制度，全面反映经济活动情况，及时提供业务活动中的重要信息，增强内部管理的时效性和针对性。

9. 信息公开

建立健全经济活动信息公开制度，根据国家规定和本单位实际情况，确定信息内部公开的内容、范围、方式和程序。

五、内部控制举措

（一）预算业务的控制

1. 全面预算管理的理念

目前无论是国家公益性地质事业单位还是地方公益性地质事业单位，其收入包括：①财政拨款的基本支出，也就是单位运行费用；②财政拨款项目经费，也就是花政府的钱，为政府提供地质成果或公共服务；③为政府以外的单位或者个人提供服务而获取的收入（以下简称对外创收）。

年度基本支出财政部尚未出台定员定额标准，多年来人员经费偶然会有所增加，公用经费基本不变。随着单位规模的扩大和物价的上涨，可以说每个单位的基本支出越来越不足。

财政拨款的项目经费从中央到地方有以下特点：①种类多，中央财政涉及地质工作的有近 15 类；②政策多，几乎每一类资金都出台一项资金管理办法，内容不尽相同；③每类资金办法都强调费用开支的相关性，排除非相关性费用的开支；④结余资金不得分配；⑤接受国家审计署和地方审计机构的审计。

为了弥补基本支出的不足和安排财政项目非相关性的支出，地质事业单位在人员少、财政项目任务重的前提下不得不开展一些对外创收的业务，其利润用于弥补上述开支。

以上分析可以看出财政资金是余缺并存，对外创收不可或缺。这就要求地质事业单位要树立全面预算的观念，按照“全口径”全面覆盖、综合平衡、统筹计划、科学安排，建立全面预算体系。

2. 建立全面预算管理体系

全面预算的含义是关于企业在一定的时期内（一般为一年或一个既定期间内）各项业务活动、财务表现等方面的总体预测。西安地质调查中心近年来在经济管理方面一直借鉴企业全面预算管理的理念和方法实行全面预算管理，逐步建立了预算管理体系。

从 2000 年开始以来，国家财政部门循序渐进推行部门预算管理改革。部门预算分为基本支出预算和项目支出预算。

基本支出预算是指中央部门为保障其正常运转、完成日常工作任务而编制的年度基本支出计划，包括人员经费和日常公用经费，如离退休费用、工资福利性费用、职工住房改革费用、公用费用。

项目预算是中央部门为完成其特定的行政工作任务或事业发展目标，在基本支出预算之外编制的年度项目支出计划，包括基本建设、有关事业发展专项计划、专项业务费、大型修缮、大型购置、大型会议项目支出。

部门预算编制方法为零基预算，零基预算是指在编制预算时，一切从零开始，对所有的各项收支项目进行核定，不是以上一年的预算为基数。

地质事业单位的预算管理包括年度收支计划、年度预算的编制、审批，年度预算落实方案的编制、审批、执行、考核：①年度收支计划是单位为了强化年度工作部署与预算安排，根据上年实际收支、决算、本年收支结转预计、下年度各类预算收支预计等要素，满足单位运行需求而编制的下年预算收支预计。②年度预算主要是指用“二上”“二下”的方法编制的基本支出预算和项目支出预算、对外创收收支预算、总预算。③年度预算落实方案是按照年度收支计划和年度预算编制的，包括基本支出落实方案、项目支出落实方案。

3. 预算编制风险点和控制措施

由于预算体系较为复杂，现将预算风险点和控制措施列表如下，见表3－5。

4. 预算执行的风险点和控制措施

如果说预算的编制是蓝图，那么预算的执行就是将蓝图付诸实施。2010年中国地质调查局委托北京中审亚太会计师事务所对所属单位的财务收支进行了全面的审计，审计在预算执行方面提出了大量的问题，这些问题的存在影响了对单位经济工作的整体评价，给单位的经济工作带来了许多风险。

（1）存在的问题。主要有以下几方面：支出没有预算；支出超预算；有预算没有支出；随意调整预算；预算执行率偏低；超常规结余财政资金。

（2）产生问题的原因。这些问题不是个别单位存在，而是大部分单位都存在，经过调研，主要有以下几方面原因：

1）思想观念存在的问题。主要表现是认为预算执行主要是财务部门的事情，所以只要财务部门抓紧，预算执行就没有问题。殊不知财务状况只是经济活动的反映。工作任务不完成，资金无法支出，预算执行肯定完不成。

2）预算管理的机制问题。一些单位预算的编制没有统一管理、分工负责、相互沟通、密切配合。预算或者是由执行部门自行编制，或者是由单位具有预算资质的人员独立编制，或者是由财务部门的人员编制，预算的安排与工作安排脱节。

表 3-5　预算风险点和控制措施一览表

序号	预算种类	风险点	控制措施						
			编制时间	归口部门	协助部门	授权编制责任人	编制依据	编制程序	审批形式
一	年度收支计划	年度工作任务与收支不匹配造成资金短缺和浪费	上年度8月份	财务部门、总工程师室	单位所属各部门	财务部门预算岗位	上年度财务决算、本年度收支预算和结转预计、下年度收支预计	1. 基本支出由各管理部门和服务部门编制，财务部门审核汇总 2. 项目收支计划由各业务部门编制，总工程师室审核汇总 3. 财务部门汇总编制总体收支计划	单位办公会议审议通过
二	年度预算								
1	基本支出								
(1)	“一上”	没有申请到应有的财政资金	上年度7月份	财务资产处	人事部门、物业部门、其他有关部门	财务部门预算岗位	单位上年度在职人员数、离退休人员数、单位房产面积、取暖面积，公益类项目编制指南	财务部门收集上年度有关数据直接编制，项目由业务部门编制，财务部门上报	单位法定代表人审签
(2)	“二上”	支出安排不合理，预算执行不达标	上年度12月	财务资产处	人事部门、物业部门、其他有关部门	财务部门预算岗位	上年度支出数据和下年度支出预计	财务部门直接编制	单位法定代表人审签
2	项目支出								
(1)	项目论证预算	工作任务与经费不匹配	上年度9月份	总工程师室、财务部门	财务部门、人事部门、业务部门	总工程师室预算岗位	1. 续作项目下年度工作量、工作任务、总预算、本年度预算执行情况、政策法规、预算标准 2. 新开项目工作量、工作任务、政策法规、预算标准	项目负责人编制→业务部门汇总→总工程师室组织初审	中国地质调查局会议评审

（续）

序号	预算种类	风险点	控制措施						
			编制时间	归口部门	协助部门	授权编制责任人	编制依据	编制程序	审批形式
(2)	设计预算	经费安排不合理	预算年度3—4月份	总工程师室	财务部门、人事部门、业务部门	总工程师室预算岗位	任务书、政策法规、预算标准	项目负责人编制→业务部门汇总→总工程师室组织初审	中国地质调查局会议评审
3	对外创收预算	1. 项目成果无法转化和应用 2. 实现的利润没有达到弥补基本支出的要求 3. 单位没有积累	预算年度4—5月份	财务部门	具有创收任务的部门	财务部门预算岗位	年度创收任务指标	各创收单位编制→财务部门审核汇总	单位办公室审议通过
4	总预算	1. 年度总收支不清楚 2. 工作随意性大	预算年度5月份	财务部门		财务部门预算岗位	基本支出预算、项目设计预算、对外创收预算	财务部门汇总编制	单位办公室审议通过
三	年度预算落实方案								
(1)	基本支出落实方案	支出计划达不到预算考核指标	预算年度5月份	财务部门		财务部门预算岗位	基本支出预算	管理和服务部门编制→财务部门汇总填报	法定代表人审签
(2)	项目支出落实方案	支出计划达不到预算考核指标	预算年度5月份	项目组		项目成员	项目设计预算、经费支出计划	项目编制经费支出计划→总工程师室审核→返回项目组	单位办公室审议通过

3）预算的执行的问题。预算的执行过程中，一些单位将编制完成的预算束之高阁，不予理睬，编制者、执行者、财务人员三者独立分体运作，不予沟通，导致支出的盲目性和任意性；一些单位在预算执行中，过多地强调地质工作的探索性和工作安排的不确定性，当工作任务发生变化时，调整预算没有按照预算的审批权限上报中国地质调查局审批，而是自行调整；一些单位由于基本支出财政补助严重不足，自行创收收入较少或者空白，混淆基本支出和项目支出的开支范围，导致挤占、挪用项目经费的情况出现；一些单位有年度整体预算，但没有月度预算执行安排，导致预算执行难以实现中国地质调查局的月度考核目标，出现年末突击花钱的现象。

4）预算的考核问题。预算执行没有按照部门或者项目进行考核，导致有些单位虽然总体完成了中国地质调查局的考核指标，但是各类经费预算完成差别很大，如基本支出大部分单位都是100%完成，而专项经费的完成较低；有的完成了100%，有的完成30%，个别的甚至只完成10%以下。通过数据就可以看出每个单位工作任务完成的全面性和片面性。

（3）预算执行风险控制措施。预算管理是保证业务顺利实施、确保资金安全运行、提升单位管理水平的必要保证。按照经费的用途将预算管理职责明确到相应的部门或者项目，实施归口管理，这样既能充分发挥各部门的职能作用，形成齐抓共管的工作局面，又能让职工从日常信息中解脱出来，全身心投入到工作去，提高工作效率和质量。

1）树立预算全员管理的理念。“巧妇难做无米之炊”，单位任何一项业务活动的开展总是要涉及资金的使用，事业是大家的，花钱肯定涉及大多数职工，怎样花？花多少？什么时间花？必然是大家的事。预算执行人人有责，财务部门主要是正确归集和如实反映预算的执行情况，而不是靠财务部门来完成预算的执行。

2）建立预算分级管理体系。虽然经费的使用涉及大部分职工，但是由于职工岗位的不同，职责不同，完成的工作任务不同，使用资金形成的费用必然不同，这就需要按照岗位职责和支出的经济性建立预算的分级控制体系，见表3-6。

建议预算实行单位（中心）、部门（业务部门/总工程师室）、项目组三级控制体系，预算执行的责任实行谁控制谁负责。项目负责人只对自己承担的预算执行率负责，部门对本部门控制预算的执行率负责，单位对单位控制的预算执行率负责。

3）强化业务与财务之间沟通，及时通报预算执行情况。预算的执行是一个动态的过程，对预算执行较快而工作量完成较慢者，加强对其工作任务的检查力度，分析原因，确保经费安全。对于预算执行进度较慢者，财务部门提请业务部门采取有效措施加快任务完成；对于任务有调整的，及时提出预算变更计划建议，确保项目顺利实施。充分将业务管理与财务管理联动起来，真正做到财务对业务的反映和监督。通过

表 3-6　地质项目执行预算表

项目名称：　工作地区位置：　地区系数：

序号	费用项目	单位	标准/元	数量	执行预算/万元	控制级别及用款计划				控制级别	设计预算费用/万元	备注
						项目组控制		业务部门/总工程师室控制	中心控制			
						费用	用款计划（填写用款月份）					
甲	乙	丙	1	2	3 = 1 × 2	4	5	6	7	8	9	10
	合计											
一	人员经费									中心		
二	办公费											
1	办公用品材耗	人·年	500							项目组		纸张、记录本、铅笔等
2	计算机材耗	人·年	1000							项目组		
三	印刷费											
1	制图									业务部门/总工程师室		
2	报告印刷									业务部门/总工程师室		
3	论文版面费用		2000							业务部门/总工程师室		须与项目有关
4	专著出版									业务部门/总工程师室		
5	其他印刷费	项目	5000							项目组		

（续）

序号	费用项目	单位	标准/元	数量	执行预算/万元	控制级别及用款计划				控制级别	设计预算费用/万元	备注
						项目组控制		业务部门/总工程师室控制	中心控制			
						费用	用款计划（填写用款月份）					
甲	乙	丙	1	2	3 =1 ×2	4	5	6	7	8	9	10
四	水电暖费											
1	野外用电消耗	kW · h	1.2							项目组		
2	野外用水消耗	t	4							项目组		
3	办公用电、用水、取暖	间 · 月	500							中心		
五	邮电费用											
1	邮电费及野外通信费	项目	2000							项目组		
2	其他											
六	交通费											
1	车队车											
	丰田 4500	车 · 月	35000							业务部门/总工程师室		
	切诺基（8）	车 · 月	35000							业务部门/总工程师室		
	霸道 4.0	车 · 月	33000							业务部门/总工程师室		

（续）

序号	费用项目	单位	标准/元	数量	执行预算/万元	控制级别及用款计划				控制级别	设计预算费用/万元	备注
						项目组控制		业务部门/总工程师室控制	中心控制			
						费用	用款计划（填写用款月份）					
甲	乙	丙	1	2	3 = 1 × 2	4	5	6	7	8	9	10
	V73	车·月	28000							业务部门/总工程师室		
	V31	车·月	25000							业务部门/总工程师室		
	帕拉丁	车·月	25000							业务部门/总工程师室		
	吉普车	车·月	10000							业务部门/总工程师室		
	皮卡	车·月	15000							业务部门/总工程师室		
2	野外汽车油料消耗	L	7.5							业务部门/总工程师室		
3	野外租用车	车·天	400							业务部门/总工程师室		
4	市内交通费（野外）	人·年	500							项目组		
七	差旅费											
1	野外生产生活补助	人·天								项目组		

（续）

序号	费用项目	单位	标准/元	数量	执行预算/万元	控制级别及用款计划				控制级别	设计预算费用/万元	备注
						项目组控制		业务部门/总工程师室控制	中心控制			
						费用	用款计划（填写用款月份）					
甲	乙	丙	1	2	3＝1×2	4	5	6	7	8	9	10
2	野外生产住宿费（包干）											
	研究员级	人·天	80							项目组		
	非研究员	人·天	60							项目组		
3	非野外生产出差生活补助	人·天	50							项目组		
4	非野外生产出差（住宿）											
	研究员级	人·天	300							项目组		
	非研究员	人·天	150							项目组		
5	非野外生产出差（交通）									项目组		
6	参加培训学习	人·天	150							业务部门/总工程师室		
八	会议费											
1	设计评审及审查验收费									业务部门/总工程师室		上缴评审费、成果验收费
2	其他									业务部门/总工程师室		会议名称和内容
九	专用材料及燃料费用											

（续）

序号	费用项目	单位	标准/元	数量	执行预算/万元	控制级别及用款计划				控制级别	设计预算费用/万元	备注
						项目组控制		业务部门/总工程师室控制	中心控制			
						费用	用款计划（填写用款月份）					
甲	乙	丙	1	2	3 = 1 × 2	4	5	6	7	8	9	10
1	野外工作用品	人·年	400							项目组		样品袋、地质锤、罗盘、记录本
2	野外生活用具	人·年	200							项目组		各类炊具、工具等
3	野外柴油消耗	L	7.5							项目组		
4	技术资料和图书购置等									项目组		列明细
5	航、卫片购置									项目组		列明细
6	摄影摄像耗材	项目	1000							项目组		
7	野外工作药品	人·年	150									
8	其他											列明细
十	咨询劳务费											
1	设计初审及预算编制	人·次	800							业务部门/总工程师室		
2	设计评审专家劳务费	人·次	2000							业务部门/总工程师室		评审会期3天
3	成果验收	人·次	800							业务部门/总工程师室		

（续）

序号	费用项目	单位	标准/元	数量	执行预算/万元	控制级别及用款计划				控制级别	设计预算费用/万元	备注
						项目组控制		业务部门/总工程师室控制	中心控制			
						费用	用款计划（填写用款月份）					
甲	乙	丙	1	2	3 = 1 × 2	4	5	6	7	8	9	10
4	野外佣工劳务费											
	（1）槽探施工									业务部门/总工程师室		乘地区系数
	1）槽探 $\leq 1000m^3$	元/m^3	45							业务部门/总工程师室		采用分段累计，比如 $5500m^3$，费用 =（45 × 1000 + 40 × 2000 + 35 × 2000 + 32 × 500）元 × 地区系数
	2）$1000m^3$ < 槽探 $\leq 3000m^3$	元/m^3	40							业务部门/总工程师室		
	3）$3000m^3$ < 槽探 $\leq 5000m^3$	元/m^3	35							业务部门/总工程师室		
	4）$5000m^3$ < 槽探	元/m^3	32							业务部门/总工程师室		
	（2）浅井施工	m	300							业务部门/总工程师室		乘地区系数

（续）

序号	费用项目	单位	标准/元	数量	执行预算/万元	控制级别及用款计划				控制级别	设计预算费用/万元	备注
						项目组控制		业务部门/总工程师室控制	中心控制			
						费用	用款计划（填写用款月份）					
甲	乙	丙	1	2	3 = 1 × 2	4	5	6	7	8	9	10
	（3）野外雇工									业务部门/总工程师室		
	1）雇佣技术员	人·天								业务部门/总工程师室		
	2）雇佣炊事员	人·月	4500							业务部门/总工程师室		
	3）临时雇工	人·天	150							业务部门/总工程师室		
5	专家咨询	人·次	800							业务部门/总工程师室		
十一	委托业务费											
1	钻探施工	m								业务部门/总工程师室		
2	物探测量									业务部门/总工程师室		
3	化探测量									业务部门/总工程师室		

（续）

序号	费用项目	单位	标准/元	数量	执行预算/万元	控制级别及用款计划				控制级别	设计预算费用/万元	备注
						项目组控制		业务部门/总工程师室控制	中心控制			
						费用	用款计划（填写用款月份）					
甲	乙	丙	1	2	3 = 1 × 2	4	5	6	7	8	9	10
4	测试费（外送其他单位）									业务部门/总工程师室		
5	协作研究									业务部门/总工程师室		
十二	设备购置费									中心		
十三	维修费用	项目	1000							项目组		
十四	其他费用											
1	用地补偿费									业务部门/总工程师室		
2	业务交往费											
	（1）项目控制业务交往									项目组		扣除外协后
	（2）总工程师室/业务部门交往									业务部门/总工程师室		扣除外协后
3	劳动保护费											
	（1）在职野外劳保	人·年	1500							项目组		
	（2）在职内业劳保	人·年	1200							项目组		

（续）

序号	费用项目	单位	标准/元	数量	执行预算/万元	控制级别及用款计划				控制级别	设计预算费用/万元	备注
						项目组控制		业务部门/总工程师室控制	中心控制			
						费用	用款计划（填写用款月份）					
甲	乙	丙	1	2	3 = 1 × 2	4	5	6	7	8	9	10
	（3）返（外）聘野外劳保	人·年	1000							项目组		
	（4）返（外）聘内业劳保	人·年	500							项目组		
4	野外人身保险	人·年	280							项目组		
5	实验室测试费									业务部门/总工程师室		
6	出国培训									业务部门/总工程师室		
	支出合计											
	项目年度计划经费											

编制人：　　　　　　　　　　项目负责人：

对工作量完成与经费支出进度之间的对应关系分析，强化对项目进展、经费运行的监控力度，努力做到生产进度与经费支出成正比关系，保证项目经费安全。

4）加强会计核算。财务部门应该按照会计制度和单位的实际情况建立会计核算体系，并实施持续改进。对于发生的财务事项及时给予办理，准确核算，按月结算收入和支出，为预算执行者和控制者提供真实、准确的数据。

5）建立预算考核指标。为了按时完成中国地质调查局的预算执行率考核指标，将年度预算执行率指标分为达标预算执行率、提醒预算执行率、警告预算执行率三个层次。严格落实项目组、部门、单位三级预算管理体制。每年6月份开始，总工程师室对预算的执行情况进行公示，通过公示预算执行进度，促进单位工作正常有序开展。项目预算的考核具体措施是：从每年的6月份开始，在每月25日前，各业务部门以处室为单元、以项目为单位填报当月经费开支统计表，加盖业务部门公章报财务部门，总工程师室与财务部门核实修订后，上报单位领导，单位领导审批后予以公示。

（二）收入业务的控制

1. 收入管理的原则

地质事业单位必须依法组织收入，所属部门和项目以及个人不得自行收取款项，形成“账外账”或者是“小金库”；按照权责发生制划分收入的期限，不得多计和少计当期的收入；严格划分对外收入和内部结转收入，不得重计收入。

2. 风险控制措施

（1）不相容岗位相互分离。这包括：收入的合同管理人员与收款人员相互分离；收款人员与开具收据、发票的人员相互分离；开具收据和发票的人员和加盖财务公章的人员相互分离；收款和会计核算岗位相互分离。

（2）建立健全票据管理制度。明确专人负责发票、收据的采购、领用、保管等事项，按票据种类和使用单位设置账簿，分别记载领入、发出、填用、核销、结存等情况。

加强收入票据管理，明确各种票据的使用范围。严禁收款不开票或使用自制票据。各种财政票据与税务票据之间不得串用混开，不得使用往来收据收取非税收入、经营收入及其他收入，更不得转让、转借、代开发票。财政票据、发票等各类票据的申领、启用、核销、销毁均应履行规定手续。单位应当按照规定设置票据专管员，建立收入票据台账，做好票据的保管和序时登记工作。票据应当按照顺序号使用，不得拆本使用，做好废旧票据管理。负责保管票据的人员要配置单独的保险柜等保管设备，并做到人走柜锁。

3. 收入的种类和确认依据

地质事业单位的收入包括财政拨款、事业收入、其他收入，见表3－7。

表3－7 收入确认依据一览表

序号	种类	含义	确认依据
一	财政拨款	指上级主管单位下达的各类预算拨款	上级下达预算、银行票据
二	事业收入		
1	科研收入	指业务部门对外承揽项目取得的收入	财政类项目确认依据有合同、设计、银行票据、入账通知单，非财政类项目在此基础上增加开具的发票
2	技术收入	指实验测试中心和印制中心制图、复印等收入	外部收入：收费通知单、现金或银行票据、发票 内部收入：内部结算单
3	学术收入	指期刊收入	版面费收费通知单、现金或银行票据、发票
4	经营收入	主要指出租房屋收入	合同、收费通知单、现金或银行票据、发票（收据）
三	其他收入		
1	银行存款利息	指单位公款存入银行获取的利息收入	利息单
2	政府津贴	1990年，党中央、国务院决定，给做出突出贡献的专家、学者、技术人员发放政府特殊津贴	银行票据
3	捐赠收入	指他人没有索求而把有价值的东西给予单位计入的收入	现金或银行票据
4	投资收益	对外投资所取得的利润	投入企业董事会决议、银行票据、收据

（三）支出业务的控制

1. 支出的内容

支出主要是指财务部门发生的货币资金的支出，包括借款和报销。借款是职工填写借款单和票据领用单发生的支出，报销是职工领取费用和报账以及内部结算发生的支出。

2. 不相容岗位分离

这包括经济活动的决策、执行和监督应当相互分离。具体是指：支出申请人员和审批人员相互分离；审批人和财务核算人员相互分离；财务核算人员与出纳以及财务稽核人员相互分离。

3. 建立三级财务管理体系

单位要建立财务部门、部门核算员、项目核算员三级财务管理体系。财务部门全面负责单位的财务工作，部门核算员负责本部门的财务管理工作，项目核算员负责项目组的财务管理工作。部门核算员和项目核算员的职责是受部门和项目负责人委托，具体办理与部门和项目业务活动有关的财务事项。

4. 审批分工和职责

《中华人民共和国会计法》第四条规定，单位负责人对本单位的会计工作和会计资料的真实性、完整性负责。所以单位法定代表人是会计工作法定负责人，单位法定代表人可以授权委托总经济师具体负责经济管理活动的内部控制工作。目前地质事业单位的经济管理工作的内部控制职能部门或者牵头部门应该是财务部门，财务部门具体组织协调内部控制工作。同时，要充分发挥总工程师室、大区项目管理部门、人事部门、安全部门、物业管理部门、内部审计、纪检监察、政府采购、基建、资产管理等部门在内部控制中的作用。以上部门和财务部门的负责人应该实行轮岗制度，明确岗位周期。支出业务办理和审批人员职责如下：

（1）承办人：具体办理与经济活动相关的财务事项。包括编制借款申请与履行报批程序、报销、领取现金（现金支票）等全程事项。承办人要对自己编制的借款申请中的相关内容（预算来源、借款用途、金额、支付方式等）、资金支付过程的规范性，以及报销票据的完整性、真实性、合法性负责。

（2）项目负责人：是项目业务推进、经济活动事项执行过程的决策人。要对技术业务活动和与之对应经费支出的合规性负直接责任。在经费支出控制中要对财务事项承办人经办的所有财务事项履行管理职责。主要是审核所有票据的真实性和合规性以及票据签名的确认。

（3）部门负责人：主要是对项目负责人签署的技术业务活动的合规性履行监管职责。包括拟开展业务活动是否符合项目设计书的任务安排，拟借款项、费用报销与技术业务之间相关性、规范性的审核签批等。如部门负责人同时也是项目负责人，应由部门其他负责人或上级主管领导进行审批。

（4）总工程师室（科技处）：代表单位对项目技术业务推进全过程履行管理职能。在经费支出控制中主要从技术业务方面进行监管。主要负责立项论证费、野外检查费、年终成果汇报会议费、学术交流会议费、专著出版费、山地工程费用（监管）、用地补偿费（监管）、出国费用审批。

（5）人事教育处：代表单位对人员费用和劳务费用履行管理职能。主要是对支付在职人员工资、长期聘用人员工资、野外差旅费、野外雇工劳务费进行管理和审批。

（6）物业管理处（车队）：负责车辆的统一调度、租赁，对车辆使用过程中所有费用审批。

（7）安全处：负责安全生产设施和生活装备购置、维护，人身安全保险购买，安全事故处理，安全奖励等费用的审批。

（8）装备部门：用项目经费租赁或购置专用仪器设备，其用款申请须经资产或装备部门（技术条件保障部门）审签。所购仪器设备要按照固定资产、政府采购管理等制度进行管理，要履行必要的验收、入库、出库、处置等管理程序。

（9）资料信息管理部门：负责单位图书资料的购置、资料的收集费用的审签。

（10）财务资产处：代表单位对经费收支按照有关规章制度履行日常财务管理与监督职能。对经费支出控制要从预算、财务、会计核算等多方面把关，包括到财务部门办理事项前的相关审批程序是否齐全，拟借款项是否在编有预算及目前执行情况，支付标准与支付方式的规范性，拟报销票据的合规性、合法性等。对于不符合审批程序的事项，财务部门不得办理报销业务。

（11）单位领导（法定代表人或授权分管领导）：经费审批的最高环节。在经济活动实施部门、总工程师室、装备、人事、安全、财务等部门没有履行审批程序之前，单位领导人一般不得审批。

以上关键岗位的工作人员应当具备与其工作岗位相适应的资格和能力。同时加强对他们的业务培训和职业道德教育，不断提升其业务水平。例如，《会计基础工作规范》第七条规定：会计机构负责人、会计主管人员应当具备下列基本条件：①坚持原则，廉洁奉公；②具有会计专业技术资格；③主管一个单位或者单位内一个重要方面的财务会计工作时间不少于两年；④熟悉国家财经法律、法规、规章和方针、政策，掌握本行业业务管理的有关知识；⑤有较强的组织能力；⑥身体状况能够适应本职工作的要求。第十条规定：各单位应当根据会计业务需要配备持有会计证（后改为“会计从业资格证书”）的会计人员，未取得会计证的人员，不得从事会计工作。第十四条规定：会计人员应当具备必要的专业知识和专业技能，熟悉国家有关法律、法规、规章和国家统一会计制度，遵守职业道德。会计人员应当按照国家有关规定参加会计业务的培训。各单位应当合理安排会计人员的培训，保证会计人员每年有一定时间用于学习和参加培训。

5. 审批原则

审批应该坚持下管一级、先预算后使用、先审批后支付、可控和效率、前款不清后款不借的原则。

6. 审批的流程

财务事项的审批原则上按照项目负责人→部门负责人→财务部门负责人→单位主管领导→单位领导审批流程逐级审批。

职务为项目负责人以上的人员借款和报账必须经过上一层级的领导审批；单位领导发生的财务事项由单位办公室负责人审批；单位领导全部外出期间，由单位领导委托责任人代行其审批权。

7. 建立单位内部标准体系

依据国家上级有关规定，建立和完善统一内部综合支出费用标准尤为重要。不同资金来源的项目在同一标准下进行统一预算和考核，利于项目公平运行，减少人为因素造成的不平衡现象发生，有利于提升项目管理的科学化水平，预防经费支出的违规违纪现象发生。近年来建立了岗位补贴标准、差旅标准、野外补助和住宿标准、交通运输标准、通信标准、综合办公费标准、槽探出包标准、劳动保护标准等相对比较完善的标准体系。

8. 支出内容控制

支出控制措施表见表 3－8。

9. 报账和付款控制

（1）同一业务不得拆分借款和报账，一经发现财务部门拒绝办理。

（2）借款用途和报账内容一一对应的，报账时可以不经过审批，直接冲销借款，如委托业务费、测试费、论文版面费、设备购置费、软件购置费、社会统筹费等，超出借款用途的内容必须审批。

（3）票据的规范。各类原始凭证内容应填写清楚齐全，其内容一般包括开票日期、付款（购货）单位、经济业务内容、数量、单价、大小写金额、收款单位发票专用章或财务专用章。一式几联的发票，必须复写。大小写金额填写错误要重开票据，其他内容填写错误可以更正，更正处必须加盖发票章。票据丢失，必须重开，不能重开的要出示加盖公章的存根复印件，否则财务资产处不予报销，所有损失个人承担。

报销人员对于某些机器打印开具的发票和定额发票，如果没有列出详细内容的，必须由报销人员自行注明所开发票包含的具体内容。

（4）报账时间规定：各单位应该根据本单位的实际情况制定具体的报账时限。未在规定时限内报账者，原则上不得再行借款，财务资产处要做到“前账不清，后款不借”。凡违反以上规定者，借款应该从个人收入中扣除。

表 3-8 支付控制措施表

序号	科目名称	说明	风险点	控制措施
一	工资福利支出	反映单位开支的在职职工和编制外长期聘用人员的各类劳动报酬，以及为上述人员缴纳的各项社会保险费等		
1	基本工资	反映按规定发放的基本工资，包括事业单位工作人员的岗位工资、薪级工资	应该列入中央财政拨款没有列入或者支出不足，列支渠道错误	首先列支在中央财政拨款，不足部分列入对外收入支出
2	津贴补贴	反映经国家批准建立的事业单位艰苦边远地区津贴、事业单位工作人员特殊岗位津贴补贴	没有预算有支出、超预算列支、支出低于预算	认真编制预算，严格执行预算，预算的调整符合规定
3	奖金	反映工作人员年终一次性奖金	奖金列入中央财政项目	不得在中央财政项目中列支奖金
4	社会保障缴费	反映单位为职工缴纳的基本养老、基本医疗、失业、工伤、生育等社会保险费，残疾人就业保障金	没有归口部门管理此项费用的计算表，以合同作为依据借款和报销费用	凭归口部门的计算表办理借款和报账
5	绩效工资	反映事业单位工作人员的绩效工资	绩效工资计算依据不充分、不正确	按照政策法规发放

（续）

序号	科目名称	说明	风险点	控制措施
6	其他工资福利支出	反映上述项目未包括的人员支出，如各种加班工资、病假两个月以上期间的人员工资、编制外长期聘用人员的工资	列支不规范，将支出列入劳务费用	按照规范列支
二	商品和服务支出	反映单位购买商品和服务的支出		
1	办公费	反映单位购买按财务会计制度规定不符合固定资产确认标准的日常办公用品、书报杂志等支出	办公用品数额大，没有明细单，导致“办公用品变成筐，什么东西都可以装”	零星采购发票列明内容明细，批量采购需附采购明细表；原则上使用公务卡购置，现金购置需财务负责人批准；采购人、仓库保管人、领用人岗位相互分离和制约
2	印刷费	反映单位的印刷费支出	大宗印刷没有合同和结算单	印刷费发票必须附结算单以及大宗印刷附合同；在单位文印中心统一印制发生的费用，由文印中心依据预算逐笔记录，按月结算
3	咨询费	反映单位咨询方面的支出	吃空额、超标准、代领款	先审批后支付，不得超标准和代领款，领取人需出示身份证

（续）

序号	科目名称	说明	风险点	控制措施
4	手续费	反映单位支付的各类手续费支出	没有依据	严格执行物价局核定的收费目录和标准
5	水费	反映单位支付的水费、污水处理费等支出	没有协议、估计数量	签订协议、现场查表、按月结算、对比分析、银行支付
6	电费	反映单位的电费支出	没有协议、估计数量	签订协议、现场查表、按月结算、对比分析、银行支付
7	邮电费	反映单位开支的信函、包裹、货物等物品的邮寄费及电话费、电报费、传真费、网络通信费等	大宗邮寄没有合同、发票内容不全	大宗邮寄签订合同，票据内容填列齐全
8	取暖费	反映单位取暖用燃料费、热力费、炉具购置费、锅炉临时工的工资、节煤奖以及由单位支付的在职职工和离退休人员宿舍取暖费等	发放职工的取暖费没有依据或者超标准发放	严格执行有关规定发放取暖费
9	物业管理费	反映单位开支的办公用房、职工及离退休人员宿舍等的物业管理费，包括综合治理、绿化、卫生等方面的支出	单位自行管理物业费没有预算，支出随意；委托物业公司代管没有合同，价格不公允	编制物业费预算，支出依据充足，需采取竞争方式选择物业公司

（续）

序号	科目名称	说明	风险点	控制措施
10	交通费	反映单位租用和自用交通工具所发生的燃料费、租赁费、过桥过路费、安全奖励费用、保险费、维修费等支出	油料消耗与运行公里不匹配；租赁费所含内容不清，费用重复	建议车辆实行单位统一管理，有条件的单位装全球定位系统（GPS），油料报销时要核对运行公里，车辆租赁单位统一管理和租用，统一定价
11	差旅费	反映单位工作人员出差的住宿费、旅费、伙食补助费、杂费，干部及大中专学生调遣费，调干家属旅费补助等	会议差旅费没有会议通知文件，野外差旅费没有野外工作计划和考勤表，其他出差地点、天数不控制，超标准乘坐交通工具	会议差旅费必须附会议通知书并使用公务卡消费；野外差旅费要有经过业务主管部门批准的计划和预算，野外工作期间进行考勤，野外津贴不得代领，大笔野外差旅费分批借款和报账。其他差旅费要控制地点和天数，严格执行国家和省人民政府规定的交通工具标准并使用公务卡消费
12	因公出国（境）费用	反映单位工作人员公务出国（境）的住宿费、旅费、伙食补助费、杂费、培训费等支出	出国没有计划或者超计划、没有预算或者超预算、使用私人护照出国、不按时返回、支出超标准、出国信息不公开	出国必须出示上级单位出国计划批件并编制预算，因公出国不得使用私人护照，严格执行出国费用开支标准，超出计划天数的费用不予报销。出国必须公示

（续）

序号	科目名称	说明	风险点	控制措施
13	维修（护）费	反映单位日常开支的固定资产（不包括车船等交通工具）修理和维护费用，网络信息系统运行与维护费用，以及按规定提取的修购基金	维修费无计划，大型维修没有竞争性优选承担单位和签订维修合同，使用现金支付维修费	编制维修费用预算，竞争性优选维修单位并签订合同，通过银行支付维修费用
14	租赁费	反映租赁办公用房、宿舍、设备、车辆、骆驼、帐篷、专用通信网以及其他设备等方面的费用	租赁办公用房依据不充分，租赁无预算、无合同	按照国家规定办公用房不足部分方可租赁；建议单位统一租车，管理车辆，制定标准（多少人、任务、时间、需要配备何种型号、多少辆车、耗油标准），同时登记行车公里数；签订租赁合同；通过银行支付
15	会议费	反映会议中按规定开支的房租费、伙食补助费以及文件资料的印刷费、会议场地租用费等	没有预算、超预算、超标准，结算没有清单，一次性预付费用，少补多不退，构成“小金库”；虚列会议	会议必须按照国家规定标准编制预算、结算要附清单、预付不得超出预算，多余款项必须限时退回；严格划分会议费和其他费用（如劳务费用）界限，保存会议手册和会议签到表
16	培训费	反映各类培训支出。按标准提取的“职工教育经费”也在本科目中反映	少提或者多提	严格按照工资总额内容和基数计提

（续）

序号	科目名称	说明	风险点	控制措施
17	公务接待费	反映单位按规定开支的各类公务接待（含外宾接待）费用	超预算、不公开	严格控制招待标准，按月公开招待费支出情况
18	专用材料费	反映单位购买日常专用材料的支出。主要是指野外工作购置的材料、专用燃料、装备、劳动保护用品、应急药品和用品等	假发票、假收据，没有购物清单、大宗购物没有合同，使用税务局开具的发票	真发票、购物清单，发票和收据不得涂改、挖补、篡改；有大宗材料购置合同；税务局开局的发票要加盖商店公章，提供个人身份证和收款收据；验收人、使用人、项目负责人签字。专用燃料要附消耗说明
19	劳务费	反映支付给单位和个人的劳务费用，如临时聘用人员、钟点工工资，稿费、翻译费，评审费等	吃空额、超标准、代领款	先预算后雇工，先审批后支付，不得超标准和代领款，领款人需出示身份证并登记身份证号码
20	委托业务费	反映因委托外单位办理业务而支付的业务费	没有竞争性优选委托单位，预算缺乏科学合理性，花钱没有效果	业务主管部门负责委托业务费工作，包括竞争性选择委托单位、签订合同、成果验收。合同款首次支付要出具合同，中间付款必须附工作量完成情况的说明，决算时必须附验收报告和结算单
21	工会经费	反映单位按规定提取的工会经费	多提或者少提，列支不规范	严格按照国家规定的工资总额的内容正确列支（不得在财政类项目中列支）

（续）

序号	科目名称	说明	风险点	控制措施
22	福利费	反映单位按规定提取的福利费	多提或者少提，列支不规范	严格按照国家规定的工资总额的内容正确列支（不得在财政类项目中列支）
23	公务用车运行维护费	反映公务用车租用费、燃料费、维修费、过桥过路费、保险费、安全奖励费用等支出	超标准租赁公务用车，私车公用，用假发票套取钱款	严格按照国家规定租赁公务用车，不得私车公用，车辆实行统一管理，所有费用的支付必须与运行公里、车辆状况相吻合
24	税金及附加费用	反映单位提供劳务或销售产品应负担的税金及附加费用。包括营业税、消费税、城市维护建设税、资源税和教育费附加等	偷漏税款	严格按照国家规定申报、计算、缴纳税款，接受税务部门的监督检查
25	其他商品和服务支出	反映上述科目未包括的日常公用支出，如行政赔偿费和诉讼费、国内组织的会员费、来访费、广告宣传费、其他劳务费及离退休人员特需费、公用经费等	离退休人员的特需经费和公用经费补发、少发、多发	按照规定发放离退休人员的特需经费和公用经费
三	对个人和家庭的补助	反映政府用于对个人和家庭的补助支出		

（续）

序号	科目名称	说明	风险点	控制措施
1	离休费	反映行政事业单位和军队移交政府安置的离休人员的离休费、护理费和其他补贴	少发和多发费用	严格执行有关规定，及时准确发放，及时反映离休人员费用发放存在的问题
2	退休费	反映行政事业单位和军队移交政府安置的退休人员的退休费和其他补贴	少发和多发费用	严格执行有关规定，及时准确发放，及时反映退休人员费用发放存在的问题
3	生活补助	反映按规定开支的优抚对象定期定量生活补助费，事业单位职工和遗属生活补助，因公负伤等住院治疗、住疗养院期间的伙食补助费，长期赡养人员补助费	吃空额、超标准、代领款	人事部门适时核实享受生活补助人员情况，按月发放生活补助
4	医疗费	反映事业单位在职职工、离退休人员的医疗费	弄虚作假	制定单位医疗费管理办法，核对就诊医院和病历，依据病情批准借款和报销
5	住房公积金	反映事业单位按人事部和财政部规定的基本工资和津贴补贴以及规定比例为职工缴纳的住房公积金	执行政策不准确，少缴纳和多缴纳，不公开	严格按照属地原则执行政策，不得多缴纳和少缴纳
6	提租补贴	反映按房改政策规定的标准，行政事业单位向职工（含离退休人员）发放的租金补贴	少补或者多补、不公开	严格执行属地政策

（续）

序号	科目名称	说明	风险点	控制措施
7	购房补贴	反映按房改政策规定，事业单位向符合条件职工（含离退休人员）发放的用于购买住房的补贴	吃空额、不公开	严格执行属地政策
四	基本建设支出	反映各级发展与改革部门集中安排的一般预算财政拨款（不包括政府性基金、预算外资金以及各类拼盘自筹资金等）用于购置固定资产、战略性和应急性储备、土地和无形资产，以及购建基础设施、大型修缮所发生的支出		
1	房屋建筑物购建	反映用于购买、自行建造办公用房、仓库、职工生活用房、教学科研用房、学生宿舍、食堂等建筑物（含附属设施，如电梯、通信线路、水气管道等）的支出	超标准、超预算、不按时竣工决算	严格执行计划、预算、基本建设管理规定
2	大型修缮	反映按财务会计制度规定允许资本化的各类设备、建筑物、公共基础设施等大型修缮的支出	不执行《中华人民共和国政府采购法》和政府采购目录	严格执行《中华人民共和国政府采购法》和政府采购目录，做好立项、计划、预算、施工、竣工决算各环节的工作

（续）

序号	科目名称	说明	风险点	控制措施
3	信息网络及软件购置更新	反映政府用于信息网络方面的支出。例如计算机硬件、软件购置、开发、应用支出等，购建的计算机硬件、软件等不符合财务会计制度规定的固定资产确认标准的，不在此科目反映	不执行《中华人民共和国政府采购法》和政府集中采购目录	严格执行《中华人民共和国政府采购法》和政府集中采购目录
4	公务用车购置	反映公务用车车辆购置支出（含车辆购置税）	无预算、不执行《中华人民共和国政府采购法》和政府集中采购目录	列入部门预算，严格执行《中华人民共和国政府采购法》和政府集中采购目录
五	其他资本性支出	反映非各级发展与改革部门集中安排的用于购置固定资产、战略性和应急性储备、土地和无形资产，以及购建基础设施、大型修缮和财政支持企业更新改造所发生的支出		
1	办公设备购置	反映用于购置并按财务会计制度规定纳入固定资产核算范围的办公家具和办公设备的支出	超标准、超预算	制定办公设备配备标准和列支渠道

（续）

序号	科目名称	说明	风险点	控制措施
2	专用设备购置	反映用于购置具有专门用途、并按财务会计制度规定纳入固定资产核算范围的各类专用设备的支出，如通信设备、发电设备、交通监控设备、卫星转发器、气象设备、进出口监管设备等	重复购置造成浪费、不执行《中华人民共和国政府采购法》、不按照政府采购目录采购、无预算或者超预算、以材料的名义化整为零采购设备	制定单位固定资产管理办法，做到职责分明、依法采购，采购人、审批人、付款人、验收人、保管人、领用人岗位相互制约
3	大型修缮	反映按财务会计制度规定允许资本化的各类设备、建筑物、公共基础设施等大型修缮的支出	不执行《中华人民共和国政府采购法》和政府采购目录	严格执行《中华人民共和国政府采购法》和政府采购目录，做好立项、计划、预算、施工、竣工决算各环节的工作
4	信息网络及软件购置更新	反映政府用于信息网络方面的支出。例如计算机硬件、软件购置、开发、应用支出等，购建的计算机硬件、软件等不符合财务会计制度规定的固定资产确认标准的，不在此科目反映	不执行《中华人民共和国政府采购法》和政府集中采购目录	严格执行《中华人民共和国政府采购法》和政府集中采购目录
5	公务用车购置	反映公务用车车辆购置支出（含车辆购置税）	无预算、不执行《中华人民共和国政府采购法》和政府集中采购目录	列入部门预算，严格执行《中华人民共和国政府采购法》和政府集中采购目录

(5）付款。包括现金支付和银行存款支付。按照国务院发布的《现金管理暂行条例》的规定，开户单位可以在下列范围内使用现金：职工工资、津贴；个人劳务报酬；根据国家规定颁发给个人的科学技术、文化艺术、体育等各种奖金；各种劳保、福利费用以及国家规定的对个人的其他支出；向个人收购农副产品和其他物资的价款；出差人员必须随身携带的差旅费；结算起点以下的零星支出；中国人民银行确定需要支付现金的其他支出。

《中央预算单位公务卡管理暂行办法》规定，公务卡主要用于结算使用中央财政资金支付的车（船）和飞机票、住宿费、会议注册费、会务费、培训费、招待费、办公用品、专用材料和燃料、图书和资料等费用。

依据上述有关规定，差旅费实行公务卡消费，不再列入现金支出范围。

银行存款包括公务卡支付和银行票据支付。公务卡的支付严格执行《中央预算单位公务卡管理暂行办法》的规定，银行票据的支付严格执行《人民币银行结算账户管理办法》。

（四）政府采购业务控制

1. 政府采购的含义

《中华人民共和国政府采购法》（以下简称《政府采购法》）规定：在中华人民共和国境内进行的政府采购适用本法。本法所称政府采购，是指各级国家机关、事业单位和团体组织，使用财政性资金采购依法制定的集中采购目录以内的或者采购限额标准以上的货物、工程和服务的行为。政府集中采购目录和采购限额标准依照本法规定的权限制定。本法所称采购，是指以合同方式有偿取得货物、工程和服务的行为，包括购买、租赁、委托、雇用等。本法所称货物，是指各种形态和种类的物品，包括原材料、燃料、设备、产品等。本法所称工程，是指建设工程，包括建筑物和构筑物的新建、改建、扩建、装修、拆除、修缮等。本法所称服务，是指除货物和工程以外的其他政府采购对象。

依据《政府采购法》，目前中国地质调查局所属的事业单位大多数拥有中央财政性资金，以合同方式有偿取得货物、工程和服务的行为必须进行政府采购，纳入年度政府集中采购目录的，进行集中采购，包括办公用品、材料、燃料、设备和达到国办印发的年度政府集中采购标准的工程和服务。

2. 政府采购预算和计划

政府采购应当严格按照批准的预算执行。所谓的批准预算，是指上级主管单位对部门预算编制中所包含的政府采购预算的批复。没有政府采购预算的一律不得采购。政府采购计划是指按照年度政府集中采购目录编制的季度采购计划。

3. 建立内部政府采购机制

各单位应该设置独立或者非独立的政府采购部门。独立政府采购部门相应地设立单独岗位负责政府采购工作，非独立的采购部门依据采购内容设立临时采购机构承担采购任务。采购部门一般由需采购物品和服务的部门人员、财务部门人员、纪检监察审计部门人员组成。

4. 不相容岗位分离

政府采购具体实施中，采购申请与内部审批、招标文件准备与复核、合同签订与验收、验收与保管等不相容岗位应该相互分离。

5. 政府采购的控制

采购过程中，政府采购部门主要是组织政府采购工作，妥善保管政府采购预算和计划、各类批复文件、招标文件、评标文件、合同文本、验收证明等政府采购业务相关资料。定期对政府采购业务信息进行分类统计，并在内部进行通报。对于涉密政府采购项目，单位应当与有关供应商或采购中介机构签订保密协议或者在合同中设定保密条款。资产管理部门主要负责对资产的验收（所购物品的品种、规格、数量、质量和其他相关内容）和实物账卡的记录；财务部门主要是审核政府采购是否有预算，预算执行情况，采购合同中付款方式的选择，采购发票的合法合规性；内部审计部门要定时或者不定时地对政府采购工作进行审计；纪检监察部门对政府采购的过程进行跟踪检查，发现问题及时纠正，督促牵头部门负责、相关部门参加，按照国家有关规定做好政府采购业务质疑投诉答复工作。

（五）资产控制

1. 资产的概念、分类

资产是指事业单位占有或者使用的能以货币计量的经济资源，包括各种资产、债权和其他权利。中华人民共和国财政部令第 68 号公布了《事业单位财务规则》（以下简称《规则》）。《规则》根据事业单位资产的性质、特点和使用的实际情况，将其划分为流动资产、固定资产、在建工程、无形资产和对外投资。事业单位的资产分类如图 3－16 所示。

从图 3－16 可以看出，资产表现为多种形式：它可以是货币的，也可以是非货币的；可以是有形的，也可以是无形的；可以是流动的，也可以是非流动的。

2. 货币资金控制

（1）账户规定。各单位应严格按照中国人民银行令〔2003〕第 5 号《人民

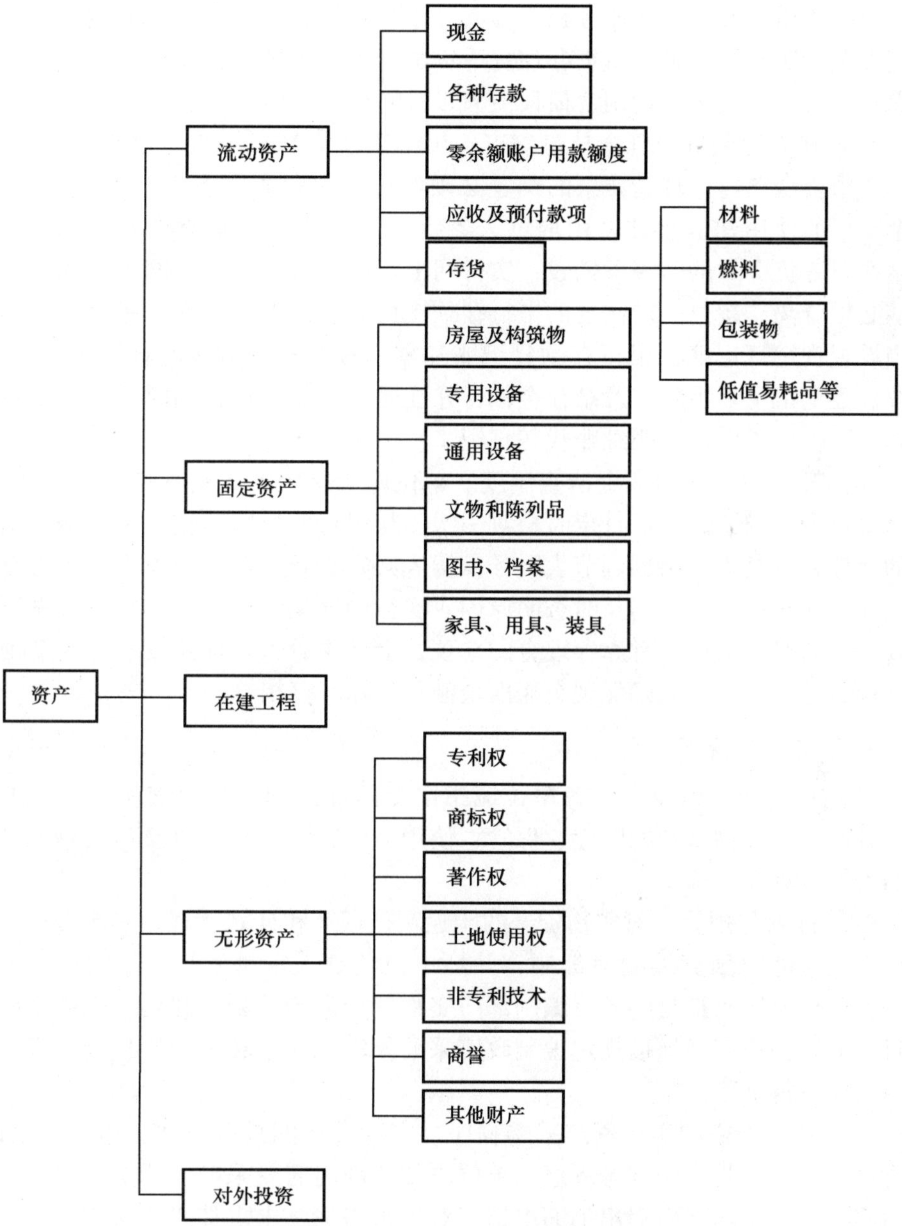

图 3-16 事业单位资产分类示意图

币银行结算账户管理办法》开设银行账户，存取和使用货币资金，变更、撤销、年检银行账户。

（2）不相容岗位相互分离。严格实行会计、出纳岗位分设，财务印鉴分管，形成货币资金不相容业务相互分离、相互制约和相互监督的制度。各单位应当设置专职出纳人员，负责办理货币资金业务。出纳不得兼任稽核、会计档案保管和收入、支出、费用、债权债务账目的登记工作。

（3）建立健全货币资金核算制度。出纳人员应当根据收、付款记账凭证，办理货币资金支付。现金支票的购置必须经过单位财务负责人审批方可购买，现金支票的使用建立台账，由取款人签字，作废的现金支票必须加盖作废印章，在财务负责人的监督下销毁；实行网上银行支付款项的，网上操作制单与审核必须分离，超过一定额度的银行存款支付必须由财务负责人审核。各单位应当设置现金日记账、银行存款日记账和零余额账户用款额度日记账，全面、连续、逐笔记录货币收支及结存金额，并注明来源和用途，随时掌握货币资金动态，不得以货币资金明细账代替日记账。

（4）建立健全货币资金清查制度。单位应当指定专人定期核对银行账户，编制银行余额调节表，每月定时核对一次，与银行的对账工作应由出纳人员以外的会计人员负责，余额调节表财务负责人必须签章，对调节不符、可能存在重大问题的未达账项应当及时查明原因。实行国库集中收付的单位，应做好与财政部门的对账工作。有库存现金的单位，会计主管人员应定期、不定期地对库存现金进行盘点，以确保现金账面余额与实际库存相符。

3. 固定资产控制

（1）机构和岗位设置。各单位应指定专门部门和人员负责实物资产的管理。具体负责实物资产的购建、保管、使用、处置等工作，以及与实物资产有关的价值核算和管理工作。

（2）计划与预算。对实物资产的购建实行预算和计划管理。实物资产购建预算应当在部门预算编制时编制，并经单位负责人审批上报。部门预算批复后，各单位要按照批复的预算编制部门实物资产采购计划。凡纳入政府集中采购目录的实物资产必须按规定编制政府采购预算，并按相关程序执行。没有预算的一律不得采购。

（3）建立严格的实物资产采购程序。实物资产的采购应建立申请、论证、审批、采购、验收、付款等程序。单位内部各部门需要采购实物资产时，应事先由实物资产管理部门提出书面申请。对于未申请、未审批或验收不合格的采购，应拒绝付款。

（4）建立单位资产使用、处置管理制度。对资产出租、出借、出售和调拨等处置时，应按照一定的程序进行严格审批。对资产出租应按行政事业单位国有资产使用、处置管理规定和《行政事业单位国有资产管理办法》要求办理。

重要实物资产需要处置、报废时，还应经使用人员、技术人员、财会人员、主管领导逐级审核、审批和主管部门批准。法律法规允许的事业单位对外提供担保时，应当进行必要的可行性论证，报上级主管部门审核和财政部门审批，并建立必要的风险防范措施。

（5）健全完善各单位国有资产信息系统管理制度，实施资产信息动态管理。建立健全实物资产总账、明细账和固定资产卡片，详细记录实物资产的品名、规格、数量、原值、增减变化、保管和使用等情况。对低值易耗品列入支出后，建立备查登记。单位每年至少对实物资产进行一次全面清查。

（6）制定实物资产领用业务控制流程及使用和保管的责任追究制度。规范实物资产的领用、发放等环节的工作，控制实物资产领用风险，提高实物资产使用效率。

（7）建立清查盘点制度。单位应组织财务部门、资产管理部门、资产使用人定期清查盘点资产。对于固定资产，至少每年盘点一次。通过盘点做到账实相符、账卡相符、账账相符、账单相符。发现不符的，应当及时查明原因，并按照有关规定处理。

4. 债权控制

（1）债权的概念。应收及预付款项是事业单位应收未收、暂时垫付或预付给有关单位或个人而形成的一种停留在结算过程中的资金，体现为事业单位对有关单位或个人的一种债权。

（2）建立健全借款审批制度。预付给单位和个人因公借款要按照单位财务事项的审批流程进行审批，预付给单位的款项必须签订合同，由经办人持审批后的申请付款单办理，个人借款必须由借款人持经过审批的借款单办理，借款单要明确借款用途和还款期限。单位不得向任何个人提供因私借款。

（3）建立健全债权债务核算制度。各单位应建立健全债权债务明细账，准确及时地反映债权债务的真实情况。不论是单位和个人债权必须按照权责发生制的原则及时结算，以免形成“潜亏”，影响单位当年收支的真实性。同时不得在往来账户中核算收支，“隐匿”收入与支出，造成收入与支出的不完整。

（4）加强对债权债务的清理。定期组织开展对各种债权债务的清理，核实、分析债权债务增减变化的原因。尤其对数额较大的债权，应组织有关人员实行跟踪管理，明确责任，及时清理，需要函证的必须函证，杜绝呆账、坏账等不良债权的发生。对一些确实无法收回的呆账、坏账，必须认真核实、查明原因，形成书面材料，并经单位领导集体研究后报上级主管部门和财政部门批准核销，任何人不得擅自决定核销或核减应收款项。

5. 对外投资控制

（1）对外投资的概念。对外投资是事业单位在依法利用货币资金、实物、无形资产等方式向其他单位投资的统称。事业单位对外投资一般是为了取得投资回报，这种投资可以是对其他事业单位的投资，也可以是对企业的投资。

（2）不相容岗位的分离。合理设置岗位，明确相关岗位的职责权限，包括对外投资的可行性研究与评估、对外投资决策与执行、对外投资处置的审批与执行等不相容岗位的分离。

（3）严格控制对外投资行为。《规则》第四十四条规定："事业单位应当严格控制对外投资。在保证单位正常运转和事业发展的前提下，按照国家有关规定可以对外投资的，应当履行相关审批程序。"而国务院相关法规也明确规定，公益一类事业单位不得从事经营活动；公益二类事业单位在确保公益目标的前提下，可依据相关法律法规提供与主业相关的服务，收益的使用按照国家有关规定执行。中国地质调查局所属的事业单位未来将大部分被划归为公益一类单位，所以目前建议不开展对外投资活动。

（4）严格控制审批程序。《规则》第四十四条规定："按照国家有关规定可以对外投资的，应当履行相关审批手续。"《事业单位国有资产管理暂行办法》（财政部令第36号）第二十一条也明确规定："事业单位利用国有资产对外投资、出租、出借和担保等应当进行必要的可行性论证，并提出申请，经主管部门审核同意后，报同级财政部门审批。"如果未来有一部分单位成为公益二类的事业单位，对外投资必须进行可行性论证，单位领导班子集体研究决定，职工代表大会审核通过，按照程序经过审批后方可实施。

（5）加强对外投资的追踪管理。要按照投资约定，定期结算投资回报，无法全面实现或者没有实现投资回报的，要及时查明原因，采取措施，控制投资风险。

（六）项目控制

1. 在建工程概念

在建工程是指已经发生必要支出，但尚未达到交付使用状态的建设工程。事业单位固定资产的新建、改建、扩建或技术改造、设备更新和大修理工程等尚未完工的建设项目实施过程中的各项资产，都应当归入在建工程。制定工程项目业务流程。明确项目决策、规范立项、预算编制、合同管理、现场管理、控制付款和验收决算等环节控制要求，确保工程项目全过程的控制。

2. 不相容岗位分离

单位应该设置基本建设部门或者制定部门履行在建工程的管理职能。并设置必要的管理岗位，明确基建部门和岗位职责权限，确保项目建议和可行性研究与项目决策、概预算编制预审核、项目实施与价款支付、竣工决算与竣工审计等不相容岗位的分离。

3. 制定在建工程议事决策机制

单位要成立以单位领导负责的基本建设领导小组和基本建设常务委员会，实施决策，严禁任何个人单独决策或者擅自改变集体决策意见。决策过程及各方面的意见应当形成书面文件，与相关资料一并妥善保管。

4. 工程项目业务流程

属于在建工程项目，应按国家基本建设管理规定，认真做好可行性论证和评审、勘察设计、概预算编制、招投标、合同签订与管理、工程实施的现场管理、工程决算审查等工作，并单独建账进行会计核算，工程完工后及时办理验收竣工决算，结转固定资产。纳入政府采购范围的工程项目，应按政府采购的有关规定执行。

5. 在建工程计划和预算管理

在建工程应该按照年头编报投资计划和投资预算，并严格执行投资计划和投资预算。经过批准的投资概算是工程投资的最高限额，如有调整，应当报上级主管单位批准。不得挤占、挪用在建工程资金，更不能使用其他资金追加投资。

6. 会计核算与监督

在建工程实施过程中，工程价款的支付要附有附件并经过有关程序审批，如合同、施工方结算单、单位现场管理人员签字、监理单位意见、委托会计师信息所审核意见、基建负责人签字。按照项目进行会计核算、资产登记。实行国库集中支付的建设项目，单位应当按照财政国库管理制度规定授权支付或者直接支付资金。整个建设过程财务部门要履行监督职能，纪检监察部门履行再监督职能。

7. 在建工程竣工决算

建设单位应在项目竣工后三个月内完成竣工财务决算的编制工作，组织竣工决算审计，并将审计后的竣工决算上报主管部门审批。一般情况下，应该竣工决算的项目没有上报审批，上级单位不得批准新开项目。

8. 建设项目档案管理

建设项目的档案包括项目建议书、可行性研究报告、概预算、会计档案、竣工报告等项目建设期的资料。要做好项目文件、材料的收集、整理、归档和保管工作。

（七）合同控制

1. 合同的概念

《中华人民共和国合同法》第二条规定：合同是平等主体的自然人、法人、其他组织之间设立、变更、终止民事权利义务关系的协议。

2. 不相容岗位的分离

合同的起草、合同的管理、合同的审签、合同履行、合同监控不相容岗位分离。

3. 合同的种类

地质事业单位的合同一般为采购合同、工程合同、服务合同、雇佣合同、租赁合同、借款合同和投资合同。

4. 合同管理岗位设置

单位必须设立专职或者兼职的合同管理岗位，负责：法人授权书管理；合同的内容初审、审签，保管和使用合同专用章；建立合同管理台账（详细登记合同的订立、履行和变更情况）；定期对合同进行统计、分类归档。

5. 合同订立管理

合同实行分类管理，对于不同类别的合同制定不同的订立规定，明确合同订立范围和条件。对于影响重大、设计专业技术或法律复杂的合同，应当请法律、技术、财会人员参与谈判，必要时可聘请外部专家参与相关工作。谈判过程中的重要事项和参与谈判人员的主要意见，应当予以记录和妥善保管。

6. 合同的履行管理

合同履行过程中，因为对方或者单位自身原因导致无法按时履行的，应当及时采取应对措施。对合同履行中签订的补充合同，或者合同的变更、解除同样需要履行审批手续。合同发生纠纷时，单位应当在规定的时效内与对方协商谈判。

7. 合同价款的收取和支付

财会部门应当根据合同履行情况办理价款结算和进行账务处理。没有按照合同条款收回合同款或者支付合同款的，财会部门应该向单位负责财会工作的负责人报告。

六、信息与沟通

信息奠基人香农（Claude Shannon）认为“信息是用来消除随机不确定性的东西”，这一定义被人们看作经典定义并加以引用。

控制论创始人维纳（Norbert Wiener）认为“信息是人们在适应外部世界，并使这种适应反作用于外部世界的过程中，同外部世界进行互相交换的内容和名称”，它也被作为经典定义加以引用。

经济管理学家认为“信息是提供决策的有效数据”。

公共管理理论认为，沟通是指公共管理系统通过调整系统内部构成要素、系统和环境之间的关系，凭借一定媒介，交流和传递思想、观点、情感、信息，达成共识或理解，从而有效实现公共管理目标的作用方式。

1. 建立信息沟通机制

信息的沟通在管理中具有重要的地位，及时性、准确性和真实性是实现沟通协调效果的基本要求。在现实的沟通协调实践中，由于存在种种障碍，常常会在不同程度上降低沟通协调的有效性。信息传递主要是指单位内外各种信息的接受、选择、储存、传送、分析和处理的有机运作方式。

2. 完善信息沟通的措施

（1）正确界定组织的职能，理顺各部门之间的职能关系，避免职能交叉和职能的空白，实现职能的“无缝”衔接，使经常性的沟通制度化。建立事业单位法人负责制，从制度上保证各部门不会严重持续对抗，遇到重大紧急情况能够迅速协调解决，不至于久拖不决、相互推诿、无人负责，以提高效率。

（2）选定专门的沟通协调机构，畅通和督促沟通协调渠道。地质事业单位应该在综合管理部门中选定一个部门负责单位的沟通协调机构，一般应该是办公室。建立健全各种对话制度、会商制度，努力缩短沟通距离。提高沟通协调表达水平。建立语言文字，掌握会“听”与会“说”的艺术，提高沟通协调表达水平，建立起信息化、网络化的沟通平台。

（3）创建良好的文化氛围，建立共同的价值观。认真履行部门职能和岗位职责，工作中激发各部门职工工作的积极性、主动性和创造性，树立良好的工作风气，工作中相互配合，相互支持，以利于信息的沟通。

3. 信息沟通的意义

党的十八大提出了信息公开，这也是目前地质事业单位信息沟通和传递的主要控制措施。推进信息公开是推动民主政治的重要任务，是发展更加广泛、更加充分、更加健全的人民民主，坚持科学决策、民主决策的重要保证。

（1）推进信息公开是民主权利有效公正运行的重要保证，通过推动信息公开达到用制度管权管事管人，保障群众的知情权、参与权、表达权、监督权，推进权利运行公开化、规范化。

（2）推进信息公开是反腐倡廉的有力抓手，是以建立健全惩治和预防腐败体系为重点，加强反腐倡廉建设的重要内容，对实现地质调查事业健康可持续发展具有重要意义。

4. 信息公开的依据

推行信息公开，要以国家法规政策为依据，能公开的必须公开，做到准确及时，确保安全、真实、公正；注重实效；查询方便，便于监督；谁主管，谁公开。对于公开的事项，要坚持事前公开、过程公开和结果公开，以利于调动职工积极性，改进工作质量和服务质量，优化工作环境，有利于单位的改革、发展和稳定的原则进行公开。

5. 信息沟通的主要内容

（1）重大事项公开。单位发展的重大决策、重要会议纪要、中长期发展规划、年度重点工作推进与完成情况、体制机制改革方案要公开。

（2）大区项目管理公开。项目立项、项目优选、任务下达、设计审查、质量检查、野外验收、成果报告评审与验收、资料和成果管理要公开。

（3）单位项目管理公开。项目立项、任务下达、设计审查、质量检查、野外验收、成果报告评审与验收、资料和成果管理、项目负责人遴选、业务委托及外协单位的选择、项目以及项目负责人的变更要公开。

（4）财务管理公开。部门预算、部门决算、部门预算执行、专项经费预算审查、预算实施方案备案，项目预算、项目决算、预算绩效考核管理，审计整改，因公出国（境）费、公务用车购车以及运行费、公务接待费等“三公”经费，各种奖金、补贴、福利费和绩效工资分配发放情况，工会经费，医疗费用，购房补贴发放情况要公开。

（5）装备基建公开。装备中长期发展规划、年度装备计划下达与执行、政府采购预算、新增资产预算、装备专项审查与落实、政府采购规程、设备采购招标、合同签订、装备专项经费使用要公开。

基地建设中长期发展规划，年度项目论证计划和建议，基建、修缮专项年度计划建议，项目审查论证，项目招标、施工过程及验收等过程管理，中央预算内投资计划建议及年度计划下达，基本建设管理工作要求等要公开。

（6）人事管理公开。新进人员岗位计划、录用程序和结果，竞争性选拔干部任用岗位、程序和结果，优秀人才评选条件、程序和结果，岗位设置、岗位资格和选聘办法，表彰奖励程序、评选标准和结果，资格评审、评审程序和评审结果，干部年度考核程序和结果要公开。

（7）党务工作公开。党建工作年度计划及年度目标完成情况，各级党组织的设置、主要职责、机构调整、换届选举有关情况，各级党组织开展思想政治工作、理论学习、党员干部教育培训和表彰奖励情况、党内制度建设情况，党员发展、违纪党员处理情况，党费收缴、管理和使用情况，领导干部贯彻落实党风廉政建设责任制情况及廉政承诺等方面情况，组织开展群众性精神文明创建活动、文化建设情况，工青妇群众组织开展活动情况，统战工作情况等要公开。

（8）科技与外事工作公开。地质科技工作与国际合作的规划部署，部级和国家级科研、科技、合作项目的申报，出国培训人员选派工作，因公出国人员、目的、停留国、时间、经费及来源等有关情况要公开。

（9）其他信息公开。职工住房配售管理、办公用房的使用与管理、会议管理、培训管理、公务用车使用与管理、职工福利、后勤服务管理等要公开。

公开内容涉及国家秘密，按照相关保密管理规定执行。

6. 公开的方式

信息公开可以通过文件、通报、简报、职工代表大会和各类会议、公示栏、公告栏、报刊，以及单位内外网站等灵活多样的形式进行。

7. 信息沟通程序

信息公开要遵循“事前征求意见，事中通报情况，事后反馈结果”的程序，注重实效，避免形式主义，不能为了公开而公开。信息公开应该是谁负责谁公开。工作的程序应该是负责信息公开的主要职能部门，事先提出公开的内容、范围、形式和时限等初步意见，部门负责人审批以后，报请主管领导审批，重大问题由领导班子审批，实行公开制度。在决定或办理与职工利益密切相关的重要事项时，应在决定或办理之前公布方案，在充分听取干部职工意见并进行调整、修改后，再正式公布，各部门主要负责同志对信息公开的内容进行严格把关，保证信息公开的真实性、全面性和有效性。

8. 信息沟通的时限

固定内容（有关政策、规章制度等）长期公开；常规性工作（日常业务、日常开支）定期公开，一般每个季度公开一次；阶段性工作（年度工作目标进展情况、重大事项进展情况等）逐步公开；临时性工作（工资津贴调整、专题会议等）及时公开，一般在工作结束后三个工作日公开。

七、监督检查

要确保内部控制制度被切实地执行且执行的效果良好，内部控制过程就必须被施以恰当的监督。监督是一种随着时间的推移而评估制度执行质量的过程。

内部审计既是组织内部控制的一个部分，也是监督内部控制其他环节的主要力量。在内部控制的监督过程中，内部审计发挥着越来越重要的作用。内部审计通过监督控制环境和控制程序的有效性，监督相关的内部控制是否被执行并及时反馈有关执行结果的资讯，帮助地质事业单位更有效地实现预期控制目标。同时，在监控过程中，内部审计可以促进控制环境的建立，为改进控制制度提供建设性建议，使组织成功达到所需要的内部控制水平服务。提高内部审计机构层次，强化其权威性和独立性，真正做到通过内部审计加强内部控制，同时，内部审计人员要提高政治素质、审计业务素质、审计法规素质，不断增强服务意识，以提高单位各项管理水平。

1. 内部监督体系

单位应建立健全多层级、全覆盖的内部控制监督评价体系，明确内部控制职能部门及相关业务部门在内部控制的监督检查和评价方面的职责权限。内部控制职能部门独立、客观地对单位的合规管理、风险管理、内部审计以及业务管理绩效进行监督、检查与评价，并督促整改；业务部门从专业角度出发，进行业务检查与规范，确保各部门严格执行内控制度。

2. 内控职责

（1）管理部门：落实监管要求，提高合规管理水平，通过开展专项合规检查，对单位资产管理等业务开展合规检查，并对合同管理等进行专项检查，切实履行检查监督和建议职责。

（2）项目监管部门：健全风险控制体系，增强业务风险管理能力，落实监管要求，强化对业务部门操作风险管控，建立健全业务风险管理制度和风险管理机制。

（3）纪检监察部门：加强审计监督，抓好整改落实，坚持“跟踪业务发展、及时发现问题、注重风险化解、促进业务发展”的审计原则，坚持一手抓审计监察、一手抓整改落实，两手抓、两手都要硬的工作方针，围绕单位内部控制执行的有效性，着重从体制、机制、制度等层面，从业务经营、财务管理、合规管理以及其他经营管理情况等方面排查关键风险环节，识别风险并提出风险防范建议和督促整改。

3. 内部监督的程序

（1）建立健全内部监督制度，明确监督组织框架、岗位职责、权限、工作方法、报告方式等。

（2）实施监督，预防已存在和潜在的内部控制缺陷。

（3）分析并向相关部门及人员报告内部控制缺陷，并对单位的内部控制制度设计的效果及其实施的有效程度做出评价。

（4）对内部控制缺陷的整改。针对发现的内部控制缺陷，采取相应的整改措施，检查，并向管理层汇报。

4. 内部监督的方法

地质事业单位的内部监督分为日常监督和专项监督两种形式。

（1）日常监督是各单位进行常规、持续的监督检查。日常监督的主体包括管理层、内部控制机构、内部审计部门等。管理层应充分利用内部信息与运行机制，获取相关信息来验证内部控制的设计是否有效；内部控制机构对职责范围内经济活动的管理和控制情况及成效开展持续性监督；内部审计机构对日常经济活动实施审计检查，并向管理层汇报。

（2）专项监督是对内部控制的某些方面进行有针对性的监督检查。包括：重要的业务事项和高风险领域；内部控制要素变化较大，并对内部控制产生较大影响时；日常监督效率低下，效果较差时。专项监督可由内部控制机构、财务部门及其他部门负责，也可聘请外部中介机构参与。

5. 内部控制信息报告与使用

各单位应依托办公自动化（OA）系统建立以日报、月报、季报、年报和审计报告、专项检查报告为基础的、完整地内部控制报告体系，能够保障内部控制职能部门在履行内部控制职责中，对发现的问题及时、准确、完整地向经营管理层上报，保证经营管理层及时获悉并采取有效的应对措施，建立内部控制信息与绩效考核结合的使用机制，确保应对措施得到有效执行。

八、内部控制自我评价

内部控制评价能够有效保证内部控制系统运行效果，使单位的管理者明确内部控制的薄弱环节所在，并加强对这些薄弱环节的控制，是内部控制系统中不可或缺的一环。地质事业单位应确定内部控制评价的具体内容，对内部控制设计与运行情况进行全面评价。

（一）内部控制评价的标准

内部控制评价的标准是指内部控制制度整体运行应遵循和达到的目标，一般包括完整性、合理性及有效性三个方面。

（1）完整性。内部控制的完整性包含两层含义：一方面是指单位应根据工作业务的需要，制定全面的内部控制制度；另一方面是指单位应对业务活动的全过程进行自始至终的控制。

（2）合理性。内部控制的合理性同样也包含两层含义：一是指内部控制设计和执行的实用性；二是指内部控制设计和执行时的经济性。

（3）有效性。内部控制的有效性一方面是指单位的内部控制政策和措施应符合国家法律法规的相关规定，不能有相抵触的地方；另一方面是指内部控制制度设计完整、合理，在单位业务运行的过程中能够得到有效贯彻执行，并实现内部控制的目标。

内部控制评价这三个方面的标准是相互联系的，内部控制的有效性以其完整性与合理性为基础，内部控制的完整性与合理性则以其有效性为目的。可见，内部控制有效性是内部控制评价三个标准中的核心。

（二）内部控制自我评价结果

内部控制按其控制的目的不同，可分为会计控制和管理控制。会计控制是指与企业内部控制制度中保护财产物资的安全性、会计信息的真实性和完整性以及财务活动合法性有关的控制；管理控制是指与保证经营方针、决策的贯彻执行，促进经营活动经济性、效率性、效果性以及经营目标的实现有关的控制。会计控制与管理控制并不是相互排斥、互不相容的，有些控制措施既可以用于会计控制，也可以用于管理控制。项目专题组在研究的同时，逐步建立和完善内部控制制度，并在西安地质调查中心试运行，现将试运行结果报告如下：

1. 授权控制

西安地质调查中心根据其职能和承担的任务，设置内部二级机构。下设二级机构做到了职能明确，界限清晰，衔接无缝。采取一岗一职、一岗多职、一职多岗的方法制定了职工岗位职责，做到了岗位职责明确，不相容岗位分离，相互衔接、相互制约。根据国家法律法规和部门职责，建立健全了经济活动和会计业务逐级授权、分级管理和权责匹配的内部授权管理体系。单位各部门在其规定的业务、财务、人事等授权范围内行使相应的管理职能，各项业务和管理程序遵从审核批准的制度和业务流程，每一项经济活动都能够在其业务授权范围内进行。

2. 全面预算控制

西安地质调查中心根据单位发展规划和年度工作计划，制定单位经济工作方针，综合考虑单位的职能和业务能力，按照年度编制财务收支计划；依据国家经济政策、单位规模、事业发展目标，编制部门预算，其中基本支出力争能够维持单位基本的运行费用并有适度增长，项目支出能够满足单位事业的发展和发挥单位的优势，为政府和公民提供公共产品和公共服务；内部执行预算按照全面全员预算的原则，综合考虑所有收支因素，编制单位年度总预算和项目执行预算、部门执行预算（管理服务部门和对外创收预算）；依据内部执行预算编制月度收支计划，并以此为依据，考核部门和项目预算执行情况，通过预算促进工作，通过工作完成保证预算的有效执行；加强对预算执行管理，强化预算执行的规范性，经中心办公会议审议批准的部门预算，没有经过规定程序调整，任何部门和个人不得随意改变增减预算；通过严格的预算执行考核制度，对各预算执行部门和负责人进行考核，并将预算执行情况与各部门考核直接挂钩。

3. 收入支出控制

收入与支出是经济管理的重中之重，也是会计控制的关键要素。收入的控制要做到收入的全面入账，按照不同的收入开具不同的票据。关键是要关注对外收入，尤其是以现金入账的对外收入，必须按照收入日报表、开具的发票和收据来入账，杜绝“账外账”和“小金库”的产生。支出的控制关键是要注重业务的审批和财务的审核。业务审批的关键是部门负责人，审批的主要内容是业务是否需要发生，怎样发生，发生了多少；财务审核主要是由财务部门的负责人审核是否具有预算，票据是否规范，核算是否正确。对于办公费、会议费、租赁费、委托业务费、设备购置费、劳务费用、招待费用进行重点审批，保证支出的合理合规。

4. 资产控制

资产指的是单位和个人拥有的任何具有商业或交换价值的东西。资产的管理既要注重资产形成的过程管理，更要注重资产在一定时间的清理和盘点。对于流动资产中的货币资金，要遵循资金运营安全性、流动性、效益性有机结合的管理原则。为强化资金的集中统一管理，提升资金的使用效率，建立了严格的资金业务授权审批制度和重大资金使用的集体决策制度，审批流程科学有效，严格控制资金风险。财务部门做到了不相容岗位分离，主要是控制货币资金支出，严格控制现金支出。债权主要注重清理，减少不必要的坏账损失，对于坏账损失，查明原因，按照资产损失审批额度及时报批核销。职工备用金要做到借款有依据，报销要及时，做到了“前账不清后账不借。”强化固定资产安全管控，做到了申请、采购、验收、处置岗位相互分离，对固定资产的购置、验收、内部调拨、处置等制定了明确规定，制定了办公设备配备标准，对固定资产进行条码管理，明确使用人与责任人，并加强对关键设备运转的监控，进行不定期和年度实物盘点工作，及时掌握固定资产状况并与财务账簿核对，对盘盈盘亏分析原因并及时处理，确保账实相符。涉及政府采购的存货和固定资产不仅严格执行政府采购程序和采购方式，而且注重政府采购实际的效果，杜绝“陪标”和“围标”现象的产生，真正选择最优的供货方。对于对外投资，在中国地质调查局事业单位改革结果不明朗的今天，尽量不进行对外投资，确需投资的经过全体职工的民主程序，领导班子集体决定，报上级主管单位审批方可实施。

5. 会计控制

西安地质调查中心在综合管理部门中设置了财务资产处，其职能是负责单位的预算、财务、综合统计、资产管理等工作。会计控制是会计工作的重中之重。该中心依据《中华人民共和国会计法》《事业单位会计制度》《地质事业单位财务制度》《会计基础工作规范》等法律法规建立了科学的、完整的会计核算和会计监督体系。会计控制建立了一名财务副处长——会计——出纳——稽核（另一名财务副处长）的业务流程。2 万元以上的会计事项和重要会计事项由财务处长审核；不相容职务分离，各岗位之间相互监督、相互牵制；通过国土资源部财务管理信息系统，重大财务事项报告等多途径的信息沟通渠道，为履行会计监督职能提供了有力保障。

6. 政府采购的控制

西安地质调查中心属于京外单位，政府采购涉及的内容一是资产的存货和固定资产的采购；二是维修工程和基本建设工程的招标；三是地质调查项目优选项目承担单位。以上三方面的内容通过长时间的采购探索，在形式上已经很规范。现在主要需解决的问题依然是杜绝目的和形式的矛盾。例如，地质调查项目优选项目承担单位的活动，其过程十分完善，但是由于项目的初步设计难以由发包方完成，必须依靠投标方来实施，而初步设计和预算确定后，再由发包方进行政府采购，最终变成了初步设计方有意见，其他投标方由于缺乏工作区地质资料和受工作环境的限制，无法承担，只得相互“陪标”。对于具有相对稳定规范的区调项目，现在已经出现投标单位聘请专业人士写标书的行为，导致写得好干不好，写得不好干得可以但是中不了标的现象。这些问题都需要进一步研究和规范。

7. 基本建设项目控制

基本建设工作对于局属单位可以说是一项不固定的工作，但是它又是一项十分重要的工作。这就要求凡是具有基本建设项目的单位，必须设立相应的二级机构或者指定二级机构行使基本建设项目管理的职责，建立工作规则，熟悉基本建设项目的流程，严格执行基本建设相关规定。在专业水平有限的情况下，建议项目的建设可委托项目代建公司来完成，聘请监理公司作为第三方来监管项目的实施，聘请会计师事务所来审核和控制项目的支出，适时编制项目的竣工决算，顺利地完成基本建设项目。

8. 合同的控制

合同的控制是局属单位的一个薄弱环节。西安地质调查中心合同的管理职能由办公室来履行，并配备了具有法律专业的干部来管理，同时单位常年聘请法律顾问。合同的起草由实施部门来完成，合同的格式和通用条款由办公室审核，合同的经济内容由财务资产处来审核，合同的主要业务内容按照谁管理谁负责的原则来审核，如委托业务费的合同由总工程师室审核，车辆的租赁由物业管理部门审核，设备的购置由资产管理部门来审核。注重合同的履行，要求履行过程中发生的问题及时沟通，重大问题及时向单位领导报告，并进行“会诊”，以减少合同履行带来的风险和损失。

九、结论和建议

内部控制是指一个单位的各级管理层，为了保护其经济资源的安全、完整，确保经济和会计信息的正确可靠，协调经济行为，控制经济活动，利用单位内部分工而产生的相互制约、相互联系的关系，形成一系列具有控制职能的方法、措施、程序，并予以规范化，系统化，使之成为一个严密的、较为完整的体系。地质事业单位内部控制专题研究主要依据《行政事业单位内部控制规范（试行）》，经过对国内外研究成果的总结分析，采取实地调研，运用内部控制的方法，主要构建了大区地质调查中心内部经济管理和会计控制制度，并将其制度在西安地质调查中心进行了试点，总结了试点的结果。专题组完成了预定目标任务，获得了新认识和具有实际应用价值的研究成果。同时，对下一步如何深入开展研究、还需要解决地质事业单位内部控制的哪些问题有了明确的方向和清楚的认识。

1. 关于地质事业单位内部控制制度现状的认识

中国地质调查局所属事业单位，近几年伴随着财政的改革和财政监督的加强，各单位十分重视经济管理工作，经济管理部门的规模、职能、地位、待遇都不同程度地有所改变，许多单位建立的内部控制制度覆盖了单位经济活动的方方面面，为做好单位经济管理控制和会计控制打下了良好的基础。研究认为，目前局属单位需要借鉴国内外对内部控制的研究，从内部环境、风险评估、控制活动、信息与沟通、监督五个方面，依据《行政事业单位内部控制规范（试行）》，建立了完善的局属单位内部控制制度。

（1）关于内部控制本质和构建原则的认识。内部控制涉及单位的职能、内设机构、职能分配、制度建设、信息沟通、文化建设、监督与评价等方面，它其实是一种机制；内部控制涉及的内容时刻都在发生着变化，需要持续改进和修订，它是一个动态的过程；内部控制的重点是单位经济活动的全面性、程序性、遵循性，所以说它是一种内部管理。内部控制的构建原则在遵循一般的全面性、制衡性、成本最小和效率最大化原则的基础上，主要应该遵循地质工作的规律和工作特点。

（2）关于建立内部控制制度的方法。研究认为，中国地质调查局所属事业单位建立内部控制制度应该采取通用的方法：如不相容岗位相互分离、内部授权审批控制、归口管理、预算控制、财产保护控制、会计控制、单据控制、内部报告控制、信息公开等方法。

（3）关于内部控制制度的建设情况。这里以中国地质调查局西安地质调查中心为依托，提出了预算控制、收支控制、政府采购控制、资产控制、建设项目控制、合同控制六个方面的内部控制的思路，并构建了六方面内部控制制度的主要内容。

（4）关于内部控制制度的试点。中国地质调查局西安地质调查中心近两年依托本项目，根据《行政事业单位内部控制规范（试行）》，在对内部控制研究的基础上，逐步构建本单位的内部控制制度，并持续改进，截至专题报告完成之际，西安地质调查中心内部环境除事业法人治理结构（领导班子）不够完善之外，内部机构设置、职责分工、关键岗位人员配置、岗位轮训已经达到内部控制规范的要求；管理体系办公室负责单位风险识别和评估，采取定期评估和适时评估相结合的办法，及时识别风险，持续修订相关制度；控制措施构建完善，相互支撑，运行情况良好；信息沟通职责分明，渠道畅通，内容全面；内部监督按照全面监督和专项监督相结合的原则，贯穿于单位活动的方方面面，为单位事业的发展发挥了“保驾护航”的作用。总之，西安地质调查中心目前的内部控制制度内容完整，控制有效，为下一步的推广应用奠定了基础。

2. 进一步开展研究工作的建议

（1）进一步研究中国地质调查局局属单位的内部环境。从建立内部控制的重要性方面分析研究局属单位是否应尽快设立总经济师，或者领导班子中有一名懂经济的副职主管单位的经济工作；内部审计岗位是否设立，一直以来存有争议，如果设立，职能怎样设置才能发挥其作用有待于继续研究。

（2）进一步研究中国地质调查局所属其他类型的事业单位内部控制。本节由于受时间和空间的限制，仅仅研究了局属区域地质调查中心的内部控制，而对于专业地质调查机构、科技创新与技术支撑机构、公共服务机构的内部控制没有结合其自身特点进行研究，建立健全局属单位的内部控制制度必须进行全面的研究，只有这样内部控制制度才能实现全面性、适应性。

（3）继续进行内部控制制度的试点工作。继续进行内部控制制度的试点工作，将专题研究构建的内部控制举措试点推广到更多的局属单位，通过试点才能不断地在实践中改进与完善内部控制制度，使其更加具有符合性和实质性。

（4）结合地质工作的特点开展关键点的研究。地质工作是一项理论研究与野外实践紧密结合的工作，每年项目的立项应该在年末，分析总结取得的成果，在此基础上设立下一年的项目，而现在是在每年的8、9月份就要确定下一年的项目，不符合地质工作的特点；地质工作大量在野外开展，季节性十分明显，支出受工作的影响，难以做到均衡，所以预算的执行率也同样无法均衡；地质工作现在多布置在无人区和环境恶劣的地区，这些地方没有商业，所以发生的费用难以提供发票，票据的控制难以实现；大多数地质工作项目的内容千变万化，自身状态没有达到政府采购的条件，目前的竞争性优选项目承担单位的工作不易大量开展；对优选项目承担单位的管理有待进一步研究。

十、地质矿产调查评价野外差旅费管理内控体系试点研究

（一）地质调查野外差旅费管理现状

1. 野外津贴

经查询资料，国家建立地质勘探职工野外工作津贴最早可以追溯到1964年。

国务院1964年下发了《国务院关于地质勘探职工野外工作津贴暂行规定》（国劳字〔1964〕221号）（以下简称《规定》）。这个《规定》是国务院首次针对地质勘探职工制定的野外津贴标准，充分体现了国家对地质工作室内研究和室外勘查相结合的地质工作特点以及地质工作艰苦性的认可，《规定》的制定奠定了建立地质勘探职工野外工作津贴的基础。

1980年7月24日国务院批转《国家劳动总局、地质部关于调整地质勘探职工野外工作津贴的报告》（国发〔1980〕193号）。调整的范围主要是野外地质队的各勘探、普查等分队和机台、坑口、安装搬运等小组的职工，在野外工作期间，执行调整后的勘探津贴标准；野外队的普查找矿、区调、测绘、物化探等小组的职工，在野外工作期间，执行调整后的普查津贴标准。

1989年3月2日《地质矿产部、人事部、财政部关于调整地质勘探职工野外津贴标准的通知》（地发〔1989〕81号）下发。本次调整的目的是保证野外

地质勘探职工工作和生活的基本需要，巩固地质队伍，促进地质事业的发展，这是截至2012年年底国家关于野外津贴下发的最后一个文件。从此以后，地质勘探职工的野外津贴就按照文件的要求执行出差补助费。

2. 差旅费有关规定

从1988年年底到现在，国家下发了五次差旅费开支办法，有关出差补助内容如下：

《财政部关于国家机关、事业单位工作人员差旅费开支的规定》（财文字〔1988〕第742号）中，第六条“出差人员伙食补助费”规定：①工作人员的出差伙食补助费，不分途中和住勤，每人每天补助标准为：一般地区4元，深圳、珠海市7元（按实际住宿天数计算）；②到基层单位实（见）习、支援工作以及各种工作队、医疗队、讲师团等人员，在基层单位工作期间的伙食补助费，每人每天补助标准为：一般地区2.4元，深圳、珠海市4.2元。

《财政部印发〈关于中央国家机关、事业单位工作人员差旅费开支的规定〉的通知》（财文字〔1992〕第070号）第八条规定：①工作人员的出差伙食补助费，不分途中和住勤，每人每天补助标准为：一般地区8元，特殊地区14元（按在特殊地区的实际住宿天数计发伙食补助，在途时间按一般地区标准计发伙食补助）；②到基层单位实（见）习、工作锻炼、支援工作以及各种工作队、医疗队等人员，在基层单位工作期间的伙食补助费，每人每天补助标准为：一般地区2.4元，特殊地区4.2元。

《财政部印发〈关于中央国家机关、事业单位工作人员差旅费开支的规定〉的通知》（财文字〔1996〕2号）中第八条规定：①工作的人员出差伙食补助费，不分途中和住勤，每人每天补助标准为：一般地区15元，特殊地区20元（按在特殊地区的实际住宿天数计发伙食补助费，在途期间按一般地区标准计发伙食补助费）；②到基层单位实（见）习、工作锻炼、支援工作以及各种工作队、医疗队等人员，在基层单位工作期间的伙食补助费，每人每天补助标准为：一般地区4元，特殊地区6元；③为鼓励出差人员乘坐火车，不乘飞机，以节约开支，并鉴于在途期间伙食费用较高等原因，在途期间，连续乘车超过12小时（含12小时）的，可凭车票每满12小时，加发20元伙食补助费。

2006年11月13日，《财政部关于印发〈中央国家机关和事业单位差旅费管理办法〉的通知》（财行〔2006〕313号）下发。

2013年12月31日，《财政部关于印发〈中央和国家机关差旅费管理办法〉的通知》（财行〔2013〕531号）下发，废止上一个文件。

3. 地质调查野外差旅费

中国地质调查局从1999年组建到现在，经过十几年的努力，已经建成了由区域性地质调查机构、专业地质调查机构、科技创新与技术支撑机构、公共服务机构组成的直属队伍。

地质工作是科研和调查相结合、室内和室外相结合的工作。随着我国地质工作向纵深发展，许多地质工作安排在无人区，沙漠、戈壁、雪山、高原、沼泽等地带，野外地质工作流动性强，工作和生活条件十分艰苦。这些地方由于人烟稀少，商业不发达，物质匮乏，物价偏高，所以仅仅依靠国家差旅费开支标准来制定和发放地质调查工作者的野外津贴已经很难维持正常的伙食补助，更不要说体现野外地质工作的艰苦程度。中国地质调查局所属单位多次申请要求主管单位考虑地质工作的现状，上报财政部从国家层面上出台野外津贴标准，到2012年年底为止尚未出台。2009年中国地质调查局第12期局务会议纪要明确了野外津贴标准为每人每天120元。此后，局属单位依据此标准，陆续制定了本单位的野外差旅费或者是野外津贴管理办法。

4. 野外差旅费存在的问题

2011—2012年，项目期间，中国地质调查局所属单位根据《财政部关于印发〈中央国家机关和事业单位差旅费管理办法〉的通知》（财行〔2006〕313号）和中国地质调查局2009年10月13日第12次局务会议精神，结合单位所从事地质工作的专业特点和工作区域的自然条件，制定了相关的野外差旅费开支规定，这些规定满足了地质工作者野外工作期间所需的费用，为保障地质工作的正常开展起到了良好的作用。但作为地质工作的野外差旅费管理办法，存在的问题分析归纳为：①缺乏国家层面关于地质调查野外差旅费管理办法，其合法性和权威性受到质疑，给单位的审计带来一定的风险；②缺乏科学的地质调查野外津贴标准，导致不同的单位在同一工作区域从事地质工作得到的津贴不一样，给地质工作者带来经济和精神双重负担。

5. 野外差旅费管理制度的完善

局属单位在野外差旅费规定的制定、确定费用支出的原则、完善野外差旅费办理的支出等程序方面具有相当重要的作用。针对局属单位的发展实际，制定出适用的野外差旅费政策，是适应当前地勘工作发展形势的需要。基本而言，野外差旅费包括交通费、住宿费、野外津贴、公杂费。

按照《中央国家机关和事业单位差旅费管理办法》《中央国家机关和事业单位差旅费管理办法有关问题解答》《中央国家机关和事业单位差旅费管理补

充规定》《关于中央国家机关和事业单位出差人员乘坐高速铁路列车座位等级及报销问题的通知》（财办行〔2011〕36号）[㊀]，通过整理分析，为了保证野外地质工作者工作与生活的需要，地质工作野外差旅费管理制度的规范和完善必须符合以下内容：

（1）交通费。《中央国家机关和事业单位差旅费管理办法》第六条规定：出差人员要按照规定等级乘坐交通工具，凭据报销城市间交通费。未按规定等级乘坐交通工具的，超支部分自理。出差人员乘坐交通工具的等级见表3-9。

表3-9　出差人员乘坐交通工具的等级表

工具 标准 职务	火车	轮船（不包括旅游船）	飞机	其他交通工具（不包括出租小汽车）
正、副厅级，教授和职务工资五级（含五级）以上的高级职称人员	软席（软座、软卧、高铁一等座）	二等舱	普通舱（经济舱）	凭据报销
其余人员	硬席（硬座、硬卧、高铁）	三等舱	普通舱（经济舱）	凭据报销

出差人员乘坐飞机要从严控制，出差路途较远或出差任务紧急的，经单位司局以上领导批准方可乘坐飞机；单位级别在司局级以下的，需经本单位领导批准方可乘坐飞机。

副部长以及相当职务的人员出差，因工作需要，随行一人可以乘坐火车软席或轮船一等舱、飞机头等舱。

坐火车，从当日晚8时至次日晨7时乘车6小时以上的，或连续乘车超过12小时的，可购同席卧铺票；符合规定而未购买卧铺票的，按实际乘坐的硬座票价的80%给予补助；可以乘坐软卧而改乘硬卧的，不再给予补助。

乘坐飞机，往返机场的专线客车费用、民航机场管理建设费和航空旅客人身意外伤害保险费（限每人每次一份），凭据报销。

《中央国家机关和事业单位差旅费管理办法有关问题解答》的有关规定为：全国铁路第六次提速后，全列软席列车的数量大幅增加。根据客观情况的变化，为了保证工作人员出差的需要，对《中央国家机关和事业单位差旅费管理

㊀ 这四个文件现已全部废止，现行为2013年12月31日发布的《财政部关于印发〈中央和国家机关差旅费管理办法〉的通知》（财行〔2013〕531号）。下文中涉及这四个文件的内容已不适合现在的情况，只是作为参考。

办法》补充修订如下：①工作人员出差，可以乘坐全列软席列车；②全列软席列车设有一、二等软座的，副司（局）级及以上人员出差，可以乘坐一等软座，并按照一等软座车票报销，处级及以下人员出差，可以乘坐二等软座，并按照二等软座车票报销；③乘坐全列软席列车，从当日晚 8 时至次日晨 7 时乘车时间 6 小时以上的，或连续乘车超过 12 小时的，可以乘坐软卧，并按照软卧车票报销；④出差人员乘坐全列软席列车，符合乘坐卧铺规定而改乘软座的，按照软座车票的 40% 计发补助费。

《关于中央国家机关和事业单位出差人员乘坐高速铁路列车座位等级及报销问题的通知》（财办行〔2011〕36 号）的有关规定为：中央国家机关和事业单位工作人员出差可以乘坐高铁列车。副部长级以及相当职务的人员（含随行一人）可以乘坐商务座，并按照商务座车票报销；正、副司（局）级人员可以乘坐一等座，并按照一等座车票报销；处级及以下人员可以乘坐二等座，并按照二等座车票报销。

（2）住宿费。《中央国家机关和事业单位差旅费管理办法》中有关住宿费规定的内容有：2007 年 1 月 1 日起执行该管理办法后，各地区定点饭店的确定，以及定点饭店的相关信息汇总、发布等工作需要一段时间完成。在此期间，出差人员住宿主要以各地区、各单位的内部宾馆、招待所为主。内部宾馆、招待所接待条件不具备的，一般应住宿在社会上三星级及三星级以下的宾馆、饭店。出差人员暂时按照副部长级人员每人每天 600 元、司局级人员每人每天 300 元、处级以下人员每人每天 150 元标准以下凭据报销。中央事业单位工作人员出差暂不实行定点住宿，其住宿费在出差地住宿费开支标准上限以内凭据报销。出差人员无住宿费发票，一律不予报销住宿费。

《中央国家机关和事业单位差旅费管理办法有关问题解答》中规定：处级以下出差人员为单数，或异性人员出差的，可以单人住宿一个标准间，单位财务部门应根据出差的人数和性别的实际情况，予以报销。

对出差人员由接待单位免费接待或住在亲友家，无住宿费发票的，一律不予报销住宿费。

地质调查野外工作期间，由于工作地远离城市，为了提高工作效率，可以租用民房或者搭建帐篷住宿，其野外住宿费允许在规定的限额以内包干使用。

（3）野外津贴。地质调查工作的野外津贴执行的依据一是《中央国家机关和事业单位差旅费管理办法》第十三条出差人员的伙食补助费按出差自然（日历）天数实行定额包干，每人每天 50 元；二是中国地质调查局 2009 年 10 月 13 日第 12 次局务会议精神中明确：120 元/（人·天）。在此基础上建议各单位依据其项目工作区的自然条件和工作人员的贡献大小来确定调整系数。

（4）公杂费。地质调查工作野外工作期间的公杂费，其中邮电费执行《中国地质调查局关于地质矿产调查评价项目预算编制和审查要求（试行）的通知》（中地调函〔2010〕88 号）中的预算标准，市内交通费实行实报实销。

（二）地质调查野外差旅费的有效控制研究

从以上分析可以看出，野外差旅费目前各单位都有自己的一套管理办法，野外差旅费的管理可以说是制度比较完备，执行比较严格，并且能够持续修订。

野外地质工作分为甲类项目和乙类项目。甲类项目是指野外工作量实施为主体的调查评价项目，乙类项目是指野外工作量相对较少以综合研究为主要手段开展完成的项目。甲类项目必然拥有野外地质工作，乙类项目有的也需要野外地质工作支撑。按照项目的设计，按时保质保量完成野外地质工作是完成项目的重要环节，野外差旅费既要满足工作的需要，体现人性化，又要严格控制，不能形成超支和资金浪费。所以地质调查野外差旅费的管理和控制是项目经费管理的重要组成部分，各单位必须高度重视。

1. 预算控制

全面预算是关于企业在一定的时期内（一般为一年或一个既定期间内）各项业务活动、财务表现等方面的总体预测。从 2000 年开始以来，国家财政部门循序渐进推行部门预算管理改革。部门预算分为基本支出预算和项目支出预算。基本支出预算是指中央部门为保障其正常运转、完成日常工作任务而编制的年度基本支出计划。包括人员经费和日常公用经费，如离退休费用、工资福利性费用、职工住房改革费用、公用费用。项目预算是中央部门为完成其特定的行政工作任务或事业发展目标，在基本支出预算之外编制的年度项目支出计划。包括基本建设、有关事业发展专项计划、专项业务费、大型修缮、大型购置、大型会议项目支出。

地质事业单位的预算管理包括年度收支计划、年度预算编制、审批，年度预算落实方案的编制、审批、执行、考核。

地质调查野外差旅费一般在立项时论证（一上）已经确定了工作手段和野外工作人财物的需求以及预计工作时间；在设计阶段（二上）需要进一步论证工作方案的可行性和有效性以及预计成果，同时进一步核实野外工作时间、野外工作人员数量和各专业人员的配备、野外工作使用的交通工具、工作区域、工作时间；以上项目论证预算和设计预算的编制，为项目落实方案的编制打下了基础。项目落实方案中要准确地编制野外差旅费具体的工作人员、工作时间、交通工具选择、住宿费采取的报销方式等，以及影响差旅费的调整系数。项目落实方案经过单位办公会议确定以后，不得随意改变，特殊情况需要调整的必须经过预算审批程序审批。项目落实方案即地质项目执行预算表见表 3－10。

表 3－10　地质项目执行预算表

项目名称：

序号	费用项目	单位	标准/元	数量	执行预算/万元	用款计划（填写用款月份）	控制级别	设计预算费用/万元
甲	乙	丙	1	2	3 = 1 × 2	5 月	8	9
	合计							
一	人员经费				38.90		中心	38.90
二	办公费				1.05	1—5 月		1.06
1	办公用品材耗	人·年	500	7	0.35		项目	
2	计算机材耗	人·年	1000	7	0.70		项目	
三	印刷费				3.00	1—12 月		1.18
1	制图				1.00		业务部门/总工程师室	
2	报告印刷				0.50		业务部门/总工程师室	
3	论文版面费用		2000	5	1.00		业务部门/总工程师室	
4	专著出版						业务部门/总工程师室	
5	其他印刷费	项目	5000	1	0.50		项目	
四	水电暖费				6.47	5—9 月		6.83
1	野外用电消耗	kW·h					项目	
2	野外用水消耗及其他	t					项目	
	野外用水消耗	车	2600	18	4.68		项目	
	备用矿泉水	箱	40	260	1.04		项目	
	桶装纯净水	桶	25	300	0.75		项目	
五	邮电费用				0.70			2.06
	邮电费及野外通信费	项目	2000	1	0.20	6—9 月	项目	
	样品邮寄费	项目	3000	1	0.30	6—9 月		
	无线网卡年费	项目	2000	1	0.20	6 月	业务部门/总工程师室	
六	**交通费**				26.43	5—9 月		8.00
1	**车队车**				21.60			
	丰田 4500	车·月	35000				业务部门/总工程师室	

（续）

序号	费用项目	单位	标准/元	数量	执行预算/万元	用款计划（填写用款月份）	控制级别	设计预算费用/万元
甲	乙	丙	1	2	3 = 1 × 2	5 月	8	9
	切诺基（8）	车·月	35000				业务部门/总工程师室	
	霸道 4.0	车·月	33000	4.5	14.85		业务部门/总工程师室	
	V73	车·月	28000				业务部门/总工程师室	
	V31	车·月	25000				业务部门/总工程师室	
	帕拉丁	车·月	25000				业务部门/总工程师室	
	吉普车	车·月	10000				业务部门/总工程师室	
	皮卡	车·月	15000	4.5	6.75		业务部门/总工程师室	
2	野外汽车油料消耗	L	7.5	1500	1.13		业务部门/总工程师室	
3	野外租用车				3.20		业务部门/总工程师室	
	野外租平板车	车·次	10000	2	2.00			
	野外租卡车	车·次	3000	4	1.20			
4	市内交通费（野外）	人·年	500	10	0.50		项目	
七	差旅费				16.05	1—12 月		8.84
1	野外津贴	人·天	155	525	8.14		项目	
2	野外生产住宿费（包干）				4.56			
	研究员级	人·天	80	135	1.08		项目	
	非研究员	人·天	60	330	1.98		项目	
	野外生产雇工临时住宿	人·天	150	100	1.50			
3	非野外生产出差生活补助	人·天	50	80	0.40		项目	

（续）

序号	费用项目	单位	标准/元	数量	执行预算/万元	用款计划（填写用款月份）	控制级别	设计预算费用/万元
甲	乙	丙	1	2	3＝1×2	5月	8	9
4	非野外生产出差（住宿）				1.95			
	研究员级	人·天	300	50	1.50		项目	
	非研究员	人·天	150	30	0.45		项目	
5	非野外生产出差（交通）				1.00		项目	
6	参加培训学习	人·天	150				业务部门/总工程师室	
八	会议费				4.00	5—9月		2.36
1	设计评审及审查验收费				2.80		业务部门/总工程师室	
2	其他	人·天	400	30	1.20		业务部门/总工程师室	
九	专用材料及燃料费用				18.11	5—9月		18.82
1	野外工作用品				9.28		项目	
	布样品袋（小）	个	6	1000	0.60			
	布样品袋（大）	个	10	900	0.90			
	U盘	个	150	6	0.09			
	电池（5号、7号）	盒	230	30	0.69			
	野外工作用品（绘图纸、图筒、资料箱、标本箱、签字笔等）	套	2000	10	2.00			
	野外生产用具（铁锹、地质锤、放大镜、铁丝、取样切割刀片、木桩、记号笔、钢杆、油漆等）	套	5000	10	5.00			
2	野外生活用具				2.40		项目	
	野外生活工具（餐具、洗剂用具）	套	400	26	1.04			

（续）

序号	费用项目	单位	标准/元	数量	执行预算/万元	用款计划（填写用款月份）	控制级别	设计预算费用/万元
甲	乙	丙	1	2	3 = 1 × 2	5 月	8	9
	桌子、椅子、床等	套	800	12	0.96			
	灶头	套	500	2	0.10			
	冰柜	台	3000	1	0.30			
3	野外燃料消耗				6.33		项目	
	煤	t	800	6	0.48			
	煤气	罐	150	100	1.50			
	汽油费	L	7.50	5800	4.35			
4	技术资料和图书购置等						项目	
5	航、卫片购置						项目	
6	摄影摄像耗材	项目	1000	1	0.10		项目	
7	其他							
十	咨询劳务费				46.10	5—9 月		28.28
1	设计初审及预算编制	人·次	800	7	0.56		业务部门/总工程师室	
2	设计评审专家劳务费	人·次	2000	8	1.60		业务部门/总工程师室	
3	野外验收	人·次	800	20	1.60		业务部门/总工程师室	
4	野外佣工劳务费				40.84			
	（1）槽探施工				24.00		业务部门/总工程师室	
	1）槽探≤$1000m^3$	元/m^3			6.75		业务部门/总工程师室	
	2）$1000m^3$ < 槽探≤$3000m^3$	元/m^3			12.00		业务部门/总工程师室	
	3）$3000m^3$ < 槽探≤$5000m^3$	元/m^3			5.25		业务部门/总工程师室	
	4）$5000m^3$ < 槽探	元/m^3	32				业务部门/总工程师室	
	（2）浅井施工	m	300				业务部门/总工程师室	

（续）

序号	费用项目	单位	标准/元	数量	执行预算/万元	用款计划（填写用款月份）	控制级别	设计预算费用/万元
甲	乙	丙	1	2	3 = 1 × 2	5 月	8	9
	（3）野外雇工				16. 84		业务部门/总工程师室	
	1）雇佣技术员	人·天	155	260	4. 03		业务部门/总工程师室	
	2）雇佣炊事员	人·月	4500	4. 5	2. 03		业务部门/总工程师室	
	3）外聘司机	人·天	155	270	4. 19		业务部门/总工程师室	
	4）临时雇工	人·天	150	440	6. 60		业务部门/总工程师室	
5	光薄片鉴定	片	100	150	1. 50			
6	专家咨询	人·次	800				业务部门/总工程师室	
十一	委托业务费				122. 43			119. 69
1	钻探施工	m		800	119. 69	6—9 月	业务部门/总工程师室	
2	物探测量						业务部门/总工程师室	
3	化探测量						业务部门/总工程师室	
4	测试费（外送其他单位）				2. 74	12 月	业务部门/总工程师室	
	（1）流体包裹体	件	191. 00	10	0. 19			
	（2）流体包体成分测定	件	345. 00	20	0. 69			
	（3）稳定同位素硫	件	96. 00	10	0. 10			
	（4）稳定同位素碳	件	229. 00	5	0. 11			
	（5）拣块样（2 ~ 5kg）	件	35. 00	60	0. 21			
	（6）刻槽样（5 ~ 10kg）	件	30. 00	480	1. 44			

（续）

序号	费用项目	单位	标准/元	数量	执行预算/万元	用款计划（填写用款月份）	控制级别	设计预算费用/万元
甲	乙	丙	1	2	3 = 1 × 2	5 月	8	9
5	协作研究						业务部门/总工程师室	
十二	设备购置费				2.00	5—9 月	中心	11.00
	亚米级 GPS	部	10000	2	2.00			
十三	维修费用	项目	1000	1	0.10		项目	0.92
十四	其他费用				22.05			32.07
1	用地补偿费				3.50	5—9 月	业务部门/总工程师室	
	（1）青苗树木赔偿	m^2	50.00	400	2.00			
	（2）临时搭建、修路及修建钻机平台				1.50			
2	租赁费				2.50	5—9 月		
	（1）野外办公场地租赁	间·月	360	36	1.30			
	（2）库房	间·月	500	24	1.20			
3	业务交往费				0.79			
	项目控制业务交往				0.79	5—9 月	项目	
4	劳动保护费				0.75	1—12 月		
	（1）在职野外劳保	人·年	1500	4	0.60		项目	
	（2）在职内业劳保	人·年	1200		0.00		项目	
	（3）返（外）聘野外劳保	人·年	1000	1	0.10		项目	
	（4）返（外）聘内业劳保	人·年	500	1	0.05		项目	
5	野外工作药品	人·年	150	10	0.15	5—9 月	项目	
6	野外人身保险	人·年	280	10	0.28	5—9 月	项目	
7	实验室测试费				14.09	5—12 月	业务部门/总工程师室	

（续）

序号	费用项目	单位	标准/元	数量	执行预算/万元	用款计划（填写用款月份）	控制级别	设计预算费用/万元
甲	乙	丙	1	2	3 = 1 × 2	5 月	8	9
8	出国培训						业务部门/总工程师室	
	支出合计/万元				307.39			
	项目年度计划经费/万元				280.01			
	绩效/万元				−27.38			

编制人：　　　　　　　　　　　　　　　　　　项目负责人：

注：表中的黑体字（第六项和第七项的 1 和 2）是涉及野外津贴的预算，每个项目组和各级审批人员要严格按照执行预算申请办理野外差旅费借款和报销野外差旅费。

2. 计划控制

所谓的计划控制主要是控制野外工作时间。各项目在编制项目落实方案的同时，需要编制野外工作情况计划表，作为野外差旅费借款日期和报账日期的依据。在正常的情况下，对于野外工作时间提前一周或者推后一周以上的情况，报账时项目负责人需要提交书面说明，经过部门负责人和总工程师室（科技处）负责人审批方可报销。野外工作情况计划表见表 3 − 11。

表 3 − 11　野外工作情况计划表

野外工作人员	计划出野外时间	计划收队时间	野外天数/天	备注
张 × ×	5 月中旬	9 月底	135.00	
王 × ×	5 月中旬	9 月底	135.00	
李 × ×	5 月中旬	9 月底	135	
赵 × ×	5 月中旬	9 月底	135	
程 × ×	7 月初	9 月初	60	
于 × ×	7 月初	9 月初	60	

3. 会计核算控制

野外差旅费既是全面完成野外地质工作的交通和住宿的保证，又是对野外地质工作者精神和物质的适度补偿，所以野外差旅费是地质调查项目经费财务管理与会计核算的重要费用。差旅费支出的控制要注重业务的审批和财务的审核。业务审批的关键是部门负责人，审批的主要内容是业务是否需要发生，怎样发生的，发生了多少；财务审核主要是财务部门的负责人审核是否具有预算，票据是否规范，核算是否正确，标准是否准确。

为了适时反映野外差旅费的支出情况，财务部门要求野外工作人员按月或者是一定时限报销野外差旅费，做到野外差旅费“前账不清，后款不借”。并对野外差旅费的开支情况进行汇总和分析，对于超预算或者是预算执行严重不足的项目及时提醒。

4. 分析监督

要保证野外差旅费管理制度切实可行并能取得良好的执行效果，野外差旅费管理控制过程就必须被施以恰当的分析监督。

由于野外差旅活动涉及许多野外地质工作者，野外工作时间长、区域面广，所以，必须针对野外差旅费有关的出差日期、出差人数、工作区域、调整系数、交通工具、住宿情况等，结合项目野外工作的具体情况，对形成的费用进行必要的分析研究，了解费用支出的合法性和合理性。

野外差旅费的管理者涉及业务部门、财务部门、人事管理部门。由于管理部门人员缺乏野外地质工作经验，对野外实际工作情况不够了解，很可能导致制定的野外差旅费管理办法背离野外地质工作的实际情况，难以满足野外地质工作的交通、住宿的基本保障和野外地质工作人员的精神和物质的补偿，或者野外津贴标准制定得太高，超越社会发展水平，扰乱职工收入水平和结构。以上两个方面要求业务人员严格遵守野外差旅费的预算、计划、标准，要求管理人员深入野外一线，体验生活，要求纪检监察部门的人员进行跟踪检查，预防和防止野外差旅费的弄虚作假。

5. 信息化管理控制

借助信息化手段，编制野外差旅费财务管理和核算信息系统，实现野外差旅费预算、计划、核算、分析的信息化处理，提高野外差旅费控制效率。

（三）野外差旅费内部管理信息系统建设

地质工作野外差旅费信息系统由中国地质调查局西安地质调查中心（以下简称西安中心）委托××软件公司完成。该公司在信息系统建立前与西安中心进行了充分的沟通，包括了解地质工作野外差旅费的管理现状和会计核算情况、野外差旅费实际的要素。在研讨的基础上开始系统设计，在设计的过程中反复征求西安中心的意见，不断完善系统。2013 年 10 月系统建设完成后，开始在西安中心试运行，经过一个月的测试，几十个项目野外差旅费报销使用该系统。现将运行情况总结如下：

（1）内容全面。地质工作野外差旅费信息系统覆盖了西安中心所有财政项目和非财政项目以及西安中心全体从业人员。同时野外差旅费涉及的交通费、住宿费、野外津贴、公杂费全部纳入信息系统管理预算核算。

（2）路径科学。传统的地质工作野外差旅费的报销路径是报销人——项目负责人——部门负责人——财务负责人——会计，是先填列，再审核，然后再计算。由于审核人往往难以及时审核，导致报销工作搁置。现在设计的信息系统的路径是报销人——会计——项目负责人——部门负责人——财务负责人。也就是说报销人在网上填制完野外差旅费报销单据以后，直接传到财务部门，会计人员进行核算，核算后再审核，审批可以网上审批，也可以手工审批，会计按照审批结果确认报销单据。

（3）简捷高效。信息系统中涉及的要素尽量使用选择按钮，所选内容大量链接到后台的数据库中，数据库可以实施更新，这样便于操作，大大地提高了工作效率。

（4）计算快速。信息系统设计了计算功能，基本数据录入以后，计算机自动计算并显示计算结果。

（5）汇总分析。信息系统按照项目设计了分析功能，为野外差旅费实施监控和管理提供汇总数据。

总之，地质工作野外差旅费信息系统能够满足目前野外差旅费的管理和报销。

（四）结论

地质矿产调查评价野外差旅费管理内控体系试点研究专题通过收集整理国家颁发的差旅费开支管理办法和地质工作野外津贴有关规定以及中国地质调查局所属有关单位制定的地质调查工作野外差旅费管理办法，通过系统分析研究，完成了预定的专题目标任务，主要研究成果有以下几个方面：

（1）为了合理地解决地质勘探职工在野外工作期间生活方面的额外需要，鼓励和发挥地质勘探职工的劳动积极性，根据地质工作野外地区的自然条件、交通条件和生活条件的差异，国家从 1964 年开始就制定了野外工作津贴规定，1980 年和 1989 年进行了修订。从 1989 年开始野外津贴的标准与差旅费开支标准中的伙食补助趋于一致。

（2）从 1988 年到 2012 年年底，财政部下发关于国家机关、事业单位工作人员差旅费开支的规定共四次。开支规定结合社会发展和物价水平，明确规定了出差人员的交通费、住宿费、伙食补助费、公杂费，成为地质工作野外差旅费执行的主要依据。

(3) 通过收集整理不同行政区划的局属单位的野外差旅费开支规定，详细论述规定的主要内容，从中得出了地质调查野外差旅费开支存在着缺乏国家层面的管理办法，各单位自定的规定其合法性和权威性受到质疑，给单位的审计带来一定的风险；同时缺乏科学的地质调查野外津贴标准，导致不同的单位在同一工作区域从事地质工作得到的津贴不一样，给地质工作者带来经济和精神双重困惑。

(4) 鉴于地质调查野外差旅费存在的问题，依据国家颁发的现行制度，从交通费、住宿费、野外津贴、公杂费方面提出了完善野外差旅费的意见，同时建议国家依据野外地质工作区自然条件、交通条件和生活条件以及社会发展水平，尽快出台地质调查工作野外津贴标准。

(5) 野外差旅费既要满足野外地质工作的需要，体现人性化，又要严格控制，不能形成超支和资金浪费。本书从预算控制、计划控制、财务管理与会计核算控制、监督控制、信息化控制五个方面建立了地质调查野外差旅费控制体系。

(6) 委托××软件公司，依据西安中心执行的《地质调查野外差旅费暂行规定》，量身定做了“地质矿产调查评价野外差旅费管理信息系统。”该系统的主要功能是进行野外差旅费的报销、查询、汇总，提高野外差旅费报销的工作效率，为适时控制和分析研究提供数据来源。该系统在西安中心运行效果良好，实现了软件建设的目标。

第五节　地质调查财务管理存在的主要问题与建议

一、地质调查财务管理相关问题梳理

此部分主要是地质调查财务管理相关问题梳理。通过座谈、调研、资料整理将有关问题归纳如下：

(一) 财务规章制度问题

各单位主要的财务规章制度比较健全，但是部分单位针对某些需要监控的部门和重点或薄弱环节还缺乏有效的针对性约束机制，有制度却执行不到位。比如：针对收取现金的其他部门和岗位约束机制；外协单位及外协费（工程费）的选择与确定机制；经济业务真实性责任落实机制等。

(二) 会计审核和核算控制中存在的问题

(1) 往来账户核算收支。一些单位通过“其他应付款”虚列项目经费

支出。

（2）财务报销凭证和手续不规范。一些人员用假发票报销，一些人通过虚填出差天数、住宿费、劳务费、租车费等套取国家资金。一些人通过从税务局取得的发票套取项目资金。

（3）经费报销手续不齐全。个别原始凭证未附明细单；返聘费通过现金发放，由使用外聘人员处室员工或同项目人员代签领取，极少部分由返聘人员本人签字领取；部分支付外聘人员劳务费，未代扣个人所得税；发放在职人员加班费、年终奖金、年度先进奖励、项目劳务费、稿费等未通过应付工资科目核算；劳务费领取手续不健全；报销原始依据不充分、报销不及时；记账凭证附件缺失。

（4）项目经费相互结转，随意性较大；项目核算不清晰，决算数据失真；虚列支出，项目成本不实。

（5）投资及收益问题。与下属实体的投资关系尚未理顺。

（6）出纳岗位管理问题。收付凭证未及时入账；部分日记账余额为负数，存在账户间串户现象；存在坐支现金现象，收取的现金未及时送存银行，部分日期现金库存余额较大；银行存款存在未编制银行存款余额调节表，财务处理不及时，造成未达账项时间较长；超范围使用现金、实际用途与提取用途不同；发票存根有丢失现象；收回的发票未及时作废处理。

（7）收入核算结转问题。部分预收款未及时结转收入；转让探矿权所收到的款项未做收入，直接转入自筹基建和购置房屋；横向项目收入直接冲减事业支出；收到的部分房租款未确认收入并少计租金；部分预收款未及时结转收入；其他应付款项中部分款项未及时结转收入；收取的会议费、评审费、审查费未确认为收入，而通过其他应付款核算；收取外单位的供暖费未确认收入；项目支出在明细核算上不正确；房租收入核算不规范。

（8）部分项目明细科目使用不当、错误，核算口径内容不统一。支出经济分类明细科目相互混用，未分别核算；项目费用归集方式错误；部分项目明细科目使用不当；费用类别核算划分不清；人为划分项目支出未按项目实际支出列支。

（9）往来账款（备用金）。部分往来款长期挂账；个人借现金备用金笔数较多且金额大，报销不及时；往来科目挂账较多；部分个人借款时间较长；内部往来账存在不符；应付工资、应付地方津贴核算内容不完整；其他应收款、其他应付款存在长期挂账现象；未及时处理与投资相关的款项；与下属公司往来账不一致，存在潜亏因素。

（10）其他核算与监管问题（含假发票）。固定资产的财务核算未分二级明细核算；工会经费使用不合格；账外设账问题；存在账外银行卡。

其根本原因是会计核算基础薄弱。

（11）合同管理不规范，存在管理环节缺位现象。合同管理中，由于科技处、办公室、财务处等管理部门在立项管理、档案管理、经费管理等方面职责不清、流程模糊，存在合同管理不规范、不到位现象。

（三）资产和技术装备设备管理方面

设备资产清查发现的问题如下：设备资产闲置现象比较普遍；随意调整采购方式，超范围采购；多头管理，管理脱节；管理制度不健全，操作性不强；设备资产未按要求建账、设卡；设备资产处置随意，报废、报损不及时；实物资产台账不健全，信息不完整、不真实；新购设备验收不及时；设备资产数据库建设滞后等。

1. 实物资产管理

已报废、毁损、盘亏，但未核销处置；部分房屋卡片登记与房产证登记面积不相符；房屋无房产证及房产证未过户；未经批准购入房屋；房屋出租管理不到位，收到的房租款未确认收入而是冲减了支出；设备闲置及使用效率较低；装备违规出借、用于营利项目；超预算采购；实际采购与批复投资计划不相符；固定资产卡片不规范；固定资产存在账实不符现象；资产报废卡未按规定聘请中介出具专项报告；资产保管欠规范；运输设备报废审批程序不符合规定；资产报废未经上级主管部门批准；部分资产账面未反映；实物资产和财务核算不衔接；账面存货已成呆滞资产；用公款购买手机等。

2. 购置固定资产未入账

个别财产项目中购置的家具、软件、文件柜等未入账；符合固定资产标准的购置未作为固定资产管理；购置的部分房屋尚未记入固定资产；在个别财政项目购置固定资产未入账。

3. 固定资产盘点

卡片与实物资产核对较困难；在用的固定资产在账面已报废；无法使用的固定资产未及时报废；应注销的固定资产未注销，造成账实不符的问题；固定资产没有按时盘点、变更及收回，造成账实不符；已报废的固定资产未及时清理；固定资产处置未履行向地调局申请及相应审批程序；固定资产报废先处置后报批。

4. 政府采购

未经批准购入设备和汽车等资产并自行报废多项资产；个别野战军装备采购未按规定进行招投标；部分政府采购设备超预算；实物购买和计划存在问题，超计划期、实际产地与投资计划不符、多付的预付款核算不准确。

5. 内部制度与岗位

单位现行固定资产管理办法有与国家相关规定相抵触的条款，岗位设置不符合不相容职务应分离控制的要求，固定资产的采购及管理岗位需充实。

6. 账务管理

（1）装备物资核算不规范：相关装备物资已收到并通过验收，但未对相关物资及应付账款予以暂估核算，所支付的货款仍在预付款中挂账；设备跨年度入账；待摊投资中列支业务招待费；材料账务处理不及时，造成账实不符；固定资产入账价值不完整、不及时；项目专用材料的财务管理不规范；固定资产手续传递不及时；无形资产未在财务账上核算；个别资产计价不正确。

（2）账务处理不规范：银行手续费直接冲减其他收入；本单位人员从项目中领取的劳务费在劳务费中列支，而未通过工资核算；账面应收款中有些实际已不具有债权实质但尚未进行财务处理；将收取的款项在应付款项中直接列出；经营支出与经营收入不匹配；存款和利息收入账务处理方法不统一；预算外收入未遵守及时和一贯性；发放目标奖未通过应付工资科目核算；软件支出未资本化；个人所得滞纳金核算不正确；福利基金提取基数不符合规定；经营收支采取“以收定支”方式进行核算；业务部室报账不及时，导致核算不及时；财务上明细科目设置不科学；同一项目分立核算；会计凭证差错。

（四）内部控制制度的建立与执行方面

1. 内部控制制度不健全

对下属经济实体管理、监督比较薄弱，目前尚未建立相应的内部控制制度；对固定资产的管理有待进一步加强，目前尚未建立固定资产盘点制度；《××支票管理暂时规定》未对银行支票存根的规范填写进行规定；《××固定资产管理暂行办法》未对固定资产实物管理的具体细节进行规定；《××制度汇编》中未制定发票管理办法；未制定《会计核算办法》《现金管理制度》；各项制度散见于各年度的文件中，尚未汇编成册；2009 年前业务台账已销毁，无法核实其经济业务的完整性，对外业务承接部门 2009 年业务管理不规范；对外协经费管理尚无明确规定；《基本建设工程项目管理办法》和《基本建设工程招标管理办法》对自筹基建项目还没有明确管理办法；固定资产的管理制度设立不全；对下属实体的管理制度不健全，下属实体为“一套人马两块牌子”；一人保管支付款项所需的全部印章；费用支付审批手续不齐全；部分采购未按规定进行政府采购；收款业务和开票为同一人，不符合不相容职责相分离的原则；未建立现金管理制度，现金收款以个人名义存入；与下属公司现金混存银行，坐支现金；尚未制定固定资产管理制度；市场横向项目从项目管理到财务核算环节需进一步有效控制；未制定往来票款核销的相关制度；《物品采购暂行办法》未明确制定固定资产盘点、存货盘点、实物资产处置细则等相关制度；未制定无形资产管理的相关制度；合同管理、项目管理、合同档案管理无制度上的明确规定；未制定财政资金拨款以外项目的立项、支出、结题的管理制度；没有建立对外投资控制制度；没有关于资产处置批量价格需上报审批的规定；固定资产清理上报标准与上级单位制定的标准不同。

2. 内部控制制度执行不到位

毁损、报废、盘亏的固定资产未及时核销；固定资产验收、报废手续执行不到位；费用报销审批手续执行不到位；固定资产、投资方面均不同程度地存在审批手续不够完善、与被投资单位关系尚未理顺等情况，对一些经济事项如房租合同及其收入的管理也有待改进；库存材料管理不规范；差旅补助管理办法执行不到位；固定资产方面，实物管理部门与财务核算部门不够协调；单位现行固定资产管理办法中报废审批管理与国家相关规定相抵触；验收单无验收人签字，无验收日期；卡片登记管理与实务管理脱节；材料账极少记载原材料收发金额；材料购入验收后，全部交与使用人员，财务核算全部计入支出项目，相当于购入即全部领用消耗；收取房租管理不规范；施工及租赁业务缺少应有的内部控制；获得奖金领取金额与账面反映数据不符；存货出库财务部门未做相应账务处理，缺乏应有的成本核算，期末成本结转较随意；现金账实不符；银行存款未达账项金额大、时间长；固定资产、原材料账实不符，与往来对账不一致；无形资产未单独核算；将收入挂账、从中支付各项费用；野战军装备采购期长达两年；固定资产先处置后报批；住房基金支付住房补贴，未取得上级批复预算文件。

（五）基建项目管理方面

未严格执行基本建设程序和审批规定，先斩后奏，立项审批程序不规范；未开设基建资金专户；不按规定招投标，超概算、超投资；超概调出形成账外资产；工程支出无合同或不按合同支出、虚列工程支出；未及时结题、结余挂账、自行调整动用项目净结余；账表不一致；未统一核算、未按规定办理竣工决算、不能及时编报竣工决算，已完工使用的未纳入固定资产，改变使用用途；基建账不完整、不规范。

二、相关建议

（一）会计核算方面

（1）按照《事业单位会计制度》《事业单位会计准则》及国家相关法规制

度规定，严格审核，规范核算，确保经济活动合理有序的运行。

（2）完整核算各项收入、支出，并注意防范税务稽查风险。

（3）增加项目核算的财务人员，加强财务人员结构和素质，加强财务的学习与培训工作，规范财务核算。详细准确地核算所有项目情况，充分发挥财务监管职能。

（4）对现金的管理与使用范围进一步细化，核定现金库存限额，减少风险，按《现金管理暂行条例》规定现金用途，完善现金支出制度。

（5）严格执行财务资金使用与报销暂行规定，现金账户专款专用，收到现金及时送存银行，日清月结。

（6）建立支票登记簿制度，将现金、转账支票的购买和使用情况及时完整记录。按月编制银行存款余额调节表，借出支票及时挂账并及时报销。加强备用金的管理，督促及时报销，加速资金周转。

（7）应及时清理往来挂账，对报销的单据严格把关，严防收费项目的漏洞，对涉及重大资金长期占用、应结未结、呆账坏账等历史遗留重大事项，报送上级主管部门给予协调解决、审批处理。

（8）发放劳务费一定要个人签名，严谨没人签名的现象，并且发放的劳务费要代扣个人所得税，以规避税务风险。

（9）在收入方面，进一步规范收入管理制度，要求各部室收入应尽量采取银行转账形式，对不可避免的现金收入必须及时上缴，不得由业务部门留存大量现金，不得坐支现金，不得出现小金库等违规情况。

（10）在支出方面，明确规定支出流程程序、审批权限和报账必备资料，对达到一定金额以上的支付，除必备的流程和审批外，还要申请支付部门提供合同和结算单的复印件，作为支出后附资料。

（11）加强发票的管理，做到发票尽量由财务人员经手，开出的发票尽早进行财务处理。

（12）加强银行印鉴和支票管理，公章和名章应分由两人保管，签发支票应有确定的金额并及时登账，银行存款余额调节表应由银行出纳员之外的人员编制。

（13）细化岗位职责，避免相互推诿现象。

（二）资产管理方面

（1）加强固定资产的管理，严格执行固定资产验收手续，应当定期或者不定期地对固定资产清查盘点，对报废、毁损、盘亏的固定资产经审批后及时核销，对应回收的固定资产及时回收，保证资产的真实准确。

（2）切实加强固定资产的采购、处置管理，准确划分固定资产的界限。

（3）对符合资本化条件的工程支出应按资产入账；加强对矿业权的管理，对国家出资项目形成的矿业权应予以备查登记，充实资产管理人员，及时登记资产管理资料，保证单位资产管理的规范、安全。

（4）尽量减少固定资产资源的浪费，做到账、卡、物一致。

（5）加强对外投资等各项资产的管理，保护国有资产安全。

（6）固定资产管理部门和财务部门每年至少一次全面盘点，保证账实相符。对出现产权不清或盘盈盘亏情况，及时提交办公室会议做出决议。

（7）对财政拨款基建项目按《中华人民共和国招标投标法》规定进行招投标工作，规范基建项目财务核算。

（8）对已经领用但可以在较长时间内使用的低值易耗品，应建立实物备查账，以免形成损失。

（9）建立和完善库房的实物资产收、发、存明细账，使实物资产在单位的流转过程留下完整的记录。

（10）进一步建立健全固定资产购置的制度，明确立项、决策和实施等各环节的流程和权限设置，并保证切实实施。采购前应根据单位长远规划和近期规划，进行充分调研后，再做出科学决策。避免出现虚假采购、与中标商串通等各种方式套取资金情况，以及购置的设备使用率低下的情况。

（三）内部控制方面

（1）建立健全内部控制制度，对已经建立的内部控制制度，进一步细化完善，加大执行力度，以保证执行到位。在项目的立项、预算编制、预算实施、项目经费使用、项目结题验收、项目结余资金的处置等环节明确规定业务流程和权限设置，保障项目资金安全、合法、有效的利用。

（2）根据项目专用设备预算及部门预算制订详细采购计划，采购设备核算具体到项目，以便于预算的比较分析。

（3）结合各单位实际情况，进一步完善内部审计职能和岗位职责，明确审计重点，加强专项审计，并向领导提交审计报告。

（4）进一步明确报销复核岗位职责及核准权限，要求财务核准人员在复核后费用标签上签字。

（5）完善加强合同登记管理，做到“用印登记、合同呈审表、合同登记表”三者相符，妥善保管合同等档案。

（6）进一步建立健全工程合同管理制度，完善合同的调研、签订、实施、结算、归档等全部流程程序和权限设置，工程结算单必须作为合同的必备资料严加管理。

(7) 对于存在一套人马两块牌子的问题予以规范，防止出现资金混用问题，应将人员尽量分开，或精简部门。

(8) 建立健全存货管理制度，保证存货的入库、保管、领料、出库等各环节的信息由财务部门监控，在制度设置方面避免出现账外销售或小金库的行为出现。

(四) 工程项目管理方面

对列支的大额维修项目支出，应按照对工程项目的要求进行管理，要求手续完备、资料完整。对符合条件的工程项目应履行招标程序，公平、公正、公开地选择施工单位；工程竣工后，建设单位应会同施工单位、监管单位一起对工程进行验收，并形成书面的三方签章的验收报告；建设单位应对竣工决算报告进行审核，审核结果与施工单位协商一致后才能完成工程决算。

第四章 地质调查综合统计与资产管理研究

第一节 中央公益性地质调查队伍综合统计指标体系规范化研究

根据国土资源部统计工作改革的要求，为了准确、及时地反映中央公益性地质调查队伍建设的情况，同时由于综合统计工作中所涉及的范围需要调整和补充，特别是对具有公益性地质资料服务没有进行统计和反映，按照《国土资源部办公厅关于印发〈国土资源统计报表制度〉的通知》（国土资厅发〔2011〕5号）的有关精神，开展了中央公益性地质调查队伍综合统计指标体系规范化研究。

一、统计学的研究方法

统计学是一门方法论的科学，统计研究的基本方法是大量观察法、统计分组法、综合指标法、经济模型法和统计推断法。

1. 大量观察法

大量观察法是指对于客观事物现象及其发展变化过程，要从总体上进行观察，是对所研究的总体的全部或足够多的个体进行观察和综合分析的一种统计研究方法。例如统计报表、普查、抽样调查等，就是通过观察总体中的大量单位，以了解现象发展情况的。此法主要用于统计调查阶段。

2. 统计分组法

统计分组法是指根据统计研究的任务和被研究总体现象本身的

内在特点，按照某一标志，将被研究总体区分为性质不同的部分或组的一种统计研究方法。例如，按资金来源渠道可将地质调查项目经费划分为国土资源调查经费、地质勘查经费、地方财政资金、矿产资源补偿费和其他投入等。通过分组才便于从整体上分析研究各部分、各单位的数量特征与数量关系，从而才能对总体各单位的综合数量特征及变化趋势进行描述和总结。此法主要用于资料整理阶段。

3. 综合指标法

综合指标法是指利用各种综合指标，通过有机结合来对总体现象的数量特征与数量关系进行统计分析的一种统计研究方法。常用的综合指标有总量指标、相对指标、平均指标等，借助这些指标通过分解与对比分析，反映总体各单位的水平、比例关系、发展速度等。此法主要用于统计分析阶段。

4. 经济模型法

经济模型法是指把社会经济现象的数量关系抽象化为数学变量，根据经济现象之间的关系和内在联系建立起数学变量之间的数学模型，根据数学模型的运算来模拟、演示经济现象之间联系与变化规律的一种统计研究方法。它大大提高了统计分析的技术水平和统计分析的认识能力。该法常用于经济与管理、决策与预测工作。

5. 统计推断法

在统计研究中，我们所观察的单位常常是部分单位或有限单位，但所要判断的总体对象是大量的，这就需要根据局部的样本资料，对总体对象的数量特征做出置信判断。统计推断法是指通过各个单位的调查研究，根据各个单位的数量特征，从个别到一般，从具体事物到抽象概括，从而推断总体的数量特征的一种统计研究方法。它是现代统计学的基本方法，广泛应用于总体数量特征的估计和对总体某些假设的检验。

以上各种方法间相互联系，相辅相成，从而构成一个完整的统计研究方法体系。在具体工作中要注意各种方法间的相互结合，如在调查方法上要注意把大量观察和典型调查结合起来，在分析方法上要注意把综合分析和具体情况分析结合起来。将各种统计分析方法综合应用，才能增强分析的广度和深度，写出高质量的调查研究报告和分析报告，为决策人员提供科学的依据，更好地发挥统计认识社会、服务社会的强有力作用。

二、统计工作的基本任务与职能

1. 统计工作的基本任务

《中华人民共和国统计法》中规定：“统计的基本任务是对经济社会发展情

况进行统计调查、统计分析，提供统计资料和统计咨询意见，实行统计监督。”因此，统计工作的任务有：①进行统计调查，即采集统计资料；②进行统计分析（包括推论与预测），即对采集来的统计资料进行整理、描述、分析、推论和预测；③提供统计资料，即向各级决策者、管理者和统计信息需求者提供统计信息，进行统计咨询服务；④实行统计监督，即严密观测社会、经济、科技等发展动向并加以分析。

统计工作既是信息业也是咨询业，实现统计工作计算机化，加速统计信息自动化建设，是当前统计改革和建设中一个刻不容缓的课题。

2. 统计的三大职能

（1）统计信息职能。现代社会，信息已成为一种重要的战略资源，成为一种生产要素，统计信息是社会经济信息的主体。市场竞争之胜负，很大程度上取决于市场信息的数量和质量，统计信息职能是通过统计系统，运用科学的调查方法，采集经济、社会、科技等方面活动情况的统计数据，为各级领导了解情况、决定政策、指导工作提供依据。

（2）统计咨询职能。该职能是指利用已掌握的丰富的统计信息资源，运用科学的分析方法和先进的技术手段，深入开展综合分析和专题研究，为科学决策和管理提供可供选择的咨询建议与对策方案。

统计咨询是统计的一项重要职能。统计分析报告要达到针对性强、量化分析水平高、对策建议比较切合实际的目的，同时注意时效性。

（3）统计监督职能。该职能是指为了满足统计调查和统计分析的需要，及时、准确地从总体上反映经济、社会和科技的运行状态，并对其实行全面的检查、监督和预警。通过信息反馈来检验决策是否科学可行，对决策在执行过程中出现的偏差提出矫正意见，统计监督作用日益显著。

统计是观测社会、经济、科技发展变化的“仪表”。各级统计机构根据社会发展规律和党的方针政策密切注视国民经济发展态势，紧密围绕宏观经济调控目标和微观发展战略，灵敏跟踪各项政策执行情况，通过运用现代经济计量的方法和统计分析手段，形成了严密的统计监督网，充分发挥国民经济“监测仪”的作用。

在三大职能中，信息职能是最基本的职能，同时提供咨询，实行监督。随着社会主义市场经济的建立与发展和决策的民主化与科学化，统计作为现代科学管理手段，将会发挥越来越重要的作用。

三、统计指标体系

1. 统计指标体系概念

每一个统计指标只能表现客观事物的某个侧面，复杂的经济与社会现象必然会涉及不同的统计指标，那么，由若干相互联系、相互制约的统计指标所形成的统计指标系统，就称为统计指标体系。

2. 统计指标体系的分类

不同的统计任务有着不同的统计指标体系，也有着各自的形态和内容，根据统计指标体系反映的内容不同，分为基本统计指标体系和专题统计指标体系。基本统计指标体系是反映统计对象基本情况的统计指标体系，专题指标体系是为研究某一问题、反映某一侧面而专门设置的统计指标体系。

3. 设立统计指标和统计指标体系的原则

与统计指标和指标体系相联系的是要明确统计分类和分组，它也是统计设计的一个重要内容。统计分类标准化是指国家对统计调查中所使用的指标含义、计算方法、分类目录、调查表式、计算单位和统计编码等做出统一的规定和标准。在各种统计分类中，最重要的是国民经济行业分类标准，工农业产品分类标准，劳动资源、物资资源、自然资源分类标准等。

这些分类与统计对象的总体范围及指标口径、计算方法等均有密切联系。这些分类解决不好，指标的计算、资料的采集、数据的质量就会受到直接的影响。

建立统一的统计标准，是对国民经济进行统一核算、实行国民经济核算新体系和实现统计信息处理自动化的基本条件。各专业的基本统计单位、统计指标、统计分类、统计报表格式、统计计量单位、统计编码体系要有机衔接，要规范化、标准化、统一化。制定与实施国民经济核算新体系，全面推行基层业务、统计、会计一套表格和建立与统计数据库要求相配合的完整的统计标准与编码。标准化既是现代化大生产的必要条件，又是实行科学管理的基础。通过建立统计数据库，运用电子计算机对统计信息进行科学管理，实现统计信息资源共享。

四、中央公益性地质调查队伍综合统计指标体系中的补充指标及其解释

1. 单位名称

单位名称是指经有关部门批准正式使用的局属单位（以下简称单位）详细名称，并与单位公章一致，增加中国地质调查局油气资源调查中心。

2. 单位编码

单位编码是指为便于中国地质调查局及局属单位综合统计管理，而设置的内部编码，增加中国地质调查局油气资源调查中心单位编码。

3. 从业人员情况

（1）专业技术人员：具有中专以上学历或初级以上职称（务）的人员，

还包括已取得专业技术职称、从事技术管理工作的人员和从事与技术管理较为密切的党政领导工作的人员。

（2）从事科技活动人员：从业人员中的科技管理人员、课题活动人员和科技服务人员。

（3）科技管理人员：科研院、所领导及业务、人事管理人员。包括从事科技计划管理、课题管理、成果管理、专利管理、科技统计、科技档案管理、科技外事工作、人事管理、教育培训、财务等科技活动相关的人员。

（4）课题活动人员：编制在研究室或课题组的人员。例如人员既从事科技管理，又进行课题活动，则按编制填写。

4. 正式职工按岗位性质分情况

（1）管理人员：负担领导职责或管理工作岗位上的人员。

（2）专业技术人员：从事专业技术工作，具有相应专业技术水平和能力要求的工作岗位上的人员。

（3）工勤人员：承担技能操作和维护、后勤保障、服务等职责的工作岗位上的人员。

5. 职工培训与教育

职工培训与教育是指正式职工在报告期内接受培训、学历教育，取得毕业或结业证书的情况。培训必须以参加省级或全国国土资源行政主管部门举办的专业技术培训进行统计，补充按行政级别分类。

6. 培训

培训是指参加由党校、行政学院及各专业主管单位举办，在职职工参加，学期在两周以上不超过一年的培训班的职工人次数，按报告期取得结业证书统计，补充按行政级别分类。

7. 学历教育

学历教育是指为提高职工知识水平，由国家正规院校（含党校、行政学院）招收在职职工进行的学历的教育。以在本单位进行管理登记的在校学习人数为准，补充按行政级别分类。

8. 收支情况

增加部分预算收支科目。

9. 固定资产

固定资产是指能在较长时间内使用，消耗其价值，但能保持原有实物形态的设施和设备，如房屋、建筑物和单位价值在规定标准以上的耐用财产、物资。固定资产净值是指固定资产的折余价值。

五、综合统计报表的含义与种类

1. 统计报表的含义

统计报表是我国采集统计资料的一种主要方式方法。它是按照国家有关法律、法规的规定，自上而下地统一布置、自下而上地逐级提供统计资料的一种统计调查方式方法。它必须以一定的原始记录为基础，按照统一的表式、统一的指标、统一的报送时间和报送程序进行填报。

2. 统计报表的种类

（1）按调查范围分。按调查范围不同，可分为全面的统计报表和非全面的统计报表。全面的统计报表要求调查对象的每一个单位都填报，现行的绝大多数统计报表都是全面的统计报表；非全面的统计报表只要求调查对象的一部分单位填报。

（2）按报送周期分。按报送周期长短的不同，可将统计报表分为日报、旬报、月报、季报、半年报和年报等。这些报表不仅有反映时间长短的差别，而且所包括指标项目的繁简也有所不同。例如年报具有年度总结性质，指标要求更全面，内容要求更详细。

（3）按报送方式分。按报送方式的不同，可将统计报表分为电讯和邮寄两种。日、旬报的及时性强，可用电讯报；月报、季报、半年报和年报，一般用邮寄报送。

（4）按填送单位分。按填送单位的不同，可将统计报表分为基层报表和综合报表。由基层单位填报的叫基层报表，由主管部门或统计部门根据基层报表逐级汇总填报的统计报表叫综合报表。

（5）按实施范围分。按实施范围不同，分为国家统计报表、部门统计报表和地方统计报表。国家统计报表是采集国民经济和社会发展情况的基本统计报表。部门统计报表是搜集各级主管部门所需要的专业统计报表。地方统计报表是满足地方专门需要的统计报表。

第二节　所属队伍的资产管理现状调查研究

一、事业单位资产特点及国家相关管理政策

（一）事业单位国有资产的构成及特点

事业单位国有资产，是指事业单位占有、使用的，依法确认为国家所有，

能以货币计量的各种经济资源的总称。事业单位国有资产的形成来源有六种：征用及无偿划拨、财政预算拨款、各种捐献与捐助、行政性收费建设与积累、依托行政力量经营而积累、市场化经营而积累。

这些资产的特点为：

（1）公共性。事业单位国有资产是开展正常工作而配置的必要资产，大多数事业性资产不以营利为目的，而是通过使用和占用这些资产为社会提供服务，推动和促进社会发展，所以具有社会公共产品的性质。

（2）使用无偿性。根据事业单位的性质来看，事业单位资产一般配置于社会非生产领域，使用以服务性为目的，有占有和使用无偿性等特点。

（3）消费性。事业单位国有资产主要由财政预算拨款形成。不同于经营性国有资产的是，资产的价值转移并不要求充分补偿。通常，事业性资产使用后不能创造出新价值，它的整个过程从社会再生产角度来看，是一个非生产性消费过程。

（4）准经营性。原则上事业单位资产与行政单位资产一样具有非经营性，但基于部分事业单位的性质，国家政策上允许部分事业单位利用其资产进行多种形式的经营活动，从而取得相应经营收入，用以弥补事业经费的不足及部分资产的更新。

（5）事业单位资产数量大、增长快。财政部财政科学研究所国有资产研究室研究资料显示，全国各级事业单位资产总量占全部行政事业性国有资产总量的70%以上，而这部分资产多年来处于监管不力的状态。事业单位国有资产增长幅度较快，近十年以年均17%的速度增长。

（二）当前事业单位国有资产管理办法的主要特点及管理理念

1995年，财政部和原国有资产管理局曾颁布实施了《行政事业单位国有资产管理办法》，确立了国家对行政事业性国有资产实行“国家统一所有，政府分级管理，单位占有、使用”的管理体制。为建立适应社会主义市场经济要求的公共财政体系，2000年在全国人大和审计署的推动下，财政部拉开了中央部门预算改革的序幕。随着预算改革不断向纵深推进，基于预算管理导向的国有资产管理改革也在逐步推进。2001年开始试编政府采购预算。2004年推行实物费用定额试点。2006年5月，财政部颁布实施了《行政单位国有资产管理暂行办法》《事业单位国有资产管理暂行办法》（以下简称两个《办法》），标志着我国行政事业性资产管理工作进入了一个新阶段，对促进我国国有资产管理向规范化、科学化、法制化方向发展，对维护行政事业单位国有资产安全完整、合理配置和有效利用，对保障促进各项事业发展，建立适应社会主义市场经济和公共财政要求的行政事业单位国有资产管理体制具有十分重要的意义。

这两个《办法》首次明确了财政部门对行政事业资产综合管理的职能，确立了“财政部门统一领导、各部门分工负责、单位占有使用”的管理体制框架。其中，《事业单位国有资产管理暂行办法》弥补了原有管理体制的缺陷——财政部结合事业单位资产管理的特点和规律，构建了事业资产从配置、使用到处置的全过程的有效监管体系。其主要特点包括：①管理机构及其职责更为明确。明确财政部门、主管部门、事业单位三个管理主体在资产管理工作中的具体权限，即综合、监督和具体管理。②资产管理范围更为宽泛，既有实物资产管理，也有非实物资产管理；既包括固定资产管理，也包括流动资产、对外投资、无形资产等其他形态的资产管理。③资产管理内容更加全面，明确了资产配置、使用、处置等各个环节的管理要求，强化了国有资产收益管理。④资产使用在表述上，不再采用“非经营性资产转经营性资产”的概念，而是采用“资产使用”来表述。

两个《办法》与以往资产管理制度相比，体现了三个新的理念：①资产管理与预算管理和财务管理相结合；②提出资源整合和共享共用的理念，以强调资产利用效率，即明确财政部门、主管部门对事业单位长期闲置、低效运转资产可以进行调剂；③以信息化带动资产管理水平的提高，即要建立和完善事业单位国有资产管理信息系统。

随着两个《办法》的实施，财政部从五个方面全面加强行政事业单位国有资产管理：①制定出台配套制度，建立健全行政事业资产管理规章制度体系；②开展行政事业单位资产清查；③建立全国行政事业单位国有资产管理信息系统；④全面加强各环节监督管理；⑤指导推动地方政府部门和主管部门加强行政事业单位国有资产管理。

另外，两个《办法》具有六大特点：①明确了管理原则；②理顺了管理体制；③规范了配置程序；④强化了使用管理；⑤加强了处置管理；⑥完善了收入管理。

2007 年加强了对资产的管理，促进资产管理与预算管理的有机结合。2008 年，进一步完善资产管理制度建设，加强资产管理的基础性工作，研究建立资产配置标准和相关实物费用定额，着手编制资产配置预算，推进资产管理和预算管理的有机结合。2009 年，建立覆盖资产配置、使用到处置全过程的制度体系，推动资产共享共用机制，以存量制约增量，以增量调整存量，规范资产处置活动和有偿使用活动及其收入的管理，对有关收入严格按照“收支两条线”进行管理。同时，在 2009 年中央部门预算中新增“中央行政事业单位资产存量情况表”“制约行政事业单位新增资产配置预算表”，对新增资产配置进行专项审核，初步建立财政部内部资产配置事项审批的流程，初步形成资产管理部门与预算管理部门协调配合的行政事业单位资产管理机制。2010 年继续推进实物费用定额试点，探索建立人员定额和实物定额相结合的定额标准体系，规范资产出租出借及处置收入管理，按照非税收入纳入预算管理的有关规定，上缴财政。2011 年加快制定资产配置等标准，完善资产标准体系，健全资产管理与预算管理、政府采购有机结合的机制，注重新增资产配置预算与部门基本支出、项目支出和采购预算之间的衔接，促进国有资产的合理配置和有效使用。

经过一系列的改革，资产管理有了质的转变，取得了阶段性的成果，主要体现在以下几个方面：①建立了较为完善的管理体制，健全了财政部门——主管部门——局及直属单位的国有资产管理组织模式，各单位建立了专职机构和人员。②建立健全了资产从配置、使用到处置等全过程的管理制度体系。③开展资产清查，掌握了存量资产规模和管理现状。④创新了资产管理理念，初步确立了以预算管理为导向的资产管理观念，力图改变重购轻管的状况，提出建立资产共享共用与成本补偿管理机制，尝试将绩效评价机制引入资产管理。⑤开展培训，提高了人员素质，在此基础上改造资产管理的硬件与软件，采用计算机技术及设备，以资产清查结果作为初始数据，初步建立了国有资产动态管理信息系统，实现了资产信息的网上查询、录入、分析等基本功能，实现了资产存量信息的共享，为资产存量的动态管理、使用的绩效评价、增量的优化配置等提供了决策所需的信息支持，提高了资产管理效率。

二、承担地质调查项目的所属单位资产管理现状

中国地质调查局是国家副部级事业单位，局属各单位包括专业地调机构、科技创新机构、技术支撑机构、公共服务机构及区域性地调机构五类机构，均为承担地质调查项目的中央公益性地质调查队伍。地质工作的公益性质及特征决定其向社会提供的是公共产品与公益服务，其使用的资源具有无偿性、公共性等特点。

（一）资产概况

至 2012 年，中国地质调查局及局属队伍国有资产总值达到 82.06 亿元，比 2011 年年末增加了 7.49 亿元，增幅为 10.04%。2012 年，局属队伍中固定资产总值超过 2 亿元的单位 15 个。

1. 关于专项资产规模

从 2003 年地质调查技术装备专项建设实施以来，中央公益性地质调查队伍先后采购了大批先进的地质技术装备，这些装备不仅数量大、价值高，且分别由当时 26 个直属单位占有使用，给装备实物资产与账务管理带来一定的难度。

2. 关于项目经费采购的资产

近年来，地调局对利用项目经费采购的资产做了明确规定，地质调查项目

经费的10%可用于项目研究设备资产。由于地质调查项目经费持续上升，当前承担地质调查项目所属单位利用项目采购的资产金额和实物数量大幅增加，成为所属单位资产的主要来源；另外，项目经费采购的设备资产由于项目研究人员和研究地点的分散性等原因，其实物资产与账务管理也难以实现动态管理，以及实物和账务的统一管理。

3. 关于资产账务处理

2007年前，许多局属单位存在呆坏账取证困难的问题，如部分应收账款科目中三年以上账龄的呆坏账很多；另外，流动性资产，潜亏挂账现象较多；许多利用项目经费采购的资产，还未能做到完全清晰的管理。

4. 关于对外投资

事业单位对外投资一般是经营性投资，它是指事业单位与其他单位共同出资组成合资或者联营实体的对外投资。过去，国家允许事业单位利用其占有的国有资产进行多种形式的经营活动，从而获得经营性收入，其目的主要是用以弥补事业经费不足以及更新部分国有资产，从而改善事业发展的物质条件。随着事业单位改革的推进，国家对事业单位对外投资有了明确规范，尤其是对公益性事业单位对外投资进行了清退处理。2012年全局对外投资减少471.73万元，这是由于原局属单位原投资企业的转让或注销等原因造成的；全局对外投资新增996.63万元，全部为航遥中心对原投资企业增资扩股形成。

（二）资产管理存在的问题

1. 资产配置不合理

目前，部分局属单位国有资产重复购置现象严重，导致资源配置不合理，尤其一些单位的资产不能根据各自所承担的任务量匹配，导致了资产分配、占用不协调。

（1）由于财政部门或事业单位主管部门对其局属单位的存量资产数量和质量情况不清，因此很难在源头上强化预算管理，造成了使用单位对资产占有欲望的无限扩张和资产配置的随意性。另外，许多事业单位缺乏健全的资产管理制度，购置一般通用型固定资产时，没有严格的审批制度和监管制度，存在购置的盲目性和随意性。加上这些资产多为非经营性资产，事实上变为部门所有。

（2）资产短缺与闲置并存。一是有的单位办公用房人均只有几平方米，有的单位却有大量空余办公用房用来经营或出租、闲置。与此同时，有的单位却要耗费大量财政资金租房办公，由此出现局属事业单位之间办公条件差距悬殊现象。二是资产配置长期被单位或部门分割封闭，不能流通，资产短缺和闲置也都必然同时存在。

2. 资产使用效率不高

资产配置不合理，重复购置现象严重，在使用过程中又缺乏规范化管理，导致一些局属单位存在资产闲置现象，其中固定资产方面较为突出。

(1) 单位资产调剂困难，共享利用和社会化利用程度偏低。一些使用单位对本单位的资产没有承担起相应的责任，使购置的资产没有得到充分利用，有的甚至长期搁置。例如有的单位购入的大型装备，利用次数少又不能对外服务社会化，利用率较低，而主管部门无力进行调剂也是造成其他单位重复购置的原因之一。

(2) 部分专业化设备重复购置，使用效率低，有的甚至年使用率为几小时；由于项目研究所需设备资产是由项目组进行预算编制和采购，许多同类型地质调查项目所采购的设备资产相同相近，但由于设备资产归属单位和项目组的不同，一定程度上存在重复购置和浪费问题；此外，由于项目组进行设备预算编制在前，也会出现决策失误导致部分设备购置后无法使用或面临更新换代要求，造成资产浪费。

(3) 闲置浪费现象严重。例如一些单位购置的专用设备，因各种原因造成利用率不高，又没有做好相应的保养工作，使设备损坏严重。

3. 资产流失问题

目前单位国有资产流失主要有几下几种途径：因流动资产管理不善引发的资产流失；无形资产方面的资产流失；资产处置不规范导致的资产流失；决策失误造成无效资产增加导致的资产隐性流失、账外资产方面的资产流失，“非转经”导致的资产流失等。

(三) 原因分析

《事业单位国有资产管理暂行办法》对事业单位资产管理中存在的问题给予了明确的解决方案，即完善了管理体制，明晰了管理主体，这对今后事业单位资产规范化管理起了约束性作用。但现实问题仍然大量存在，其原因主要有如下方面：

1. 管理机构与管理职责不清

中国地质调查局及局属 27 个单位普遍存在内部职责不清、职能交叉，财务管理与资产管理权限不清等情况。首先，绝大多数局属单位的资产管理工作是由财务处和后勤处共同管理，即实物形态和价值形态分开管理，一定程度上造成了资产管理上的混乱。其次，长期以来“重钱轻物”的观念导致了资产管理上的落空。最后，局属单位领导重视程度不够与资产管理方面规章制度的不健全、缺乏监督机制，也是造成资产管理不利的重要原因。

2. 机制不健全

（1）资产形成与配置方面：首先，存在一定程度的财政预算软约束现象，各单位受部门利益驱动，导致一部分资产形成过程失控。其次，缺乏公正合理、有约束力的财产配备标准，各单位往往不根据实际情况，只顾申请增加新资产，造成资产配置的随意性。再次，大部分局属单位都有对外投资业务，其资产来源的多样性及非透明性容易造成资产配置不公与重复购置。最后，缺乏政府采购制度的相应监督机制。

（2）资产使用方面：首先，缺乏财产使用效率考评标准与考评方法和有效的激励约束机制，不利于资产使用效率的提高。其次，缺乏严格、规范的管理手段，如不重视资产资源整合与共享，上级部门又无法对闲置资产进行调剂等因素，导致了资产使用效率低。最后，资产的实物管理与价值管理相脱节，导致账外资产的出现；使用单位之间资产难以调剂，影响资产的使用效率。

（3）资产处置方面：27 个直属单位都相应缺乏规范的资产处置程序，导致处置过程的随意性与浪费现象；有部分单位对资产使用过程中的产权管理特别是产权变动管理不严密，不能依事实变化及时做出相应的产权变动更改程序，这是造成资产流失的一个原因。

三、资产绩效评价研究

市场经济下，为了充分利用稀缺的公共资源，最大限度满足社会经济发展需求，必须对国有资产进行绩效评价。《事业单位国有资产管理暂行办法》强调了要加强资产绩效评价工作。事业单位资产管理中常见的问题包括资产运作效率低下，运行成本高，管理和使用人员缺乏资产保值增值责任意识。中央公益性地质调查队伍作为公益机构，基本上为非营利单位，并以地质科研性质为主，其资产运行绩效直接影响到地质事业的发展及服务质量，但由于地质工作的公益性和非营利性，其资产绩效难以度量，资产绩效缺乏考核。

事业单位资产绩效评价和财政支出绩效评价及事业单位自身绩效评价相比，既有联系，又有其特殊性。首先，资产绩效评价是财政支出评价的延伸，也可说是财政支出评价的主要内容。其次，更注重对资产安全性、资产保障性及其运营过程及效果的评价。最后，公益性地质队伍的资产具有非经营性、非营利性和资产贡献的非货币性，决定了其效益指标的难以计量、难以评价。结合资产绩效评价的目标和中央公益性地质工作的自身特点，本书认为直属单位的资产绩效评价指标应以资产安全、质量、效率为评价核心，研究资产绩效评价指标体系，建立绩效评价机制，重视评价结果的利用，将评价结果与增量配置、存量使用的激励与奖惩机制挂钩，通过绩效评价手段牵线搭桥，真正实现预算管理与资产管理的有机结合。指标体系见表 4－1。

表 4-1 资产绩效评价指标体系

评价内容	评价指标	指标解释
资产安全与质量	资产安全完好率 = 账实相符的资产面值/总资产值×100%	资产安全完好率：单位账实相符的安全完好资产占总资产的比率，是反映资产安全性的核心指标，该指标越高越好
	资产更新率 = 新增资产/总资产×100%	资产更新率：近年新增资产占总资产之比，反映资产新旧程度和质量
	资产可用率 = 随时可投入使用的资产/总资产×100%	资产可用率：反映资产质量
	事业资产率 = 用于公共事业的资产/总资产×100%	事业资产率：用于公共事业的资产占总资产的比率，反映单位是否对资产配置合理，是否以事业发展为主
	应收账款率 = 应收账款/流动资产×100%	应收账款率：事业单位应收账款占流动资产的比率
资产利用率	固定资产共享率 = 和外单位共享共用的资产/固定资产总额×100%	固定资产共享率；反映单位之间共享共用固定资产情况。和外单位共享共用资产是指本单位占用，可以和外单位共用的账面资产
	流动资产周转率 = 事业收入/平均流动资产×100%	流动资产周转率：反映单位流动资产管理效率与周转速度，事业收入是指单位从各种渠道组织得到的收入，包括拨款收入、政府规定的收费收入、有偿服务等，平均流动资产是指期初流动资产和期末流动资产的平均值
	总资产周转率 = 事业单位收入/平均资产总额×100%	总资产周转率：反映单位总资产周转状况
	固定资产使用率 = 在用固定资产/固定资产总值×100%	固定资产使用率：考核固定资产在用情况

（续）

评价内容	评价指标	指标解释
效益指标	事业资产产出率 经营性资产回报率 服务性资产保值率	事业单位资产分为：事业性、经营性、服务性资产三类 事业资产产出率：反映事业资产贡献大小 经营性资产回报率：单位内部从事经营活动的资产对本单位的回报率 服务性资产保值率；资产原值与原值和维护更新费用之和的比
发展能力	资产负债率 = 负债总额/资产总额 × 100%	由于事业单位不提折旧，总资产中包含了已实际转移的损耗价值
	人均资产率 = 资产总值/职工人数 × 100%	人均资产率：单位职工人均拥有资产数额，反映了单位资产规模和实力 正常情况下，数额越高，单位装备技术水平越高，发展物质基础越好

四、地质事业单位资产管理改革的思考

1. 完善制度建设

完善局属单位资产管理，制度建设是基础。从资产管理的流程、目标、原则方面，建立一套完整、先进的内部控制制度。首先，根据《事业单位国有资产管理暂行办法》相关规定，中国地质调查局作为国有资产使用主管部门再制定一套适合本系统管理的配套资产管理办法，该办法应从资产形成、使用、处置全程进行规定，以实现全过程动态管理。作为资产具体使用基层单位，各局属单位也应在局管理办法的基础上完善本单位的管理办法，落实具体管理主体、职责等内容。其次，中国地质调查局作为27个单位的主管部门，应首先明确局资产管理部门与职责。最后，应制定适合地质调查工作性质的资产配置

实物标准和价值定额。

2. 加强资产预算化管理

预算管理是资产管理的重要手段，也是源头管理。两个《办法》都强调了要加强资产预算化管理。尤其是承担地质调查项目的事业单位，对项目研究过程中需要采购的设备资产，一是要按国有资产管理相关办法管理实物资产，二是要严格按项目管理办法进行科学预算编制和采购。目前，虽然财务、基建和修缮等预算已执行，但事业单位国有资产的预算管理体制尚不完善。编制固定资产预算的过程是一个单位充分分析存量资产和履行工作职能的需要，各单位必须将两者结合进行科学配置资产。建立科学的资产预算制度是解决资产管理中存在问题的根本出路。中国地质调查局作为27个局属单位国有资产上级管理部门，应从资金预算上对各局属单位资产的占有、管理和使用情况进行有效制衡，切实把各单位资产管好、用好的积极性调动起来。“以存量制约增量、以增量调节存量”的资产管理措施如下：

（1）盘活资产存量的管理措施。

1）以《事业单位会计制度》为依据，调整资产会计核算方法，计提折旧，真实反映资产原值和净值，为新增资产购置及维护预算的编制提供真实的基础信息。资产按照以往制度不计提折旧，以原始价值入账，资产账面价值与资产净现值、市值差异大，其中房屋及建筑物的市值大于原始价值，设备类的净现值小于原始价值，而资产购置及维护、运行预算经费是以资产原始账面价值为依据进行投入的，因而预算资金使用的合理性和有效性得不到保证。应根据《事业单位会计制度》的规定，结合各类资产的使用年限规定，合理确定折旧方法及折旧年限，体现资产原始价值及净现值、市值，以各类资产的现值及损耗程度为依据，确定资产购置及维护预算，以此促进资产的日常管理，改变“重购轻管、处置滞后”的现状。

2）更新资产管理理念，为预算管理服务，打造高素质资产管理队伍。首先，领导班子要充分认识资产管理的重要性，树立资产实物管理与预算经费管理相结合的理念，看到资产管理对单位可持续发展的重要作用。宣传、建设“节约型”单位并严格执行资产管理制度，让全体工作人员都成为资产的使用者、管理者、监督者。资产管得好，实现共享、有偿使用等管理目标，通过管理出效益，既能减少预算经费的持续投入，又能增加有偿使用的预算收入用以弥补运行及损耗的费用，还能杜绝资产闲置、损失浪费的弊端。其次，建立科学的固定资产管理组织体系。根据统一领导、归口管理、分级负责、责任到人的原则，应将资产的管理和使用分为资产管理工作领导小组、资产管理部门、资产归口管理部门、使用部门、使用人五个管理层次，其中不同层次承担不同的管理权责。资产管理工作领导小组主要负责对资产的增减及处置、资产管理制度进行审定，资产管理部门主要负责资产的增减、使用、处置、绩效评价的汇总和分析，资产归口管理部门、使用部门、使用人主要负责各类资产的使用、维保及日常管理。再次，要建立高素质的固定资产管理队伍。最后，增加人力资源投入，配备懂预算管理、财务管理的复合型人才管理队伍，为实现管理目标提供组织保障。目前的固定资产管理人员结构配备不合理，缺乏对资产信息进行深加工及深度应用的能力，无法为资产配置决策及预算经费的绩效评价提供完整、有效的基础性信息。

3）必须贯彻执行固定资产管理制度体系，与预算经费的投入相结合，改变制度执行不力的现象。加大资产制度的宣传力度，使资产使用及管理单位的人员熟悉并规范执行制度，杜绝不知情不问责的情况发生。重点加强资产使用及处置制度的执行力度，严格履行固定资产处置和对外出租、出借审批手续，管理部门应动态掌握各单位各类资产的使用现状，由被动登记管理转变为主动全过程管理，利用计算机信息管理系统，实现信息共享，定期与财务部门进行信息交换，及时发现问题。要对资产使用及处置不当的单位申报的年度预算经费进行重点审核，适度减少相关预算经费的投入，督促其解决问题，提高管理水平，杜绝因管理粗放导致资产隐性流失，即有账无物、账实不符、实物报废、毁损不及时处置的情况，实现资产日常管理的规范化目标。

4）探索建立资产共享机制、有偿共用机制与成本补偿机制，重点解决资产的闲置和低效使用，为实现资产的绩效评价目标提供制度保证，尝试建立大型仪器、贵重设备等资产的共享平台机制，建立各类资产有偿使用机制，通过网络技术实现供求信息的对称交换，消除资产条块管理、使用效率低下、维护成本较高的弊端。解决资产的闲置问题，关键在于加强制度建设，制定资产有偿使用收费制度，大型、贵重设备使用成本核算制度，通过有效的制度，把资产管理和预算收支管理、成本管理结合起来，提高资产使用效率，准确计算费用、成本支出，实现预算管理的精细化，为实现资产的绩效评价目标提供制度保障。

5）加强资产处置管理，多渠道筹措预算收入。由于“重购轻管”的观念影响，各类资产的处置往往滞后，是管理中的薄弱环节。应从以下几方面加强管理：①资产对外投资、出租、出借等有偿使用收入的管理，对处置收入严格执行收支两条线管理，收入必须上缴财政专户，支出由财政部门按照批准的计划和用途从财政专户拨付，确保固定资产的保值和增值；②资产使用到期的报废、净残值的管理；③资产盘盈、盘亏、毁损的处置管理；④闲置资产的再利用处置管理。

（2）增量的管理措施。

1）建立资产管理与预算管理相结合的理念。预算编制必须与资产购置密切结合，各类新增资产的配置必须以现有资产的配置及使用情况为依据，要严格把好资产申购审批关，可推行资产预算评审制度，引入第三方的专家评审，通过专家评审制度，围绕发展规划，明确投入重点，制订中短期资产配置计划，改变面面俱到、“撒胡椒面”的做法。申购获批后，资产管理及财务部门需严格执行开支预算，对资产的使用情况进行评估，看是否达到了预期的绩效目标。

2）深化资产管理改革内容，建立健全资产管理标准体系，向精细化、科学化、规范化目标推进。重点研究建立资产配置标准体系、资产消耗标准体系、实物费用定额标准体系等组成部分，是实现资产管理与预算管理的有效方法，形成资产管理与预算管理相结合的国有资产管理机制。在预算管理中，资产管理标准体系是项目支出定额标准体系的组成部分，实物费用定额标准体系是基本支出标准体系的组成部分。因此，各类定额标准体系之间是有机联系、相互衔接、相辅相成的，均是预算管理的手段，资产管理标准体系属于预算支出标准范畴，是为预算管理科学化、精细化、规范化、透明化服务的。

（3）加强无形资产管理，深化预算管理的内容。

1）完善无形资产管理体制，健全无形资产的管理规章制度。

2）摸清无形资产状况，明晰产权关系，实施产权管理，保障无形资产的安全和完整。

3）研究无形资产的开发和利用，规范无形资产处置行为，提高无形资产的经济效益；对经营性无形资产监督其保值增值。

4）加强无形资产管理的主要内容包括无形资产的范围界定、分类和入账价值的确认与计量，例如无形资产的增加、使用、处置，无形资产的清查盘点，无形资产的账务处理，无形资产产权收益管理等。强化管理，实现资产增值，获取合理的无形资产处置收益，用以补充预算经费来源。

3. 管理手段现代化

实现资产的现代化管理，要不断改进管理方法和手段，建立新的科学管理模式，将资产管理与财务管理相结合，资产管理与资金管理相结合，资产价值管理和实物管理相结合，并实施资产的动态监督管理。目前，大部分局属单位的资产管理是靠手工账簿记录的，虽然有个别单位，如航遥中心、测试中心已经建立了本单位的资产数据库，但都不是很规范。国家为实施全国行政事业单位资产清查，也专门设计了一个资产清查软件，但还是不够现代化，在应用上不够灵活周全。如果能建立一个全局性资产网络电子数据库，实现局属单位资产链接，将大大方便管理，实现由静态管理向动态管理转变，也方便管理部门对资产的调剂、共享，以提高资产使用效率。

4. 健全监督约束机制

首先，应更广泛地严格执行政府采购制度，实行公开招标。其次，应对单位财务收支状况进行审计。再次，由于资产的数量和价值量总是在不断增减变化，为掌握资产结构、数量、质量及管理现状，应建立定期资产清查制度和重点抽查制度，使资产清查工作制度化。最后，要提高管理人员的责任意识，建立资产责任机制，层层落实管理责任，增强责任人管理意识。

5. 加强对事业单位所属企业的资产、资金、人事的管理，提高国有资产的保值增值率

作为出资者，对所属企业按照法律法规及公司章程决定，在不直接干预企业经营的前提下，应实现对经营者的有效控制，切实保障事业单位的权益不受侵犯。如建立对所属企业财务预算决算的审批制度，强化财务预算约束；加强对外投资的管理，对外投资必须经过投资可行性论证，以投资回报率为依据考核所属企业的经营绩效；对所属企业经营管理人员实施激励机制。

第五章 数据库及其管理信息系统的研建、维护完善与应用推广

“十二五”时期是全面贯彻落实科学发展观，转变发展方式，深化改革，加快发展，更好地满足经济社会发展和人民生活需要的重要时期。在此期间，我国地质调查事业的发展条件和动力发生了深刻变化，这种形势要求我们进一步加强财务和资产信息集成，提高财务和资产管理能力。

当前中央公益性地质调查队伍建设正在进行中，局属单位正处于专业结构调整与完善时期。但中国地质调查局目前还没有完整反映中国地质调查局及局属单位基本经济信息的载体，各单位基本经济信息散落于中国地质调查局各有关部室，而各部室根据本部门管理需要，进行相关基本经济信息收集，并不能完全反映整个局属单位基本经济信息情况，迫切需要加强局属单位经济管理相关数据资料的系统搜集，分析并建立和完善相关数据库以长期跟踪。主要开展地质调查项目经济管理方面的数据库建设，为管理和研究提供基础支撑。

第一节 总体目标、总体思路和功能架构

一、经济管理数据库建设的总体目标

中央公益性地质调查队伍经济管理数据库建设的总体目标是：建立中央公益性地质调查队伍预算（含绩效）管理数据库、决算管理数据库、综合统计数据库，并进行数据跟踪更新。以这三个数据管理信息系统为基础，根据工作需要相应开展数据综合分析，为用户（中央国家公益性地质调查队伍的财务主管部门领

导、相关单位领导和相关人员）提供基础资料和数据。

二、经济管理信息系统开发的总体思路

中央公益性地质调查队伍经济管理信息系统是由若干个子系统组成，各子系统具有自己本身的经济管理职能，分别负责经济管理的某一方面，但它们之间又相互联系，通过共同的数据结构模式，实现数据信息的共享。

经济管理信息系统开发的总体思路是根据中央公益性地质调查队伍经济管理的需求，把这些分成若干个下一级需求，按这些需求分别开发子系统，但其中以预算管理信息系统、决算管理信息系统和综合统计信息系统为基础，在这三个信息系统的基础上根据实际管理需要，逐渐开发各种综合分析系统，如图 5－1 所示。

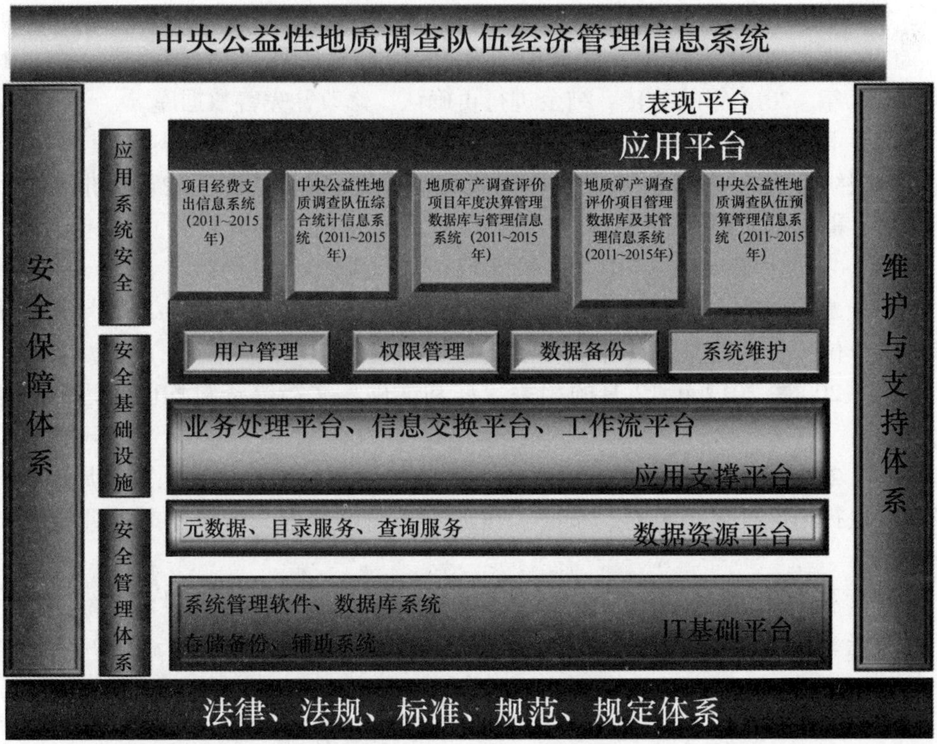

图 5－1 中央公益性地质调查队伍经济管理信息系统整体构想示意图

三、经济管理信息系统的功能

经济管理信息系统的功能是使用户可以完成各种工作，例如数据的处理、管理过程的实现等。

按经济管理的内容不同，可以分为多个管理子系统，且各种子系统所组成的要素不同，管理的重点也不同，因此其管理信息系统的功能也不同。但每个子系统都专门为管理某一方面而开发，其功能具有专属性。

第二节　各系统情况综述

一、维护、更新和升级、推广应用中央公益性地质调查队伍经济管理系统预算管理子系统

2011—2012 年的主要工作完成情况如下：

（1）收集、整理、分析了中国地质调查局及局属单位 2010 年、2011 年、2012 年的各批次预算信息，并将数据标准化入库。

（2）根据 2010 年和 2011 年的中国地质调查局及局属单位决算数据，对 2010 年、2011 年、2012 年的结转、结余进行再确认，修改、完善数据库。

（3）根据矿评专项项目外协管理需求补充外协经费统计汇总功能模块，改造了月报统计汇总模块功能，完善了预算信息的采集、管理、检索与报表统计等功能，能做到实时更新维护，可进行相关指标的统计和分析。

（4）协助编辑出版了 2011 年和 2012 年地质调查项目预算本。

（5）配合局财务部预算处的各项相关工作，按时按质按量导出、导入、汇总局属单位预算执行月报、年度报表。

（6）2006—2012 年 12 月的相关数据和文件、文档等资料均已整理并标准化入库。

（7）2011—2012 年，为局的部门预算动态管理、预算执行预警和局向部上报预算执行情况提供了及时、按时、按质、按量的服务，起到了较为重要的支撑作用。

（8）根据相关要求对系统进行了局部改造，增加了单位项目外协经费统计管理功能。

二、跟踪、维护完善和推广应用中国地质调查局综合统计报表系统

结合中央公益性地质调查队伍综合统计工作的实际情况，修改了综合统计相关指标的含义和统计范围，根据需求情况增加了综合统计指标，支撑了中国地质调查局 2010 年、2011 年、2012 年的综合统计数据汇总工作。

三、地质调查项目支出管理信息系统研究专题取得阶段性成果

结合地质系统项目管理的特点，利用现有的国土资源部财务管理信息系统，

遵循中国地质调查局现行专项项目的管理办法，利用现代网络技术，建设符合国际标准，兼具国情和行业特色的现代地质行业项目管理信息系统和服务系统。

主要开展项目经费支出管理信息系统可行性研究和需求调研，主要以地质科研单位（地科院地物地化勘查研究所）为试点开展项目经费支出信息系统。此部分研究联合地科院地物地化勘查研究所组成专题研究小组，共同研究并将研究成果在地科院地物地化勘查研究所试行。

1. 主要工作进展

（1）搜集、整理、分析了中国地质调查局及局属单位部门预算信息；根据其业务流程和数据关系，设计了地质调查支出管理数据库，提供相关数据实时标准化导入接口。

（2）实现了中国地质调查局及局属单位的预算信息管理，完成了部门预算信息管理维护功能的设计与开发。

（3）提供了预算支出信息的管理、检索与统计报表、文档管理、跨年统计、执行跟踪等功能。

2. 主要功能和性能

地质调查项目支出管理信息系统功能结构示意图如图 5－2 所示。

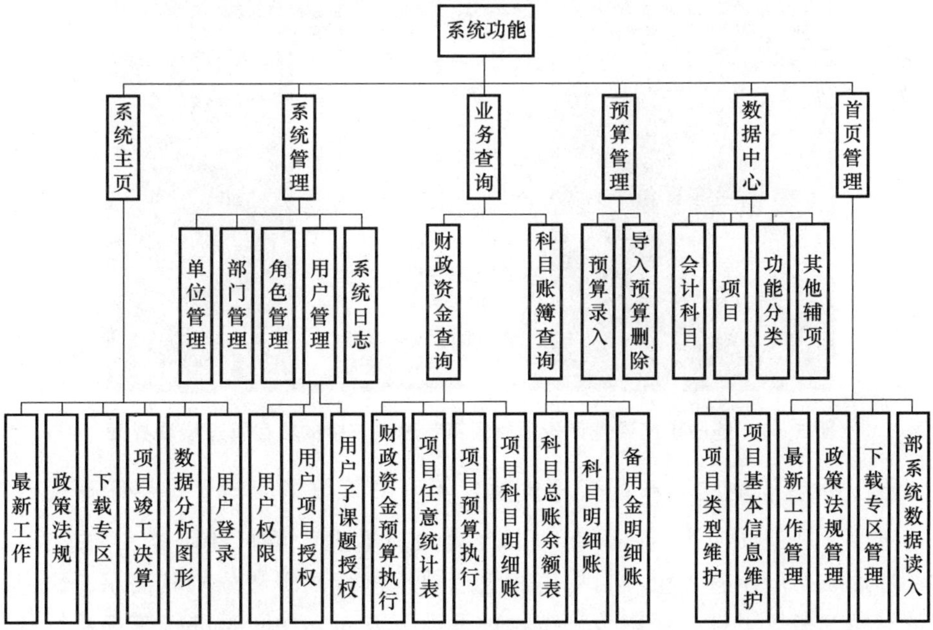

图 5－2 地质调查项目支出管理信息系统功能结构示意图

系统经过详细的测试，功能和性能上达到设计的要求。

四、构建了“地质矿产调查评价项目预算管理系统”原型

构建了“地质矿产调查评价项目预算管理系统”原型，如图 5-3 和图 5-4 所示，并进行了相关的测试和修改完善，编写了“地质矿产调查评价项目预算管理系统需求分析说明书”“地质矿产调查评价项目预算管理系统数据库设计”和“地质矿产调查评价项目预算管理系统测试报告”等技术文档。

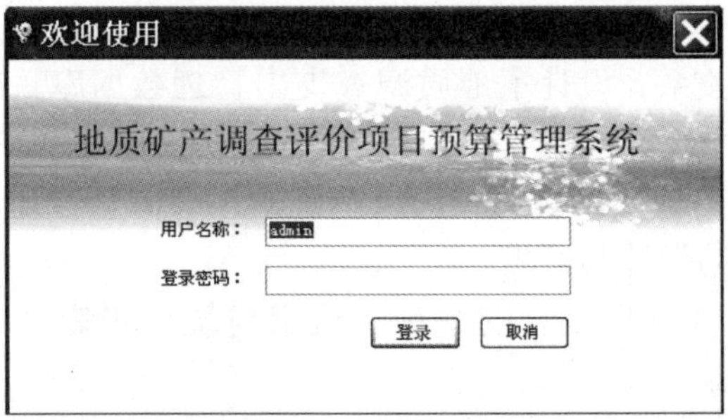

图 5-3　地质矿产调查评价项目预算管理系统登录界面

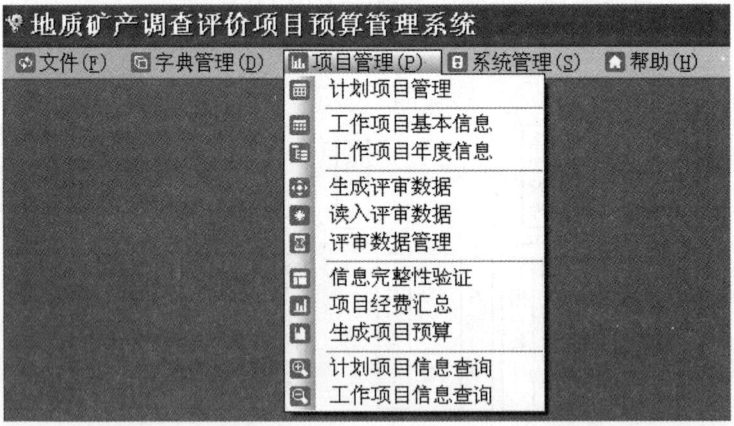

图 5-4　地质矿产调查评价项目预算管理系统中的项目管理模块界面

五、开展了地质矿产调查评价项目年度决算数据库与管理系统研究

主要开展地质矿产调查评价项目年度决算数据库可行性研究和需求调研，对参加地质矿产调查评价项目单位和管理单位进行调研和分析其需求，研究确定数据库的概念设计、逻辑设计、物理设计等方面，并同时进行管理系统的开发。此部分研究联合中国国土资源经济研究院共同组成专题研究小组，共同开

展地质矿产调查评价项目年度决算数据库与管理系统研究。

六、初步研建了地质矿产调查评价项目预算管理系统

与北京超图软件股份有限公司共同承担，对参加地质矿产调查评价项目单位和管理单位进行了需求调研分析。初步整理了项目预算管理系统的需求：满足立项论证阶段的预算管理需求，汇总满足国土资源部、财政部和地调局要求的预算报表；实现在立项论证后的项目建议基础上生成预算建议的功能，生成论证前后预算分析汇总表等功能；实现设计审查阶段的设计表下发和回收，生成设计阶段相关汇总表及设计前后对照表等功能。

同时，着重整理了立项论证阶段、设计审查阶段的业务流程，编写了数据库的概念设计、逻辑设计、物理设计。

地质矿产调查评价项目预算管理系统的系统架构如下：系统用户为工作项目的承担单位，为了支持分布很广的使用环境，系统采用浏览器/服务器（B/S）架构；在直接连接项目部署数据库的基础上，独立设计预算管理数据库，保证项目与周边系统的一致性；采用分用户权限的系统结构，保证不同级别用户可使用的功能不同。见图5-5。

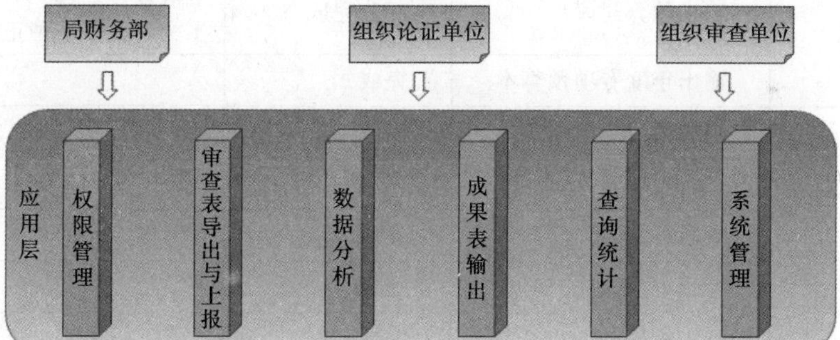

图5-5 地质矿产调查评价项目预算管理系统的系统架构图

该系统采用. Net 平台与 Oracle 数据库，系统的功能包括项目预算建议管理、预算项目管理、立项论证、设计审查及资质管理等。预算管理系统主要完成了项目预算建议模块、立项论证模块和资质管理模块的开发；预算项目管理模块、设计审查模块和系统管理模块在立项阶段未列入开发计划，安排在2013年部署工作立项论证环节结束后开始开发。系统已经应用于2012年项目预算的填报工作。预算管理系统各模块完成情况见表5－1。

表5－1　预算管理系统各模块完成情况

模块	功能点	截至2012年年底完成情况	备注
项目预算建议模块	查看项目计划建议	完成	
	承担单位资质筛查	未完成	功能取消
	项目计划建议差异分析	未完成	没有提供对照表样式
	部署项目查询	完成	
项目预算建议模块	项目预算控制统计分析	完成	
	输出预算建议	部分完成	两种预算建议样式完成了一种，另一种正在开发
	输出年度专项预算本	完成	
立项论证模块	组织论证单位授权	完成	
	查看审核表入库情况	完成	
	查看审核表	完成	
	导出审核表	完成	
	导入审核表	完成	
	审核表检查	完成	
	论证专家筛查	完成	
	预算员筛查	未完成	预算员建库功能变更导致该功能无法完成
	项目论证统计汇总	提供了具体需求，已列入开发计划，在论证表回收前做出来	刚收集四张预算调整分析表，除了分列，其他三张都好了

（续）

模块	功能点	截至 2012 年年底完成情况	备注
资质管理模块	添加认证专家	完成	
	移除认证专家	完成	
	查看专家基本信息	完成	
	编辑专家预算信息	完成	
	添加认证预算员	完成	
	移除认证预算员	完成	
	编辑预算员信息	完成	
	查看预算员信息	完成	
	添加认证单位	已列入开发计划	改为挂接资质材料功能
	移除认证单位	已列入开发计划	
	查看单位基本信息	已列入开发计划	
	编辑单位预算管理信息	已列入开发计划	
预算项目管理模块		待开发	
设计审查模块			
系统管理模块			

七、初步研建了地质矿产调查评价项目决算管理系统

与北京超图软件股份有限公司共同承担，对参加地质矿产调查评价项目单位和管理单位的相关需求进行了调研和分析，初步整理了项目决算管理系统的需求，着重整理了决算申报、决算会审业务流程，编写了数据库的概念设计、逻辑设计、物理设计。

该系统采用. Net 平台与 Oracle 数据库，系统的功能包括决算项目编辑、查询、汇总及导出，决算事项管理，决算报表查看与编辑，决算报表审查管理等。系统已经上线试运行，提供各承担单位的预算填报功能，以及提供给半年报试运行单位的决算填报等功能。一些新增的需求也正在开发中。

地质矿产调查评价项目决算管理系统的系统架构如下：系统用户为需报决算的各级单位，为了支持分布很广的使用环境，系统采用客户机/服务器（C/S）架构，设计了决算数据库，采用类似 Excel 的报表界面，保证用户界面的友好易用；支持分布范围广、级次多的单位上报决算，并实时汇总；采用分用户权限的系统结构，保证不同级别用户可使用的功能不同。见图 5－6。

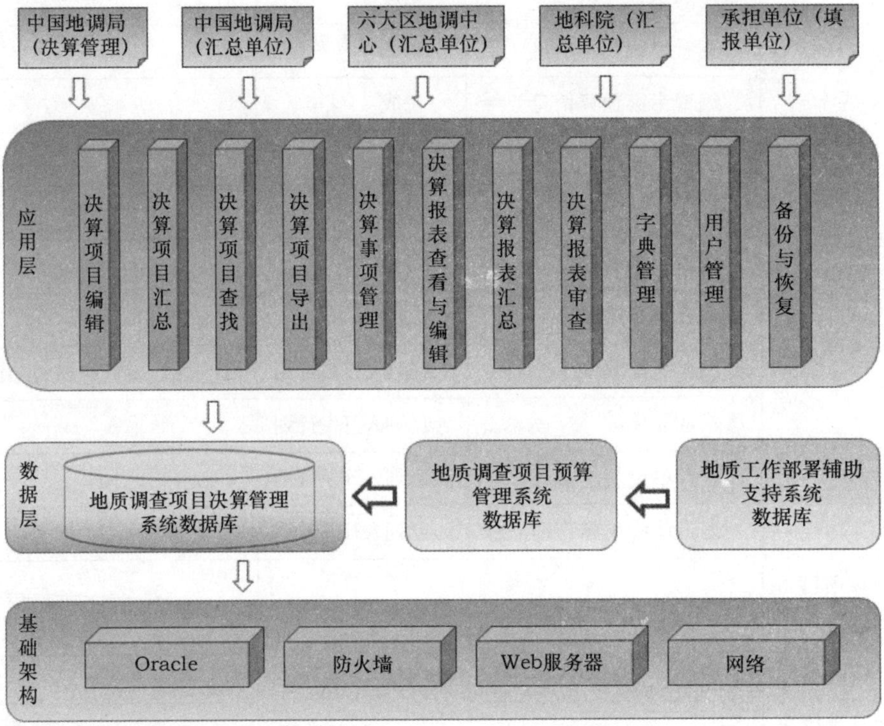

图 5－6　地质矿产调查评价项目决算管理的系统的系统架构图

八、研建了局基本建设项目数据库

由中国科学院遥感所承担软件开发工作，完成以下内容：①设计了局基本建设项目数据库：根据基本建设信息垂直管理流程，设计了中国地质调查局直属单位信息、基地信息、单位信息、项目管理信息、项目投资信息、规划信息等层次性数据结构，并基于关系型数据库实现。②开发了局基本建设项目数据库管理系统。③开发了局浏览系统、局管理系统、单位浏览系统、单位管理系统四个系统的管理功能模块，实现了系统登录、地图导航、基本情况浏览、录入更新、格式汇总表、自定义统计图和系统安全等功能。

2012 年 7 月，项目开发团队与项目需求提供方、界面设计方进行了多次业务与技术交流，明确了“中国地质调查局基本建设数据库项目”的项目需求与最终实现后的效果，并与项目管理人员确定了数据库结构，主要完成了数据库设计、软件架构的搭建与基础功能的开发工作。

2012 年 8 月，项目开发团队集中精力将工作重心放在软件实现上，并在项目开发过程中多次与项目管理方进行需求再确认、业务流程再确认，最终在 2012 年 8 月 30 日，完成了中国地质调查局基本建设数据库基础数据管理与维护、项目管理与维护、项目论证、规划与审批、项目投资计划、权限管理等功能，基本实现了各单位各类基建信息的管理与维护。

利用建成的局基本建设项目数据库及其基础数据，自动生成各单位的基本建设项目手册和分析报表、分析图表，为局基建项目管理提供了支撑服务。

第三节　下一步研究思考

——关于构建“中国地质调查局内部控制管理信息系统”的探析

一、制定内部控制规范的必要性

我国行政事业单位内部控制现状可以归纳为六个“不”：内部控制基础不牢；内部控制认识不足；内部控制信息化不高；内部控制信息公开不够；内部控制风险意识不强和内部控制人才不多。制定内部控制规范的六条基本要求如下：

1. 建设廉洁高效、人民满意的服务型政府的要求

习近平总书记强调，要加强对权力运行的制约和监督，把权力关进制度的笼子里，形成不敢腐的惩戒机制、不能腐的防范机制、不易腐的保障机制。

李克强总理指出，要用制度管权、管人、管钱，给权力涂上“防腐剂”、戴上“紧箍咒”，真正形成不能贪、不敢贪的反腐机制。财政资金、公共资产都是纳税人的钱，管好用好也是预防腐败的重要方面。从一定意义上说，搞好内部控制，能够起到制度笼子的作用。

2. 适应分类推进事业单位改革的要求

按照政事分开、事企分开和管办分离的要求，以促进公益事业发展为目的，以科学分类为基础，以深化体制机制改革为核心，总体设计、稳步推进。

（1）创新管理体制、梳理政府与事业单位的关系：管办分离，进一步落实事业单位法人自主权。

（2）创新法人治理机构：面向社会提供公益服务的事业单位，要探索建立理事会、董事会、管委会等多种形式的治理结构，健全决策、执行和监督机制，提高运行效率，确保公益目标实现。

（3）创新监督机制：要建立健全绩效考评、信息披露、社会公示和听证等各项制度，加强审计和舆论监督。

3. 适应财政规范化、科学化、信息化、管理的要求

管理工作事关大局，基础工作关乎成效。在财政管理上要重点围绕完善制度、明确职责、理顺流程、控制节点，加强监督，下大力气提高内部管理和控制的有效性，推进财政管理科学化、规范化和信息化。财政部门负责国家预算资金的管理，必须要重视内部控制建设。建立内部控制，就是为保障单位业务稳健高效运行，确保财务记录、财务报告信息和其他管理信息的及时、可靠、完整。

4. 国务院治理“小金库”和打击“假发票”的要求

2012 年 1 月 17 日，中央治理“小金库”工作领导小组在北京举行了新闻发布会，通报三年来全国开展“小金库”专项治理工作的情况：2009—2011 年三年来共查处了“小金库”60722 个，涉及金额 315. 86 亿元，已纠正违规资金 235. 23 亿元，其余违规资金正在纠正之中，10429 人被追究责任。2010 年国务院开展打击“假发票”专项活动，对 9 个部门进行了抽查，发现假发票 29362 张。

5. 我国内部控制标准体系建设的要求

我国内部控制体系发展经历了从内部牵制到内部会计控制再到内部控制的发展过程，形成了《企业内部控制规范》 + 《行政事业单位内部控制规范》的法律法规体系。

从 2001 年以来，证监会、中国人民银行、财政部、中注协、银监会、上交所、深交所、国资委先后制定发布了行业内部控制指引。

2008 年 5 月 22 日，财政部、证监会、审计署、保监会、银监会五部委发布《企业内部控制基本规范》。

2010 年 4 月 26 日，财政部、证监会、审计署、保监会、银监会五部委发布《企业内部控制配套指引》，包括 18 项应用指引、评价指引、审计指引。

2012 年 11 月 29 日，财政部以财会〔2012〕21 号文件正式印发《行政事业单位内部控制规范（试行）》，自 2014 年 1 月 1 日起施行。

6. 提高我国行政事业单位内部管理水平、加强廉政风险防控机制建设的要求

内部控制在方向、思路、内容、方法上与中纪委积极推动的廉政风险防控

机制建设是基本一致的。内部控制实际上是廉政风险防控的组成部分，是从单位内部经济活动风险管控这一角度出发落实廉政风险防控的要求。

当前地质调查可持续发展需健全制度保障体系，中国地质调查局现已具备相关技术条件并有相关要求，同时项目研究需完善五轮驱动机制模型，贯彻“财务管理重在机制建设，从被动接受者到秩序积极塑造者”的理念。

二、制定行政事业单位内部控制规范要处理好四个关系

（1）单位内部控制规范与企业内部控制规范的关系。

1）存在的目的不同：企业以盈利为目的，行政事业单位以提供公开服务为宗旨。

2）资源配置的方式不同：企业以市场配置资源，行政事业单位以非市场配置资源。

3）预算的功能不同：企业将预算作为内部财务管理的工具，行政事业单位以预算作为法定依据。

4）产权的关系不同。

5）法律的约束不同。

6）绩效的评价不同：企业是效率型内部控制，行政事业单位是效能型内部控制。

7）承受范围不同。

（2）单位内部控制规范与各项财务规章制度的关系。内部控制建设不是另起炉灶，不是推倒重来，而是穿针引线、穿衣戴帽，是对原有的各项管理制度的梳理，使其规则化、程序化、系统化、信息化。我们原来也有很多制度，都成了传阅的内容，没有成为执行的内容，没有人监督执行，也没有人主动执行。那么，内部控制就是一把打开“黑匣子”的钥匙。

（3）单位内部控制规范与廉政风险防控机制建设的关系。内部控制在方向、思路、内容、方法上与廉政风险防控机制建设是基本一致的。

（4）国内规定与国际惯例接轨的关系。

三、行政事业单位内部控制体系的构建

行政事业单位内部控制体系的构建在于落实“内部控制实际应用”，参见内部控制实际应用示意图（见图 5 - 7）和内部控制手册框架示意图(见图5-8),涉及以下几方面：

（1）五大目标：合理保证单位经济活动合法合规；资金、资产安全完整；财务信息真实完整；提高财政资金使用效率；促进单位实现发展战略，顺利完

成单位职责使命。

（2）四大原则：全面性；重要性；制衡性；适应性。

（3）六大业务控制：预算业务控制；收支业务控制；政府采购控制；资产控制；建设项目控制；合同控制。

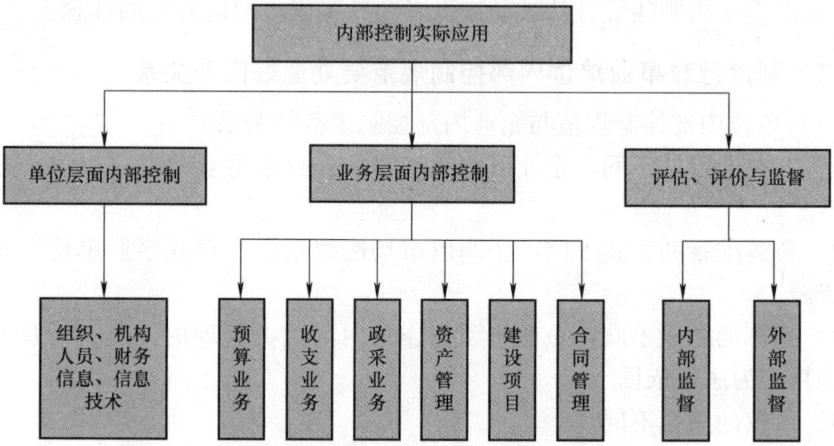

图5-7　内部控制实际应用示意图

图5-8　内部控制手册框架示意图

（4）八大方法：不相容岗位分离控制（见图5-9不相容岗位分离控制示意图）；内部授权审批控制；归口管理；预算控制；财产保护控制；会计控制；单据控制；信息内部公开。

（5）五大建设流程：建设计划；现状调研与风险评估；内部控制体系优化设计；项目实施；测试和验收。见图5-10行政事业单位内部控制体系建设流程示意图。

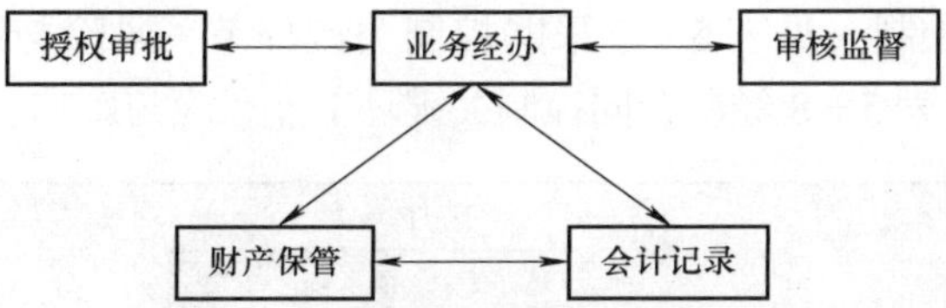

图 5-9 不相容岗位分离控制示意图

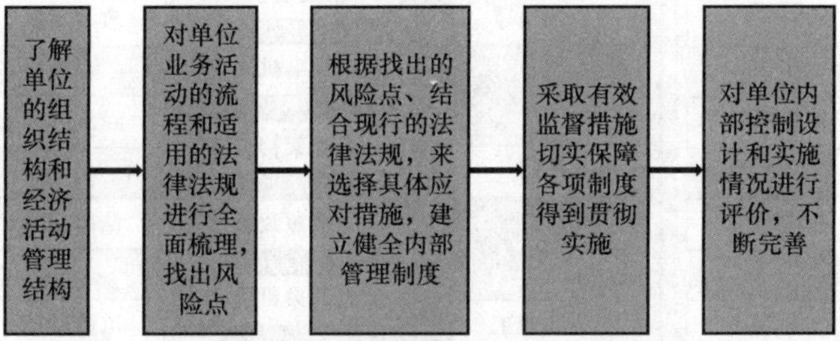

图 5-10 行政事业单位内部控制体系建设流程示意图

（6）两大类成果：

1）建立、健全：决策、执行和监督相互分离机制；制衡机制、全员参与机制、沟通协调机制和联动机制及风险评估机制。

2）形成、提交：风险评估报告、内部控制手册（见图 5-8）、内部控制评价报告。其中内部控制评价报告内容包括：①管理层申明：责任认定申明、建立内部控制的目标；②内部控制评价工作的总体情况：管理层授权情况、具体组织实施部门、是否聘请专业机构；③内部控制评价范围：重点关注的高风险领域、纳入评价的单位范围、纳入评价的业务和事项；④内部控制评价的程序和方法：文件依据、评价方法；⑤内部控制缺陷及其认定：设计缺陷：运行缺陷；⑥内部控制缺陷整改情况：采取的整改措施、整改效果；⑦内部控制有效性的结论：存在重大缺陷的情形、不存在重大缺陷的情形。

需要重点考虑的因素：内部控制环境（见图 5-11 内部控制环境示意图）、内部控制组织架构（见图 5-12 内部控制组织架构选择示意图）、财务体系风险及优化措施（见图 5-13 财务体系风险及优化措施简明示意图）、内部审计体系风险及优化措施（见图 5-14 内部审计体系风险及优化措施简明示意图）、信息与沟通风险及优化措施（见图 5-15 信息与沟通风险及优化措施简明示意图）、预算控制（见图 5-16 预算管理总流程图和表 5-2 预算管理环节及风险）、收入控制（见表 5-3收入控制环节、风险及风险控制措施）、支出控制（见表 5-4 支出事项、开支范围及开支标准）、货币资金控制（见表 5-5 货币资金控制关键环节、风险与影响、控制措施）、固定资产控制（见表 5-6 固定资产控制关键环节、风险与影响、控制措施）、采购控制（见表5－7采购控制关键环节、风险与影响、控制措施）、经济合同控制（见表5－8经济合同控制关键环节、风险与影响、控制措施）。

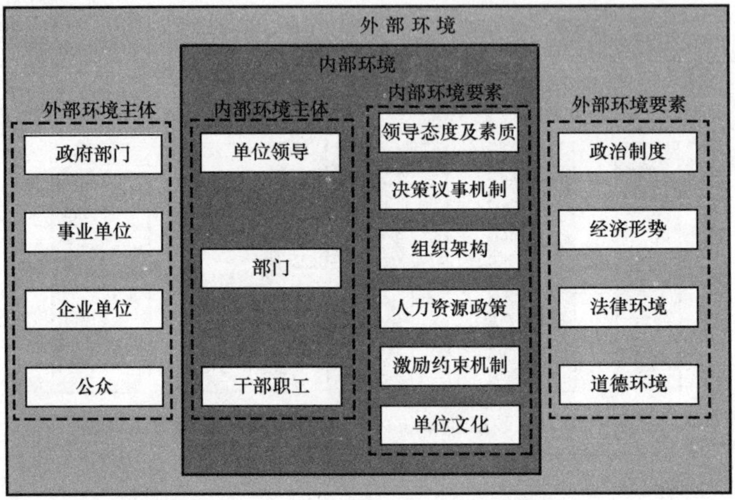

图5－11 内部控制环境示意图

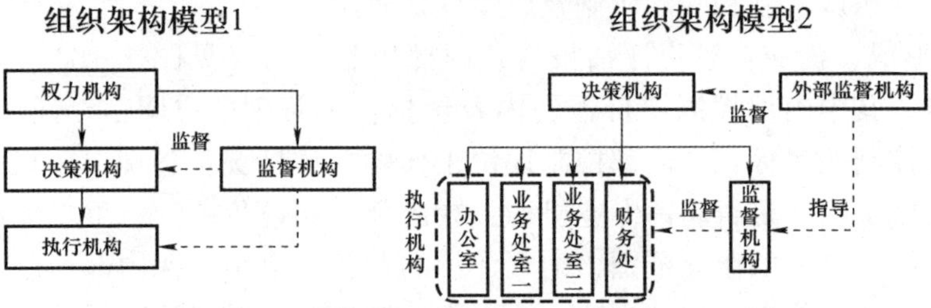

图5－12 内部控制组织架构选择示意图

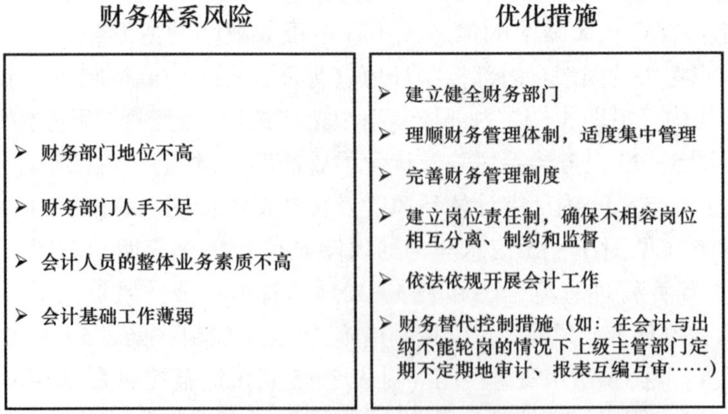

图5－13 财务体系风险及优化措施简明示意图

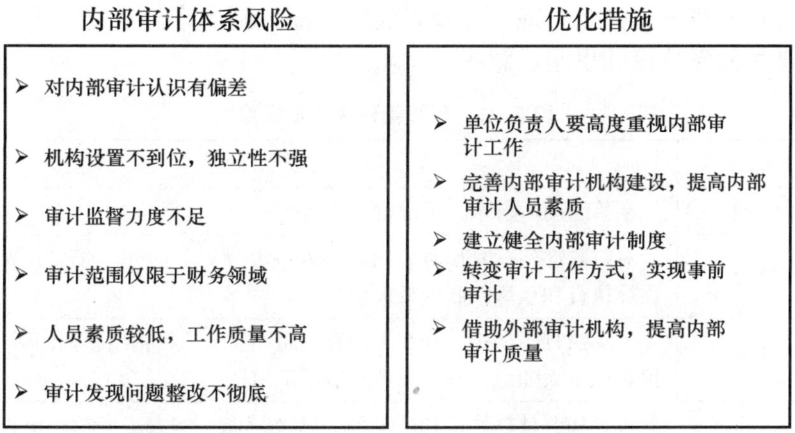

图 5－14　内部审计体系风险及优化措施简明示意图

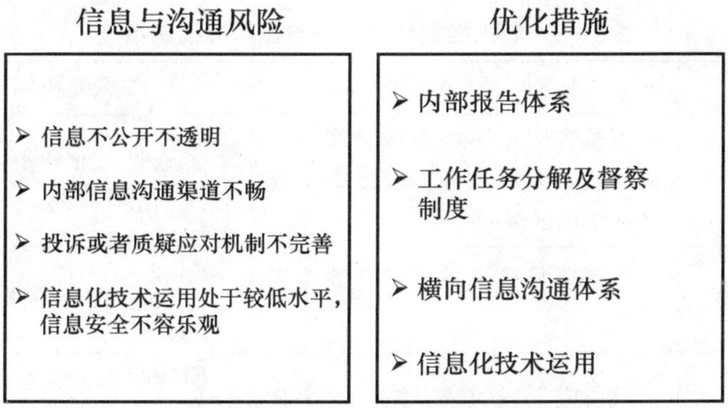

图 5－15　信息与沟通风险及优化措施简明示意图

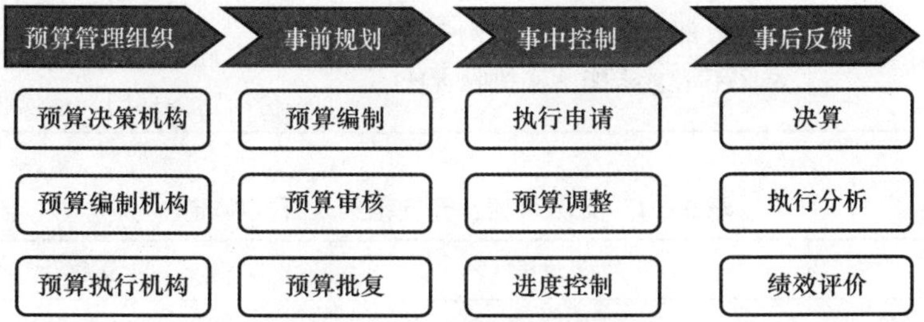

图 5－16　预算管理总流程图

通过“梳理单位各类经济活动的业务流程”“明确业务环节”“系统分析经济活动风险”“确定风险点”“选择风险应对策略”“根据国家有关规定建立健全单位各项内部管理制度”“督促相关工作人员认真执行”等工作，构建符合实际、业务规范、控制合理、管理有效的内部控制体系，参见如图 5－17 所示的内部控制系统设计思路示意图。

表 5－2　预算管理环节及风险

环节	风险
预算编制	预算编制不科学、不准确、不具体
预算批复	对财政部门一套预算，内部另外一套预算，内外两张皮，容易导致预算执行和预算编制的较大差异
预算执行	预算执行不严格，存在无预算、超预算的项目，项目之间调剂使用，预算调整太随意，向下属单位摊派费用
决算和绩效考评	决算和会计核算口径不一致，需要调账，加大工作量；预算管理激励约束机制未能充分发挥

表 5－3　收入控制环节、风险及风险控制措施

环节	风险	风险控制措施
职责分工	不相容岗位不能有效分离，可能导致收入不入账，造成单位资金被挪用的风险	实施收入业务不相容岗位相互分离、相互制约
收费许可年检	收费项目已经取消，导致违规收费	注意收费许可的年检
收入上缴	截留应上缴收入，滋生“小金库”风险	明确收入分类，严格区分应上缴收入和其他收入，及时上缴应缴收入，禁止截留和延迟上缴
期末清查	执收部门、财务部门沟通不畅，家底不清，未能落实执收责任	执收部门、财务部门加强沟通，摸清家底，有关收入的合同应发一份给财务部门，落实催收责任

表 5－4　支出事项、开支范围及开支标准

支出事项	开支范围	开支标准
人员经费	用于单位编制内人员的工资、津贴补贴、奖金、社会保障费、离退休费、抚恤金、生活补助及其他对个人和家庭的补助支出等	按照财政部门与人事部门制定的标准执行（外部标准）

（续）

支出事项	开支范围	开支标准
水电费		按照水务公司与电力公司制定的标准执行（外部标准）
交通费	用于单位各类交通工具的燃油费、保险费、车船税、维修费、停车费、洗车费、过路过桥费（通行费）及其他与单位车辆直接相关的费用	按照单位接待工作相关标准（类型/级别）执行（内部标准）
差旅费	用于单位工作人员出差的交通费、住宿费、订票费、保险费、伙食补助费、公杂费及其他费用	按照财政部门制定的城市间交通费标准、住宿费标准、伙食补助费和公杂费等标准执行（外部标准）
会议费	用于单位按规定开支的会议场地租赁费、会议设备租赁费、参会人员伙食费、住宿费及其他与会议有关的费用	按照财政部门制定的会议费开支标准执行（外部标准）

表 5－5　货币资金控制关键环节、风险与影响、控制措施

关键环节	风险与影响	控制措施
不相容岗位分离控制	财务部门未实现不相容岗位相互分离，出纳人员既办理资金支付又经管账务处理，由一个人保管收付款项所需的全部印章，可能导致货币资金被贪污挪用的风险	实施不相容岗位相互分离、相互制约，保护资金安全、完整；加强对出纳的管理，加强印章管理，加强签章管理
授权审批控制	对资金支付申请没有严格审核把关，支付申请缺乏必要的审批手续，大额资金支付没有实行集体决策和审批	应当建立货币资金授权制度和审核批准制度，明确审批人对货币资金的授权批准方式、权限、程序、责任
银行账户控制	未按照有关规定加强银行账户管理，出租、出借账户，可能导致单位违法违规或者利益受损的风险	加强银行账户管理，严格按照规定的审批权限和程序开立、变更和撤销银行账户；禁止出租、出借银行账户

（续）

关键环节	风险与影响	控制措施
货币资金核查控制	货币资金的核查控制不严，未建立定期、不定期抽查核对库存现金和银行存款余额的制度，可能导致货币资金被贪污挪用的风险	指定不办理货币资金业务的会计人员定期、不定期抽查盘点库存现金，核对银行存款余额，抽查银行对账单、银行日记账及银行存款余额调节表，核对是否账实相符、账账相符

表 5－6　固定资产控制关键环节、风险与影响、控制措施

关键环节	风险与影响	控制措施
购建管理	未按标准配置资产，可能导致财政资金浪费或违规违纪	执行国家和地方关于办公用房、办公家具、公务用车等资产的配备标准，严禁超标配置资产
日常管理	未落实保管使用责任可能导致责任不清、资产毁损或丢失	明确资产使用和保管责任人，落实资产使用人在资产管理中的责任；应当建立卡片账（实行信息化管理的按信息系统要求处理；对固定资产应当贴上标签，标签的内容与卡片账类似
盘点及对账	未定期盘点，不能发现资产毁损、丢失；不定期对账，可能账实不符	定期清查盘点资产，确保账实相符。财务、资产管理、资产使用等部门或岗位应当定期对账，发现不符的，应当及时查明原因，并按照相关规定处理

表 5－7　采购控制关键环节、风险与影响、控制措施

关键环节	风险与影响	控制措施
采购计划与预算管理	没有编制采购预算，采购计划安排不合理，可能导致采购失败或者资金、资产浪费的风险	按照“先预算、后计划、再采购”的工作流程，先填报集中采购预算，经批复同意并录入采购计划后，方可实施采购。集中采购预算与部门预算同步编制

（续）

关键环节	风险与影响	控制措施
采购活动管理	没有采用恰当的采购方式，或者在招投标中存在不规范甚至违法行为，可能导致采购的产品价高质次等风险	在政府采购活动中建立采购、资产、财务、内部审计、纪检等部门协调制约机制；加强对政府采购申请的内部审核，按照规定选择政府采购方式、发布政府采购信息；对政府采购进口产品、变更政府采购方式等事项应当加强内部审核，严格履行审批手续
采购项目验收管理	采购验收不规范，付款审核不严格，可能导致实际接收产品与采购合同约定有差异、资金损失或单位信用受损等风险	根据规定的验收制度和政府采购文件，由指定部门或专人对所购物品的品种、规格、数量、质量和其他相关内容进行验收，并出具验收证明
质疑投诉答复管理	未能正确答复质疑投诉导致单位形象受损	严格执行《政府采购法》等法律法规，属于政府采购目录的项目，应当通过政府采购中心实行政府采购，严格履行有关审批和备案程序，规范验收程序，加强支付审核
采购业务记录控制	采购业务相关档案保管不善，可能导致采购业务无效、责任不清等风险	政府采购中心应当建立有效的行为规范和工作流程，健全监督制衡机制，保证采购过程合法有序，降低采购成本，提高采购质量
涉密采购项目管理	以涉密为借口规避政府采购，或者涉密项目采购过程中泄密	加强对涉密政府采购项目安全保密的管理，规范涉密项目的认定标准和程序。对于涉密政府采购项目，单位应当与相关供应商或采购中介机构签订保密协议或者在合同中设定保密条款

表 5-8　经济合同控制关键环节、风险与影响、控制措施

关键环节	风险与影响	控制措施
管理体制	合同管理混乱	确定合同归口管理部门，建立财务部门与合同归口管理部门的沟通协调机制，实现合同管理与预算管理、收支管理相结合

（续）

关键环节	风险与影响	控制措施
合同订立	应签未签，违规签订担保、投资和借贷合同	明确合同订立的范围和条件；妥善保管和使用合同专用章；严禁未经授权擅自以单位名义对外签订合同；严禁违规签订担保、投资和借贷合同
	合同对方主体资格未达要求、合同内容存在重大疏漏和欺诈	对于影响重大、涉及较高专业技术或法律关系复杂的合同，应当组织法律、技术、财会等工作人员参与谈判，必要时可聘请外部专家参与相关工作；谈判过程中的重要事项和参与谈判人员的主要意见，应当予以记录并妥善保管
合同履行	合同未全面履行或监控不当	对合同履行情况实施有效监控，因各种原因导致无法履行的，及时采取应对措施；建立合同履行监督审查制度，对合同履行中签订补充合同，或变更、解除合同等应当按照国家有关规定进行审查；财务部门根据合同约定办理价款结算和进行账务处理

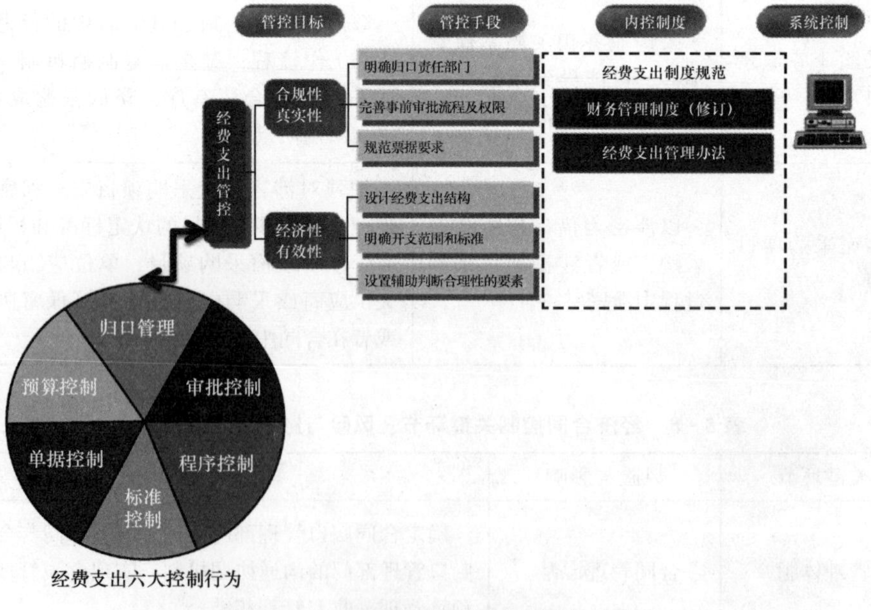

图 5－17　内部控制系统设计思路示意图

四、整合资源构建中国地质调查局内部控制管理信息系统

借力信息技术集约化发展（资源聚合和虚拟化、应用服务和专业化、按需供给和灵便使用）趋势，初步探索思维性软件化的中国地质调查局内部控制管理信息系统解决方案。

1. 设计、集成、开发、应用风险管控信息系统

在现有OA系统，质量管理体系，项目运行监管系统，绩效管理信息系统，国土资源部财务管理信息系统，地质调查项目经费支出管理信息系统，中国国土资源航空物探遥感中心财务预算精细化管理系统，中国地质调查局装备动态管理系统等预算、资产、支出等财务管理系统，地质单位财务管理文件汇编的基础上，设计、集成、开发、应用风险管控信息系统。

2. 架构内部控制体系

内部控制体系建设架构示意图，如图5－18所示。

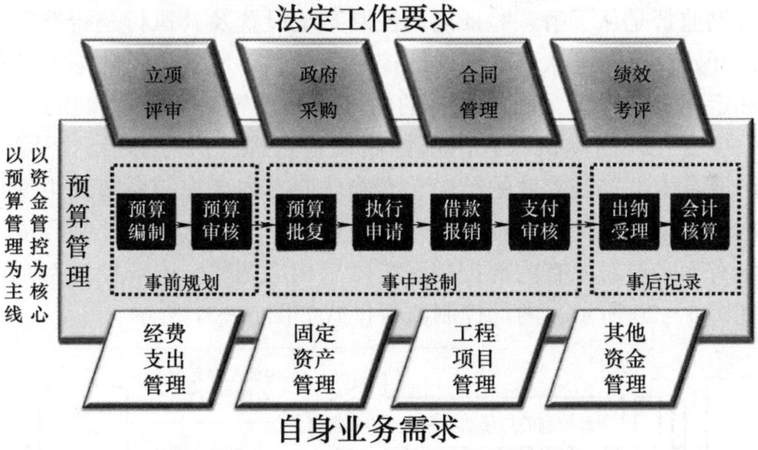

图5－18　内部控制体系建设架构示意图

3. 构建内部控制系统运行模型

财政预算批复结构、内部预算批复结构、经费支出结构和会计科目结构“四大结构”严密衔接，形成管理循环。四大结构正向循环则反映出预算执行的全过程，即从财政预算批复结构开始，通过内部预算批复将单位的整体职能细化落实到具体的任务上，再通过经费支出结构细化落实到具体的经济行为，实现财务对业务的支撑和管理的双重作用，并形成会计核算结果；四大结构的反向循环也符合预算工作的原理，体现了每个单位的预算都应该来源于实际的

经济行为，对经济行为进行合理计划形成内部工作任务的计划，进而形成预算申请的内容。内部控制系统运行模型示意图如图 5－19 所示。

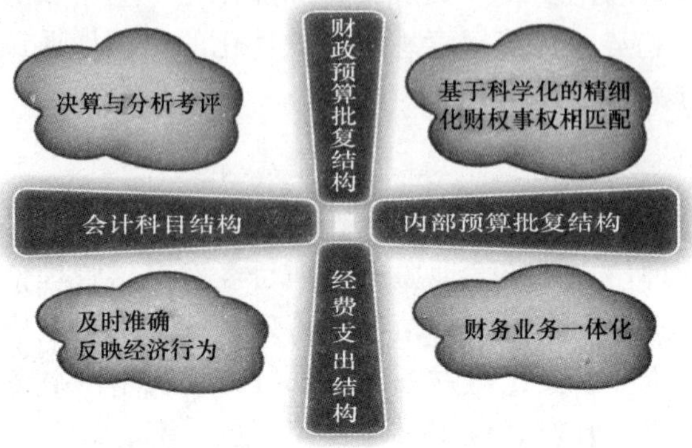

图 5－19　内部控制系统运行模型示意图

4. 深化内部控制持续监督过程

内部控制监督是从了解、验证内部控制系统设置及其执行是否能实现企业内部控制目标开始，不断确认、处理内部控制系统、环境变化及缺陷的过程。通过持续监督和定期专项评价，确认原有的内部控制设置是否合理，执行是否得当，环境是否发生变化。当确认原有内部控制设置合理、执行得当、环境没有变化时，将做出原有内部控制有效的结论。当确认原有内部控制系统发生变化时，应核实原有内部控制设置是否合理、执行是否得当；当确认内部控制环境发生变化时，将决定有无必要对原有内部控制系统做出相应调整。内部控制系统环境变化监督过程如图 5－20 所示，内部控制监督模式如图 5－21 所示。

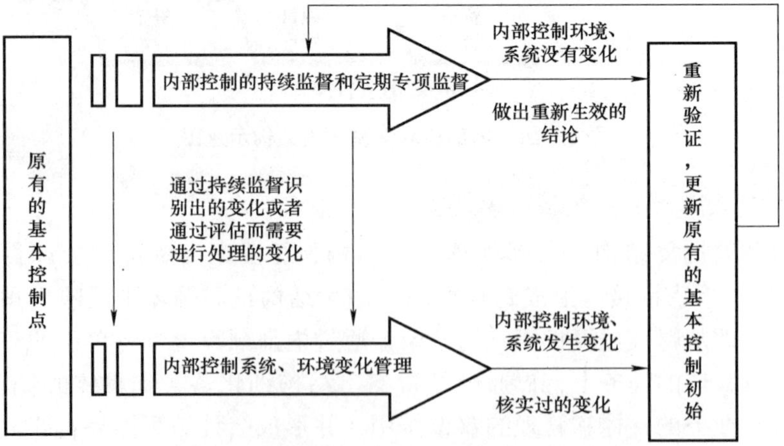

图 5－20　内部控制系统、环境变化监督过程

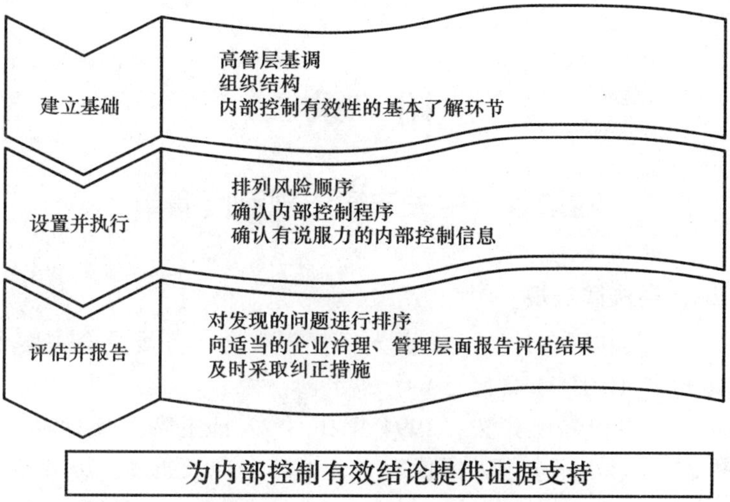

图 5－21　内部控制监督模式

对照有效内部审计的八条关键特征，进一步完善内部审计监督的运行机制，以应对审计全覆盖的发展趋势：由原来单纯的财政财务收支、财经法纪审计发展到目前以真实性为基础，经济效益审计和经济责任审计并重的审计业务格局，政府审计领域逐步向纵深发展。审计全覆盖是指在一定时间内，对关乎国计民生的公共资金、国有资产和国有资源进行全面的审计监督，涉及公共资金、国有资产和国有资源的分配、管理和使用的全部环节。

附　录

附录A　相关法律法规制度清单

（一）综合类法律法规

1. 中华人民共和国会计法（全国人民代表大会常务委员会主席令〔1999〕第24号，1999年10月31日修订）

2. 中华人民共和国预算法（1994年3月22日主席令〔1994〕第21号，1994年3月22日第八届全国人民代表大会第二次会议通过，2014年8月31日修订）

3. 中华人民共和国预算法实施条例（1995年11月22日国务院令〔1995〕第186号）

4. 中华人民共和国审计法（2006年2月28日主席令第48号）

5. 中华人民共和国审计法实施条例（1997年10月21日国务院令〔1997〕第231号公布，2010年2月2日国务院第100次常务会议修订通过）

6. 中华人民共和国统计法（2009年6月27日主席令第15号）

7. 中华人民共和国反不正当竞争法（1993年9月2日主席令〔1993〕第10号）

8. 中华人民共和国担保法（1995年6月30日主席令〔1995〕第50号）

9. 中华人民共和国合同法（1999年3月15日第九届全国人民代表大会第二次会议通过，1999年3月15日主席令第15号公布，自1999年10月1日起施行）

10. 中华人民共和国劳动合同法（2007年6月29日主席令第65号，2012年12月28日修订）

11. 中华人民共和国招标投标法（1999年8月30日主席令第21号）

12. 中华人民共和国招标投标法实施条例（2011年11月30日国务院令第613号）

13. 中华人民共和国政府采购法（2002年6月29日主席令第68号）

14. 中华人民共和国科学技术进步法（2007年12月29日主席令第82号）

15. 中华人民共和国发票管理办法（1993年12月23日财政部令第6号，2010年12月20日修订）

16. 中华人民共和国税收征收管理法（2001 年 4 月 28 日主席令第 49 号）

17. 中华人民共和国税收征收管理法实施细则（2002 年 9 月 7 日国务院令〔2002〕第 362 号，2016 年 1 月 13 日最新修订）

18. 中华人民共和国著作权法（2010 年 2 月 26 日最新修订）

19. 中华人民共和国著作权法实施条例（2013 年 1 月 30 日最新修订）

20. 中华人民共和国外汇管理条例（2008 年 8 月 1 日最新修订）

21. 中华人民共和国票据法（2004 年 8 月 28 日最新修订）

22. 票据管理实施办法（2011 年 1 月 8 日最新修订）

23. 中国人民银行关于印发《支付结算办法》的通知（1997 年 9 月 19 日银发〔1997〕393 号）

24. 现金管理暂行条例（2011 年 1 月 8 日最新修订）

25. 中国人民银行关于印发《现金管理暂行条例实施细则》的通知（1988 年 9 月 23 日银发〔1988〕288 号）

26. 财政违法行为处罚处分条例（2004 年 11 月 30 日国务院令第 427 号）

27. 会计档案管理办法（2015 年 12 月 11 日财政部、国家档案局令第 79 号）

28. 财政部关于会计基础工作规范化的意见（1996 年 6 月 17 日财会字〔1996〕20 号）

29. 财政部关于印发《会计基础工作规范化管理办法》的通知（1997 年 7 月 10 日财会字〔1997〕23 号）

30. 财政部关于印发《会计基础工作规范》的通知（1996 年 6 月 17 日财会字〔1996〕19 号）

31. 财政部关于印发《会计电算化工作规范》的通知（1996 年 6 月 10 日财会字〔1996〕17 号）

32. 财政部关于印发《会计电算化管理办法》等规章的通知（1994 年 6 月 30 日财会字〔1994〕27 号）

33. 会计从业资格管理办法（2012 年 12 月 10 日财政部令第 73 号）

34. 财政部关于印发《会计人员继续教育规定》的通知（2013 年 8 月 27 日财会〔2013〕18 号）

35. 财政部门监督办法（2012 年 3 月 2 日财政部令第 69 号）

36. 财政部《关于加快推进财政部门依法行政依法理财的意见》（2011 年 8 月 24 日财法〔2011〕14 号）

37. 财政部关于开展中央基层预算单位综合财政监管工作的通知（2012 年 3 月 12 日财监〔2012〕80 号）

38. 财政部印发《关于推进财政科学化精细化管理的指导意见的通知》

(2009 年 8 月 31 日财办〔2009〕37 号)

39. 财政部关于印发《会计改革与发展“十二五”规划纲要》的通知(2011 年 9 月 9 日财会〔2011〕19 号)

40. 机关事务管理条例(2012 年 6 月 28 日国务院令第 621 号)

41. 国家中长期科学和技术发展规划纲要(2006—2020 年)

42. 国务院关于印发实施《国家中长期科学和技术发展规划纲要(2006—2020 年)》若干配套政策的通知(2006 年 2 月 7 日国发〔2006〕6 号)

43. 中华人民共和国公司法(2013 年 12 月 28 日最新修订)

44. 中华人民共和国物权法(2007 年 3 月 16 日主席令第 62 号)

(二)财务会计制度类法律法规

1. 行政单位财务规则(2012 年 12 月 6 日财政部令第 71 号)

2. 行政单位会计制度(财政部财库〔2013〕218 号)

3. 事业单位财务规则(2012 年 2 月 7 日财政部令第 68 号)

4. 事业单位会计准则(2012 年 12 月 6 日财政部令第 72 号)

5. 财政部关于印发《事业单位会计制度》的通知(2012 年 12 月 19 日财会〔2012〕22 号)

6. 财政部关于印发《新旧事业单位会计制度有关衔接问题的处理规定》的通知(2013 年 1 月 10 日财会〔2013〕2 号)

7. 财政部、科技部关于印发《科学事业单位财务制度》的通知(2012 年 12 月 28 日财教〔2012〕502 号)

8. 财政部关于贯彻实施《事业单位会计准则》和《事业单位会计制度》的通知(2013 年 1 月 10 日财会函〔2013〕1 号)

9. 财政部、科技部关于执行《科学事业单位财务制度》有关问题的通知(2014 年 3 月 18 日财教〔2014〕10 号)

10. 财政部印发《科学事业单位会计制度》的通知(2013 年 12 月 30 日财会〔2013〕29 号)

11. 财政部关于印发《财政国库管理制度改革试点会计核算暂行办法》的通知(2001 年 7 月 27 日财库〔2001〕54 号)

12. 财政部关于印发《财政国库管理制度改革试点会计核算暂行办法补充规定》的通知(2002 年 6 月 6 日财库〔2002〕39 号)

13. 财政部关于修改事业单位事业支出核算内容的通知(2002 年 1 月 14 日财会〔2002〕3 号)

14. 财政部关于政府收支分类改革后事业单位会计核算问题的通知(2006

年5月25日财会〔2006〕10号）

15. 财政部关于下发《行政事业单位会计决算报告制度》的通知（2002年3月5日财统〔2002〕4号）

16. 财政部关于印发《行政事业单位工资和津贴补贴有关会计核算办法》的通知（2006年6月15日财库〔2006〕48号）

17. 财政部关于《行政事业单位工资和津贴补贴有关会计核算办法》执行中有关问题的复函（2006年11月8日财库〔2006〕296号）

18. 财政部关于事业单位住房补贴会计处理补充规定的通知（2003年9月30日财会〔2003〕28号）

19. 中华全国总工会、财政部关于财政拨款的行政事业单位计拨工会经费有关问题的通知（2003年1月1日总工发〔2003〕25号）

20. 财政部关于印发《财政国库管理制度改革单位年终结余资金账务处理暂行规定》的通知（2004年12月30日财库〔2004〕190号）

21. 财政部关于印发《中央部门财政拨款结转和结余资金管理办法》的通知（2010年1月18日财预〔2010〕7号）

22. 财政部关于中央预算单位财政拨款结余资金归集调整及会计核算等事项的通知（2008年12月10日财库〔2008〕78号）

23. 财政部关于中央级行政单位财政拨款结转和结余资金会计处理问题的通知（2010年2月2日财库〔2010〕18号）

24. 财政部关于中央级事业单位社会团体及企业财政拨款结转和结余资金会计核算有关事项的通知（2010年3月3日财预〔2010〕5号）

25. 财政部《关于事业单位提取专用基金比例问题的通知》（2012年4月23日财教〔2012〕32号）

26. 人事部、财政部、国务院机关事务管理局关于调整在京中央国家机关和事业单位工作人员福利费标准的通知（1998年12月23日人发〔1998〕106号）

27. 财政部关于职工探亲路费的规定（1981年4月8日财事字〔1981〕113号）

28. 财政部关于印发工会会计制度　工会新旧会计制度有关衔接问题的处理规定的通知（2009年5月31日财会〔2009〕7号）

29. 财政部、国家税务总局关于行政机关和事业单位做好个人所得税代扣代缴工作的通知（2006年1月24日财税〔2006〕9号）

30. 财政部、监察部关于印发《关于党政机关及事业单位用公款为个人购买商业保险若干问题的规定》的通知（2004年9月16日财金〔2004〕88号）

31. 财政部、国管局、中直管理局关于印发《中央和国家机关会议费管理

办法》的通知（2013 年 9 月 13 日财行〔2013〕286 号）

32. 财政部关于印发《中央和国家机关差旅费管理办法》的通知（2013 年 12 月 31 日财行〔2013〕531 号）

33. 财政部、监察部关于落实出差和会议定点管理工作的通知（2007 年 8 月 28 日财行〔2007〕285 号）

34. 财政部关于印发《地质事业单位财务制度》的通知（1998 年 4 月 2 日财基字〔1998〕26 号）

35. 财政部关于贯彻实施《地质事业单位财务制度》有关政策衔接问题的通知（1998 年 4 月 2 日财基字〔1998〕28 号）

36. 财政部关于印发《地质勘查单位财务制度》的通知（1996 年 4 月 12 日财基字〔1996〕88 号）

37. 财政部关于修订印发《地质勘查单位会计制度》的通知（1996 年 5 月 6 日财会字〔1996〕15 号）

38. 财政部关于印发《转制科研机构新旧会计制度衔接有关调账问题的处理规定》的通知（2000 年 3 月 2 日财会字〔2000〕2 号）

39. 财政部关于住房补贴不宜计提工会经费的复函（2007 年 8 月 10 日财综函〔2007〕48 号）

（三）国土资源财务管理类法律法规

1. 财政部关于印发《企业和地质勘查单位探矿权采矿权会计处理规定》的通知（1999 年 11 月 11 日财会字〔1999〕40 号）

2. 财政部、国土资源部关于印发《探矿权采矿权使用费和价款管理办法》的通知（1999 年 6 月 7 日财综字〔1999〕74 号）

3. 财政部关于《探矿权采矿权使用费和价款管理办法》的补充通知（1999 年 11 月 11 日财综字〔1999〕183 号）

4. 国土资源部关于印发《中央所得探矿权采矿权使用费和价款使用管理暂行办法》的通知（2002 年 12 月 30 日国土资发〔2002〕433 号）

5. 财政部、国土资源部关于《探矿权采矿权使用费和价款使用管理办法（试行）》的通知（2003 年 11 月 10 日财建〔2003〕530 号）

6. 财政部、国土资源部、中国人民银行关于探矿权采矿权价款收入管理有关事项的通知（2006 年 8 月 14 日财建〔2006〕394 号）

7. 财政部、国土资源部关于深化探矿权采矿权有偿取得制度改革有关问题的通知（2006 年 10 月 25 日财建〔2006〕694 号）

8. 财政部、国土资源部关于探矿权采矿权有偿取得制度改革有关问题的补

充通知（2008 年 2 月 28 日财建〔2008〕22 号）

（四）专项资金管理类法律法规

1. 财政部、国土资源部关于印发《矿山地质环境恢复治理专项资金管理办法》的通知（2013 年 3 月 27 日财建〔2013〕80 号）

2. 财政部、国土资源部关于印发《矿产资源节约与综合利用专项资金管理办法》的通知（2013 年 3 月 26 日财建〔2013〕81 号）

3. 财政部、国土资源部关于印发《国家级地质遗迹保护专项资金管理办法》的通知（2013 年 3 月 6 日财建〔2013〕65 号）

4. 关于成立国家重大科学仪器设备开发专项“大深度三维电磁探测技术工程化开发”项目组织管理机构的通知（2012 年 5 月 4 日国土资源部科技与国际合作司科合〔2012〕108 号）

5. 国家重大科学仪器设备开发专项“大深度三维电磁探测技术工程化开发”项目管理细则（2012 年 12 月 26 日）

6. 关于印发《国土资源部组织实施国家重大科学仪器设备开发专项项目（任务）管理细则（试行）》的通知（2012 年 3 月 9 日国土资源部科技与国际合作司科合〔2012〕27 号）

7. 财政部、国土资源部关于印发《中央地质勘查基金管理办法》的通知（2011 年 2 月 17 日财建〔2011〕2 号）

8. 国土资源部办公厅关于进一步加强国土资源公益性行业科研专项管理工作的通知（2011 年 10 月 12 日国土资厅函〔2011〕908 号）

9. 财政部、国土资源部关于将矿产资源专项收入统筹安排使用的通知（2010 年 11 月 19 日财建〔2010〕925 号）

10. 国土资源部关于印发《地质矿产调查评价专项项目管理暂行办法》的通知（2010 年 6 月 9 日国土资发〔2010〕84 号）

11. 财政部、国土资源部关于印发《地质矿产调查评价专项资金管理办法》的通知（2010 年 5 月 18 日财建〔2010〕174 号）

12. 财政部、国土资源部关于印发《国外矿产资源风险勘查专项资金管理办法》的通知（2010 年 5 月 14 日财建〔2010〕173 号）

13. 国土资源部办公厅关于印发《深部探测技术与实验研究专项管理办法》的通知（2009 年 4 月 16 日国土资厅函〔2009〕41 号）

14. 国家自然科学基金条例（2007 年 2 月 24 日中华人民共和国国务院令第 487 号）

15. 财政部关于印发《中央级公益性科研院所基本科研业务费专项资金管

理办法（试行）》的通知（2006年12月8日财政部财教〔2006〕288号）

16. 财政部、科技部、总装备部关于印发《国家高技术研究发展计划（863计划）专项经费管理办法》的通知（2006年10月10日财教〔2006〕163号）

17. 财政部、科技部关于印发《国家科技支撑计划专项经费管理办法》的通知（2006年9月30日财教〔2006〕160号）

18. 国土资源部、财政部、国家发展和改革委员会关于印发《危机矿山接替资源找矿项目管理暂行办法》的通知（2006年11月9日国土资发〔2006〕305号）

19. 财政部、科技部关于印发《国家重点基础研究发展计划专项经费管理办法》的通知（2006年9月30日财教〔2006〕159号）

20. 财政部关于印发《中央级科学事业单位修缮购置专项资金管理办法》的通知（2006年8月28日财教〔2006〕118号）

21. 财政部、国土资源部关于印发《危机矿山接替资源找矿专项资金管理暂行办法》的通知（2006年7月25日财建〔2006〕367号）

22. 财政部、国土资源部关于印发《中央地质勘查基金（周转金）管理暂行办法》的通知（2006年7月13日财建〔2006〕342号）

23. 科技部关于严肃财经纪律规范国家科技计划课题经费使用和加强监管的通知（2005年11月26日国科发财字〔2005〕462号）

24. 国土资源部办公厅关于印发《全国油气资源战略选区调查与评价项目经费管理办法》的通知（2005年3月30日国土资厅发〔2005〕27号）

25. 财政部、国土资源部关于印发《国土资源调查专项资金管理暂行办法》的通知（2004年7月12日财建〔2004〕192号）

26. 国务院办公厅转发《财政部、科技部关于改进和加强中央财政科技经费管理的若干意见》的通知（2006年8月21日国办发〔2006〕56号）

27. 财政部、国家自然科学基金委员会关于印发《国家自然科学基金资助项目资金管理办法》的通知（2015年4月15日财教〔2015〕15号）

28. 财政部、国土资源部关于印发《矿产资源补偿费使用管理办法》的通知（2001年11月22日财建〔2001〕809号）

（五）预算管理类法律法规

1. 财政部关于进一步完善制度规定切实加强财政资金管理的通知（2011年4月11日财办〔2011〕19号）

2. 财政部关于严格执行《预算法》并切实加强执法监督检查有关问题的通知（1998年2月23日财法字〔1998〕5号）

3. 财政部关于进一步推进财政预算信息公开的指导意见（2008 年 9 月 10 日财预〔2008〕390 号）

4. 财政部关于进一步做好预算信息公开工作的指导意见（2010 年 3 月 1 日财预〔2010〕31 号）

5. 财政部关于印发《中央本级基本支出预算管理办法》的通知（2007 年 4 月 2 日财预〔2007〕37 号）

6. 财政部关于印发《中央本级项目支出预算管理办法》的通知（2007 年 4 月 2 日财预〔2007〕38 号）

7. 财政部关于印发《中央本级项目支出定额标准管理暂行办法》的通知（2009 年 11 月 19 日财预〔2009〕403 号）

8. 财政部关于印发《中央固定资产投资项目预算调整管理暂行办法》的通知（2007 年 6 月 12 日财建〔2007〕216 号）

9. 中国地质调查局办公室关于转发《国土资源部项目支出预算管理办法》的通知（2013 年 7 月 26 日中地调办发〔2013〕52 号）

10. 国务院办公厅转发《财政部关于深化收支两条线改革进一步加强财政管理的意见的通知》（2001 年 11 月 15 日国办发〔2001〕93 号）

11. 财政部关于深化地方财政国库管理制度改革有关问题的意见（2003 年 7 月 28 日财库〔2003〕68 号）

12. 财政部、监察部关于落实出差和会议定点管理工作的通知（2007 年 8 月 28 日财行〔2007〕285 号）

13. 财政部关于印发《党政机关会议定点管理办法》的通知（2015 年 1 月 13 日财行〔2015〕1 号）

14. 中国地质调查局关于严格控制 2013 年三公经费等一般性支出的通知（2013 年 7 月 18 日中地调办发〔2013〕48 号）

15. 国土资源部关于 2013 年预算执行管理有关问题的通知（2012 年 12 月 5 日）

16. 财政部关于中央预算单位 2013 年预算执行管理有关问题的通知（2012 年 11 月 28 日财库〔2012〕169 号）

17. 财政部关于进一步加强预算执行管理的通知（2008 年 1 月 18 日财库〔2008〕1 号）

18. 财政部关于进一步做好预算执行工作的指导意见（2010 年 1 月 22 日财预〔2010〕11 号）

19. 财政部关于加强地方预算执行管理激活财政存量资金的通知（2013 年 7 月 15 日财预〔2013〕285 号）

20. 财政部关于推进预算绩效管理的指导意见（2011 年 7 月 5 日财预〔2011〕416 号）

21. 国土资源部关于印发《国土资源部预算绩效管理办法（试行）》的通知（2013 年 2 月 17 日国土资发〔2013〕15 号）

22. 财政部关于印发《财政支出绩效评价管理暂行办法》的通知（2011 年 4 月 2 日财预〔2011〕285 号）

23. 财政部关于印发《中央级行政经费项目支出绩效考评管理办法（试行）》的通知（2003 年 9 月 30 日财行〔2003〕108 号）

24. 财政部关于印发《经济建设项目资金预算绩效管理规则》的通知（2013 年 4 月 23 日财建〔2013〕165 号）

25. 财政部关于印发《预算绩效管理工作规划（2012—2015 年）》的通知（2012 年 9 月 21 日财预〔2012〕396 号）

26. 财政部关于印发《预算绩效评价共性指标体系框架》的通知（2013 年 4 月 21 日财预〔2013〕53 号）

27. 财政部关于印发《中央和国家机关差旅费管理办法》的通知（2013 年 12 月 31 日财行〔2013〕531 号）

28. 中国地质调查局财务部通知（2011 年 7 月 28 日中国地质调查局财务部）

29. 中国地质调查局关于印发《中国地质调查局会议费管理暂行规定》的通知（2007 年 6 月 14 日中地调发〔2007〕157 号）

30. 财政部、国家机关事务管理局、中共中央直属机关事务管理局关于印发《中央和国家机关会议费管理办法》的通知（2013 年 9 月 13 日财行〔2013〕286 号）

31. 财政部、外交部《关于严格控制在华举办国际会议的通知》（2011 年 1 月 31 日财行〔2011〕2 号）

32. 财政部关于印发《在华举办国际会议费用开支标准和财务管理办法》的通知（2012 年 1 月 19 日财行〔2012〕1 号）

33. 科学技术部、外交部、海关总署、国家工商行政管理总局关于印发《国际科学技术会议与展览管理暂行办法》的通知（2001 年 8 月 23 日国科发外字〔2001〕311 号）

34. 国际科学技术会议与展览管理暂行办法实施细则（2002 年 1 月 31 日）

35. 财政部、外交部关于印发《因公临时出国经费管理办法》的通知（2013 年 12 月 20 日财行〔2013〕516 号）

36. 财政部、外交部、监察部、审计署、国家预防腐败局关于印发《加强党政干部因公出国（境）经费管理暂行办法》的通知（2008 年 8 月 5 日财行

〔2008〕230 号）

37. 国家外国专家局、财政部关于调整中长期出国（境）培训人员费用开支标准的通知（2002 年 7 月 1 日外专发〔2002〕96 号）

38. 财政部、国家外国专家局关于印发《因公短期出国培训费用管理办法》的通知（2014 年 2 月 25 日财行〔2014〕4 号）

39. 中共中央纪委、外交部、监察部关于对跨地区跨部门团组加强管理、监督和检查坚决制止公款出国旅游的通知（2000 年 9 月 7 日外管函〔2000〕426 号）

40. 国土资源部关于调整非贸易非经营性用汇管理有关问题的通知（2012 年 12 月 10 日国土资函〔2012〕955 号）

41. 财政部关于调整因公临时出国（境）人员个人自费购汇标准有关问题的通知（2002 年 10 月 11 日财预〔2002〕530 号）

42. 党政机关国内公务接待管理规定（2013 年 12 月 8 日实施）

43. 国务院关于在对外公务活动中赠送和接受礼品的规定（1993 年 12 月 5 日国务院第 133 号令）

44. 财政部、外交部颁发《关于对外赠送礼物金额标准的规定》的通知（1993 年 12 月 17 日财外字〔1993〕834 号）

（六）政府采购类法律法规

1. 国务院办公厅转发《财政部关于全面推进政府采购制度改革意见》的通知（2003 年 8 月 18 日国办发〔2003〕74 号）

2. 财政部关于印发《中央单位政府采购管理实施办法》的通知（2004 年 7 月 23 日财库〔2004〕104 号）

3. 财政部关于印发《中央单位政府集中采购管理实施办法》的通知（2007 年 1 月 10 日财库〔2007〕3 号）

4. 中央国家机关政府采购中心关于印发《中央国家机关政府集中采购工作规程（试行）》的通知（2006 年 4 月 10 日国机采字〔2006〕9 号）

5. 财政部、监察部关于印发《政府采购评审专家管理办法》的通知（2003 年 11 月 17 日财库〔2003〕119 号）

6. 财政部办公厅关于中央单位政府采购评审专家库管理使用有关问题的通知（2004 年 10 月 27 日财办库〔2004〕80 号）

7. 政府采购代理机构资格认定办法（2010 年 10 月 26 日财政部令第 61 号）

8. 财政部关于认真做好政府采购代理机构资格认定工作的通知（2010 年 11 月 25 日财库〔2010〕133 号）

9. 政府采购货物和服务招标投标管理办法（2004 年 8 月 21 日财政部令第 18 号）

10. 政府采购信息公告管理办法（2004 年 8 月 21 日财政部令第 19 号）

11. 政府采购供应商投诉处理办法（2004 年 8 月 21 日财政部令第 20 号）

12. 财政部关于加强政府采购供应商投诉受理审查工作的通知（2007 年 1 月 10 日财库〔2007〕1 号）

13. 财政部关于加强政府采购货物和服务项目价格评审管理的通知（2007 年 1 月 10 日财库〔2007〕2 号）

14. 国家发展和改革委员会等关于印发《招标投标违法行为记录公告暂行办法》的通知（2008 年 6 月 18 日发改法规〔2008〕1531 号）

15. 财政部关于印发《自主创新产品政府首购和订购管理办法》的通知（2007 年 12 月 27 日财库〔2007〕120 号）

16. 财政部关于印发《政府采购进口产品管理办法》的通知（2007 年 12 月 27 日财库〔2007〕119 号）

17. 财政部关于政府采购进口产品管理有关问题的通知（2008 年 7 月 9 日财办库〔2008〕248 号）

18. 国务院办公厅关于印发中央预算单位 2011—2012 年政府集中采购目录及标准的通知（2010 年 12 月 5 日国办发〔2010〕61 号）

19. 国务院办公厅关于印发中央预算单位 2013—2014 年政府集中采购目录及标准的通知（2012 年 12 月 19 日国办发〔2012〕56 号）

20. 财政部关于加强中央预算单位政府采购管理有关事项的通知（2012 年 5 月 8 日财库〔2012〕49 号）

21. 财政部关于进一步推进中央单位批量集中采购试点工作的通知（2011 年 6 月 3 日财办库〔2011〕87 号）

22. 财政部关于进一步规范政府采购评审工作有关问题的通知（2012 年 6 月 11 日财库〔2012〕69 号）

23. 财政部关于印发《中央预算单位批量集中采购管理暂行办法》的通知（2013 年 8 月 21 日财库〔2013〕109 号）

24. 电子招标投标办法（2013 年 2 月 4 日国家发展和改革委员会、工业和信息化部、监察部、住房和城乡建设部、交通运输部、铁道部、水利部、商务部令第 20 号）

25. 招标公告发布暂行办法（2000 年 7 月 1 日国家发展计划委员会令第 4 号，2013 年 3 月 11 日修订）

26. 工程建设项目自行招标试行办法（2000 年 7 月 1 日国家发展计划委员

会令第5号，2013年3月11日修订)

27. 建设项目可行性研究报告增加招标内容以及核准招标事项暂行规定(2001年6月18日国家发展计划委员会令第9号)

28. 评标委员会和评标方法暂行规定(2001年7月5日国家发展计划委员会、国家经济贸易委员会、建设部、铁道部、交通部、信息产业部、水利部令第12号，2013年3月11日修订)

29. 国家重大建设项目招标投标监督暂行办法(2002年1月10日国家发展计划委员会令第18号，2013年3月11日修订)

30. 评标专家和评标专家库管理暂行办法(2003年2月22日国家发展计划委员会令第29号，2013年3月11日修订)

31. 工程建设项目勘察设计招标投标办法(2003年6月12日国家发展和改革委员会等令第2号，2013年3月11日修订)

32. 工程建设项目施工招标投标办法(2003年3月8日国家发展和改革委员会等令第30号，2013年3月11日修订)

33. 工程建设项目招标投标活动投诉处理办法(2004年6月21日国家发展和改革委员会等令第11号，2013年3月11日修订)

34. 工程建设项目货物招标投标办法(2005年1月18日国家发展和改革委员会、建设部、铁道部、交通部、信息产业部、水利部、中国民用航空总局令第27号，2013年3月11日修订)

35. 《标准施工招标资格预审文件》和《标准施工招标文件》试行规定(2007年11月1日国家发展和改革委员会、财政部、建设部、铁道部、交通部、信息产业部、水利部、民用航空总局、广播电影电视总局令第56号，2013年3月11日修订)

36. 国家发展和改革委员会关于指定发布依法必须招标项目资格预审公告和招标公告的媒介的通知(2000年6月30日计政策〔2000〕868号，2013年3月11日修订)

(七) 国库改革类法律法规

1. 财政部、中国人民银行关于印发《财政国库管理制度改革试点方案》的通知(2001年3月16日财库〔2001〕24号)

2. 财政部、中国人民银行关于印发《中央单位财政国库管理制度改革试点资金支付管理办法》的通知(2002年5月22日财库〔2002〕28号)

3. 财政部关于中央单位财政国库管理制度改革试点资金支付管理的补充通知(2003年9月4日财库〔2003〕98号)

4. 财政部关于财政国库管理制度改革单位年终结余资金额度处理有关问题的通知（2004 年 12 月 30 日财库〔2004〕191 号）

5. 财政部、中国人民银行关于印发《中央单位国库集中支付代理银行垫付资金计息管理暂行办法》的通知（2005 年 1 月 26 日财库〔2005〕10 号）

6. 财政部关于中央预算单位 2011 年深化国库集中支付改革若干问题的通知（2010 年 12 月 8 日财库〔2010〕138 号）

7. 财政部关于部门预算批复前支付项目支出资金的通知（2009 年 1 月 15 日财库〔2009〕9 号）

8. 财政部关于规范和加强中央预算单位国库集中支付资金归垫管理有关问题的通知（2007 年 3 月 22 日财库〔2007〕24 号）

9. 财政部、中国人民银行关于印发《中央预算单位公务卡管理暂行办法》的通知（2007 年 7 月 12 日财库〔2007〕63 号）

10. 财政部关于 2008 年中央预算部门全面推行公务卡改革试点有关事项的通知（2008 年 2 月 28 日财库〔2008〕17 号）

11. 财政部关于实施中央预算单位公务卡强制结算目录的通知（2011 年 11 月 25 日财库〔2011〕160 号）

12. 财政部中国人民银行《关于加快推进公务卡制度改革的通知》（2012 年 9 月 5 日财库〔2012〕132 号）

13. 国土资源部关于进一步推进公务卡改革有关事项的通知（2011 年 12 月 29 日国土资函〔2011〕956 号）

14. 财政部驻河北专员办中央驻冀预算单位申请国库直接支付资金操作程序指引（征求意见稿）（2010 年 4 月 19 日财政部驻河北专员办）

（八）住房改革类法律法规

1. 国务院关于修改〈住房公积金管理条例〉的决定（2002 年 3 月 24 日国务院令第 350 号）

2. 财政部关于加强住房公积金管理等有关问题的通知（2006 年 9 月 5 日财综〔2006〕38 号）

3. 国务院机关事务管理局关于印发《中央国家机关住宅专项维修资金管理办法》的通知（2009 年 5 月 26 日国管房改〔2008〕346 号）

4. 廊坊市住房公积金归集管理办法（2011 年 11 月 8 日廊坊市人民政府令〔2011〕第 12 号）

5. 廊坊市住房公积金提取管理办法（2011 年 11 月 8 日廊坊市人民政府令〔2011〕第 11 号）

6. 国务院住房制度改革领导小组、财政部、建设部颁发《关于住房资金筹集、使用和管理的暂行规定》的通知（1992 年 3 月 1 日财综字〔1992〕31 号）

7. 国务院住房制度改革领导小组《关于加强国有住房出售收入管理的意见》的通知（1996 年 8 月 8 日国办发〔1996〕34 号）

8. 国务院关于进一步加强住房公积金管理的通知（2002 年 5 月 13 日国发〔2002〕12 号）

（九）内部会计控制与审计监督类法律法规

1. 中华人民共和国国家审计准则（2010 年 9 月 8 日公布）

2. 审计署关于内部审计工作的规定（2003 年 3 月 4 日审计署令第 4 号）

3. 国土资源部关于印发《国土资源部内部审计工作暂行规定》的通知（2004 年 4 月 2 日国土资发〔2004〕74 号）

4. 财政部关于印发《内部会计控制规范——基本规范（试行）》《内部会计控制规范——货币资金（试行）》的通知（2001 年 6 月 22 日财会〔2001〕41 号）

5. 财政部关于印发《内部会计控制规范——采购与付款（试行）》和《内部会计控制规范——销售与收款（试行）》的通知（2002 年 12 月 23 日财会〔2002〕21 号）

6. 财政部关于印发《内部会计控制规范——工程项目（试行）》的通知（2003 年 10 月 22 日财会〔2003〕30 号）

7. 财政部关于印发《内部会计控制规范——担保（试行）》和《内部会计控制规范——对外投资（试行）》的通知（2004 年 8 月 19 日财会〔2004〕6 号）

8. 财政部、证监会、审计署、银监会、保监会关于印发《企业内部控制基本规范》的通知（2008 年 5 月 22 日财会〔2008〕7 号）

9. 财政部、证监会、审计署、银监会、保监会《关于印发企业内部控制配套指引的通知》（2010 年 4 月 15 日财会〔2010〕11 号）

10. 财政部关于印发企业内部控制规范体系实施中相关问题解释第 1 号的通知（2012 年 2 月 23 日财会〔2012〕3 号）

11. 财政部关于印发企业内部控制规范体系实施中相关问题解释第 2 号的通知（2012 年 9 月 24 日财会〔2012〕18 号）

12. 国有资产监督管理委员会、财政部关于加快构建中央企业内部控制体系有关事项的通知（2012 年 5 月 7 日国资发评价〔2012〕68 号）

13. 中国注册会计师协会关于印发《企业内部控制审计指引实施意见》的通知（2011 年 10 月 11 日会协〔2011〕66 号）

14. 中国保险监督管理委员会关于印发《保险公司内部控制基本准则》的通知（2010 年 8 月 10 日保监发〔2010〕69 号）

15. 关于印发《上市公司实施企业内部控制规范体系监管问题解答》(2012年第1期，总第2期）的通知（2012年2月8日中国证券监督管理委员会会计部函〔2012〕62号）

16. 中国地质调查局办公室关于转发《行政事业单位内部控制规范（试行)》的通知（2013年5月27日中地调办函〔2013〕2号）

（十）资产管理类法律法规

1. 中国地质调查局办公室关于转发国土资源部行政事业单位国有资产管理办法的通知（2012年2月3日中地调发〔2012〕12号）

2. 国土资源部办公厅关于行政单位国有资产处置收入和出租出借收入管理有关问题的通知（2010年1月14日国土资厅函〔2010〕35号）

3. 国土资源部办公厅关于事业单位国有资产使用管理有关问题的通知(2010年1月15日国土资厅函〔2010〕39号）

4. 行政单位国有资产管理暂行办法（2006年5月30日财政部令第35号）

5. 财政部关于认真贯彻实施财政部令第35号、第36号有关问题的通知(2006年7月3日财办〔2006〕34号）

6. 财政部关于印发《中央垂直管理系统行政单位国有资产管理暂行实施办法》的通知（2007年12月29日财行〔2007〕647号）

7. 财政部关于印发《中央行政单位国有资产处置收入和出租出借收入管理暂行办法》的通知（2009年10月12日财行〔2009〕400号）

8. 财政部关于实施《中央行政单位国有资产处置收入和出租出借收入管理暂行办法》有关问题的补充通知（2009年12月30日财行〔2009〕567号）

9. 中国地质调查局转发财政部关于进一步加强中央行政单位新增资产配置预算管理有关问题的通知（2010年10月26日中地调发〔2010〕230号）

10. 财政部关于正式实施行政事业单位资产管理信息系统有关问题的通知(2009年8月28日财办〔2009〕39号）

11. 财政部关于印发《中央行政单位通用办公设备家具购置费预算标准(试行)》的通知（2011年4月13日财行〔2011〕78号）

12. 财政部关于进一步规范和加强政府机关软件资产管理的意见（2011年1月22日财行〔2011〕7号）

13. 财政部关于实施行政事业单位资产管理信息系统有关问题的补充通知(2009年11月25日财办〔2009〕43号）

14. 事业单位国有资产管理暂行办法（2006年5月30日财政部令第36号）

15. 财政部关于印发《中央级事业单位国有资产管理暂行办法》的通知

（2008 年 3 月 12 日财教〔2008〕13 号）

16. 财政部关于进一步规范和加强中央级事业单位国有资产管理有关问题的通知（2010 年 7 月 13 日财教〔2010〕200 号）

17. 财政部关于印发《中央级事业单位国有资产使用管理暂行办法》的通知（2009 年 8 月 28 日财教〔2009〕192 号）

18. 财政部关于印发《中央级事业单位国有资产处置管理暂行办法》的通知（2008 年 12 月 16 日财教〔2008〕495 号）

19. 财政部关于《中央级事业单位国有资产使用管理暂行办法》的补充通知（2009 年 12 月 29 日财教〔2009〕495 号）

20. 财政部关于在中关村国家自主创新示范区进行中央级事业单位科技成果处置权改革试点的通知（2011 年 2 月 22 日财教〔2011〕18 号）

21. 财政部关于在中关村国家自主创新示范区开展中央级事业单位科技成果收益权管理改革试点的意见（2011 年 5 月 4 日财教〔2011〕127 号）

22. 国务院机关事务管理局关于印发《中央行政事业单位国有资产管理暂行办法》的通知（2009 年 7 月 2 日国管资〔2009〕167 号）

23. 国务院机关事务管理局关于印发《中央国家机关通用资产配置管理暂行办法》的通知（2007 年 8 月 31 日国管办〔2007〕293 号）

24. 国务院机关事务管理局关于印发《中央国家机关办公设备和办公家具配置标准（试行）》的通知（2009 年 7 月 2 日国管资〔2009〕221 号）

25. 国务院机关事务管理局关于进一步加强中央行政事业单位软件资产管理工作的通知（2010 年 11 月 20 日国管资〔2010〕491 号）

26. 国务院机关事务管理局关于印发《中央行政事业单位软件资产管理暂行办法》的通知（2011 年 5 月 19 日国管资〔2011〕280 号）

27. 国有资产评估管理办法（1991 年 11 月 16 日国务院令第 91 号）

28. 国有资产评估管理若干问题的规定（2001 年 12 月 31 日财政部令第 14 号）

29. 国务院办公厅转发财政部关于《改革国有资产评估行政管理方式加强资产评估监督管理工作意见》的通知（2001 年 12 月 31 日国办发〔2001〕102 号）

30. 财政部关于印发《国有资产评估项目核准管理办法》的通知（2001 年 12 月 31 日财政部财企〔2001〕801 号）

31. 资产评估机构审批和监督管理办法（2011 年 8 月 11 日财政部令第 64 号）

32. 财政部关于印发《中国资产评估行业发展规划》的通知（2012 年 10 月 23 日财企〔2012〕330 号）

33. 财政部办公厅关于印发行政事业单位资产清查工作中有关问题解答的通知（2007 年 2 月 13 日财办行〔2007〕7 号）

34. 财政部关于印发《行政事业单位资产清查暂行办法》的通知（2006 年 12 月 13 日财办〔2006〕52 号）

35. 财政部、科技部、教育部、中国科学院关于印发《中央级新购大型科学仪器设备联合评议工作管理办法（试行）》的通知（2004 年 4 月 14 日财教〔2004〕33 号）

36. 中共中央办公厅、国务院办公厅关于印发《党政机关公务用车配备使用管理办法》的通知（2011 年 1 月 6 日中办发〔2011〕2 号）

37. 财政部关于印发《党政机关执法执勤用车配备使用管理办法》的通知（2011 年 6 月 3 日财行〔2011〕180 号）

38. 国务院机关事务管理局关于印发《在京中央和国家机关公务用车指标管理办法》的通知（2011 年 4 月 12 日国管资〔2011〕167 号）

39. 财政部关于印发《党政机关公务用车预算决算管理办法》的通知（2011 年 2 月 25 日财行〔2011〕9 号）

40. 国务院机关事务管理局、中共中央直属机关事务管理局关于印发《中央和国家机关公务用车耗油定额标准（试行）》的通知（2009 年 1 月 7 日国管资〔2009〕28 号）

（十一）非税收入管理类法律法规

1. 财政部等六部委关于印发《行政事业性收费和罚没收入实行“收支两条线”管理的若干规定》的通知（1999 年 6 月 14 日财综字〔1999〕87 号）

2. 国务院办公厅转发财政部《关于深化收支两条线改革进一步加强财政管理的意见》的通知（2001 年 12 月 10 日国办发〔2001〕93 号）

（十二）账户管理类法律法规

1. 财政部、中国人民银行等四部委关于印发《中央预算单位银行账户管理暂行办法》的通知（2002 年 9 月 29 日财库〔2002〕48 号）

2. 财政部、中国人民银行关于执行《中央预算单位银行账户管理暂行办法》的补充通知（2004 年 1 月 12 日财库〔2004〕1 号）

3. 财政部、中国人民银行关于印发《〈中央预算单位银行账户管理暂行办法〉补充规定》的通知（2006 年 11 月 15 日财库〔2006〕96 号）

4. 财政部关于做好中央预算单位银行账户年检工作的通知（2004 年 10 月 27 日财库〔2004〕162 号）

5. 人民币银行结算账户管理办法（2003 年 4 月 10 日中国人民银行令第 5 号）

6. 财政部、监察部、中国人民银行关于印发《行政事业单位预算外资金银行账户管理的规定》的通知（1999 年 6 月 11 日财综字〔1999〕88 号）

7. 财政部、中国人民银行关于印发《中央财政国库集中收付代理银行招投标管理暂行办法》的通知（2003年3月7日财库〔2003〕15号）

8. 中共中央组织部办公厅、中国人民银行办公厅《关于党费账户继续单独设立的通知》（2006年5月26日组电明字〔2006〕26号）

（十三）基本建设类法律法规

1. 财政部关于印发《基本建设财务管理规定》的通知（2002年9月27日财建〔2002〕394号）

2. 财政部《关于解释〈基本建设财务管理规定〉执行中有关问题的通知》（2003年12月10日财建〔2003〕724号）

3. 财政部关于修改重印《国有建设单位会计制度》的通知（1995年11月4日财会字〔1995〕45号）

4. 财政部关于印发《国有建设单位会计制度补充规定》和《企业基建业务有关会计处理办法》的通知（1998年6月8日财会字〔1998〕17号）

5. 财政部《关于印发〈中央预算内基建投资项目前期工作经费管理暂行办法〉的通知》（2006年10月26日财建〔2006〕689号）

6. 住房和城乡建设部关于印发《建筑工程方案设计招标投标管理办法》的通知（2008年3月21日建市〔2008〕63号）

7. 财政部关于印发《中央固定资产投资项目预算调整管理暂行办法》的通知（2007年6月12日财建〔2007〕216号）

8. 财政部关于进一步加强中央基本建设项目竣工财务决算工作的通知（2008年7月22日财办建〔2008〕91号）

9. 中国地质调查局关于加强局属单位基本建设项目管理工作的通知（2011年1月4日中地调发〔2011〕2号）

10. 国家档案局、国家计委关于印发《基本建设项目档案资料管理暂行规定》的通知（1988年3月17日国档发〔1988〕4号）

11. 国家发展和改革委员会、住房和城乡建设部关于印发《党政机关办公用房建设标准》的通知（2014年11月24日发改投资〔2014〕2674号）

12. 财政部办公厅关于印发《财政投资项目评审操作规程（试行）》的通知（2002年12月31日财办建〔2002〕619号）

13. 国土资源部关于加强基本建设项目竣工财务决算工作的通知（2005年7月11日）

14. 国家发展和改革委员会关于进一步加强中央党政机关等建设项目管理和投资概算控制的通知（2005年7月1日发改投资〔2005〕907号）

附录 B　地质调查项目绩效评价指标体系参考样表

附表 1　区域地质（填图）项目绩效评价指标体系（参考样表）

一级指标	分值/分	二级指标	分值/分	三级指标	分值/分	指标解释	评价标准	四级指标	分值/分
项目决策	20	项目目标	4	目标内容	4	区调工作目标是否明确、细化、量化	目标明确（1 分），目标细化（1 分），目标量化（2 分）	调查区范围、面积	
								图幅数量	
								野外勘测路线	
								实物工作量	
		决策过程	8	决策依据	3	项目是否符合经济社会发展规划和中国地质调查局年度工作计划，是否根据需要制订中长期实施规划	项目符合经济社会发展规划和中国地质调查局年度工作计划（2 分），根据需要制订中长期实施规划（1 分）	国家级规划	
								区域规划	
								项目实施规划	
				决策程序	5	项目是否符合申报条件，申报、批复程序是否符合地质调查项目申报管理办法，项目调整是否履行相应手续	项目符合申报条件（2 分），申报、批复程序符合地质调查项目申报管理办法（2 分），项目实施调整履行相应手续（1 分）	申报条件	
								申报、批复程序的规范性	
								项目实施调整履行相应手续的规范性	
		资金分配	8	分配办法	2	是否根据需要制定相关资金管理办法，并在管理办法中明确资金分配办法；资金分配因素是否全面、合理	办法健全、规范（1 分），因素选择全面、合理（1 分）		
				分配结果	6	资金分配是否符合地质调查项目财务管理办法，分配结果是否合理	项目符合地质调查项目财务分配办法（2 分），资金分配合理（4 分）		

（续）

一级指标	分值 / 分	二级指标	分值 / 分	三级指标	分值 / 分	指标解释	评价标准	四级指标	分值 / 分
项目管理	25	资金到位	5	到位率	3	实际到位 / 计划到位 × 100%	根据项目实际到位资金占计划的比重计算得分（3分）		
				到位时效	2	资金是否及时到位；若未及时到位，是否影响项目进度	及时到位（2分），未及时到位但未影响项目进度（1.5分），未及时到位并影响项目进度（0~1分）		
		资金管理	10	资金使用	7	是否存在支出依据不合规、虚列项目支出的情况，是否存在截留、挤占、挪用项目资金情况，是否存在超标准开支情况	虚列（套取）扣4~7分，支出依据不合规扣1分，截留、挤占、挪用扣3~6分，超标准开支扣2~5分		
				财务管理	3	资金管理、费用支出等制度是否健全，是否严格执行；会计核算是否规范	财务制度健全（1分），严格执行制度（1分），会计核算规范（1分）		
		组织实施	10	组织机构	1	机构是否健全、分工是否明确	机构健全、分工明确（1分）		
				管理制度	9	是否建立健全项目管理制度，是否严格执行相关项目管理制度	建立健全项目管理制度（2分），严格执行相关项目管理制度（7分）		

（续）

一级指标	分值 / 分	二级指标	分值 / 分	三级指标	分值 / 分	指标解释	评价标准	四级指标	分值 / 分
项目绩效	55	项目产出	15	产出数量	5	项目成果报告和图幅产出数量是否达到绩效目标	对照绩效目标评价产出数量（5分）	成果报告	
								发现矿种和矿产地数	
								新发现异常数量	
								图幅数量	
								成果发表	
								样品测试完成数量	
				产出质量	4	项目成果报告和图幅质量是否达到绩效目标	对照绩效目标评价产出质量（4分）	野外工作验收合格率	
								野外工程优良率	
								成果报告验收合格率	
								样品检测合格率	
								成果图件合格率	
								成果获奖等级	
								成果发表影响力	
				产出时效	3	项目产出时效是否达到绩效目标	对照绩效目标评价产出时效（3分）		
				产出成本	3	项目产出成本是否按绩效目标控制	对照绩效目标评价产出成本（3分）		
		项目效果	40	经济效益	8	项目实施是否产生直接或间接经济效益	对照绩效目标评价经济效益（8分）	节省投资	
								降低成本	
								增加其他部门收益	
								促进矿产开发投资	

（续）

一级指标	分值/分	二级指标	分值/分	三级指标	分值/分	指标解释	评价标准	四级指标	分值/分
项目绩效	55	项目效果	40	经济效益	8	项目实施是否产生直接或间接经济效益	对照绩效目标评价经济效益（8分）	拉动其他行业投资增加效益	
								拉动其他行业增加效益	
								改善投资环境	
				社会效益	8	项目实施是否产生社会综合效益	对照绩效目标评价社会效益（8分）	政府部门的使用成果情况	
								公共事业使用成果	
								对科研的影响	
								对教育的影响	
								对大众科普的影响	
				环境效益	8	项目实施是否对环境产生积极或消极影响	对照绩效目标评价环境效益（8分）	是否查明地质环境重大问题	
								是否揭示区域地质灾害	
								是否揭示区域地下水资源	
								是否有助于查明地方病	
				可持续影响	8	项目实施对人、自然、资源是否带来可持续影响	对照绩效目标评价可持续影响（8分）	对政府部门影响的可持续性	
								对经济建设影响的可持续性	
								对地方发展影响的可持续性	
								对某些产业影响的可持续性	
								对科教影响的可持续性	
				服务对象满意度	8	项目预期服务对象对项目实施的满意程度	对照绩效目标评价服务对象满意度（8分）		
总分	100		100		100				

附表 2　区域物、化、遥地质调查项目绩效评价指标体系（参考样表）

一级指标	分值 / 分	二级指标	分值 / 分	三级指标	分值 / 分	指标解释	评价标准	四级指标	分值 / 分
项目决策	20	项目目标	4	目标内容	4	区调工作目标是否明确、细化、量化	目标明确（1 分），目标细化（1 分），目标量化（2 分）	调查区范围、面积	
								图幅数量	
								野外勘测路线	
								实物工作量	
		决策过程	8	决策依据	3	项目是否符合经济社会发展规划和中国地质调查局年度工作计划，是否根据需要制订中长期实施规划	项目符合经济社会发展规划和中国地质调查局年度工作计划（2 分），根据需要制订中长期实施规划（1 分）	国家级规划	
								区域规划	
								项目实施规划	
				决策程序	5	项目是否符合申报条件，申报、批复程序是否符合地质调查项目申报管理办法，项目调整是否履行相应手续	项目符合申报条件（2 分），申报、批复程序符合地质调查项目申报管理办法（2 分），项目实施调整履行相应手续（1 分）	申报条件	
								申报、批复程序的规范性	
								项目实施调整履行相应手续的规范性	

（续）

一级指标	分值 / 分	二级指标	分值 / 分	三级指标	分值 / 分	指标解释	评价标准	四级指标	分值 / 分
项目决策	20	资金分配	8	分配办法	2	是否根据需要制定相关资金管理办法，并在管理办法中明确资金分配办法；资金分配因素是否全面、合理	办法健全、规范（1分），因素选择全面、合理（1分）		
				分配结果	6	资金分配是否符合地质调查项目财务管理办法，分配结果是否合理	项目符合地质调查项目财务分配办法（2分），资金分配合理（4分）		
项目管理	25	资金到位	5	到位率	3	实际到位 / 计划到位 × 100%	根据项目实际到位资金占计划的比重计算得分（3分）		
				到位时效	2	资金是否及时到位；若未及时到位，是否影响项目进度	及时到位（2分），未及时到位但未影响项目进度（1.5分），未及时到位并影响项目进度（0~1分）		
		资金管理	10	资金使用	7	是否存在支出依据不合规、虚列项目支出的情况，是否存在截留、挤占、挪用项目资金情况，是否存在超标准开支情况	虚列（套取）扣4~7分，支出依据不合规扣1分，截留、挤占、挪用扣3~6分，超标准开支扣2~5分		
				财务管理	3	资金管理、费用支出等制度是否健全，是否严格执行，会计核算是否规范	财务制度健全（1分），严格执行制度（1分），会计核算规范（1分）		

（续）

一级指标	分值/分	二级指标	分值/分	三级指标	分值/分	指标解释	评价标准	四级指标	分值/分
项目管理	25	组织实施	10	组织机构	1	机构是否健全、分工是否明确	机构健全、分工明确（1分）		
				管理制度	9	是否建立健全项目管理制度，是否严格执行相关项目管理制度	建立健全项目管理制度（2分），严格执行相关项目管理制度（7分）		
项目绩效	55	项目产出	15	产出数量	5	项目成果报告和图幅产出数量是否达到绩效目标	对照绩效目标评价产出数量（5分）	成果报告	
								发现矿种和矿产地数	
								新发现异常数量	
								图幅数量	
								成果发表	
								样品测试完成数量	
				产出质量	4	项目成果报告和图幅质量是否达到绩效目标	对照绩效目标评价产出质量（4分）	野外工作验收合格率	
								野外工程优良率	
								成果报告验收合格率	

（续）

一级指标	分值 / 分	二级指标	分值 / 分	三级指标	分值 / 分	指标解释	评价标准	四级指标	分值 / 分
项目绩效	55	项目产出	15	产出质量	4	项目成果报告和图幅质量是否达到绩效目标	对照绩效目标评价产出质量（4分）	样品检测合格率	
								成果图件合格率	
								成果获奖等级	
								成果发表影响力	
				产出时效	3	项目产出时效是否达到绩效目标	对照绩效目标评价产出时效（3分）		
				产出成本	3	项目产出成本是否按绩效目标控制	对照绩效目标评价产出成本（3分）		
		项目效果	40	经济效益	8	项目实施是否产生直接或间接经济效益	对照绩效目标评价经济效益（8分）	节省投资	
								降低成本	
								增加其他部门收益	
								促进矿产开发投资	
								拉动其他行业投资增加效益	
								拉动其他行业增加效益	
								改善投资环境	

（续）

一级指标	分值/分	二级指标	分值/分	三级指标	分值/分	指标解释	评价标准	四级指标	分值/分
项目绩效	55	项目效果	40	社会效益	8	项目实施是否产生社会综合效益	对照绩效目标评价社会效益（8分）	政府部门的使用成果情况	
								公共事业使用成果	
								对科研的影响	
								对教育的影响	
								对大众科普的影响	
				环境效益	8	项目实施是否对环境产生积极或消极影响	对照绩效目标评价环境效益（8分）	是否查明地质环境重大问题	
								是否揭示区域地质灾害	
								是否揭示区域地下水资源	
								是否有助于查明地方病	
				可持续影响	8	项目实施对人、自然、资源是否带来可持续影响	对照绩效目标评价可持续影响（8分）	对政府部门影响的可持续性	
								对经济建设影响的可持续性	
								对地方发展影响的可持续性	
								对某些产业影响的可持续性	
								对科教影响的可持续性	
				服务对象满意度	8	项目预期服务对象对项目实施的满意程度	对照绩效目标评价服务对象满意度（8分）		
总分	100		100		100				

附表 3　海洋地质调查项目绩效评价指标体系（参考样表）

一级指标	分值 / 分	二级指标	分值 / 分	三级指标	分值 / 分	指标解释	评价标准	四级指标	分值 / 分
项目决策	20	项目目标	4	目标内容	4	海洋地质调查工作目标（工作目标区、地质体、海洋资源、海洋能源）是否明确、细化、量化	目标明确（1分），目标细化（1分），目标量化（2分）	调查区范围、面积	
								图幅数量	
								地质调查目标	
								海洋资源能源调查目标	
		决策过程	8	决策依据	3	项目是否符合经济社会发展规划、国家海洋发展规划和中国地质调查局年度工作计划，是否根据需要制订中长期实施规划	项目符合经济社会发展规划、国家海洋发展规划和中国地质调查局年度工作计划（2分），根据需要制订中长期实施规划（1分）	国家级规划	
								区域规划	
								项目实施规划	
				决策程序	5	项目是否符合申报条件，申报、批复程序是否符合地质调查项目申报管理办法，项目调整是否履行相应手续	项目符合申报条件（2分），申报、批复程序符合地质调查项目申报管理办法（2分），项目实施调整履行相应手续（1分）	申报条件	
								申报、批复程序的规范性	
								项目实施调整履行相应手续的规范性	

（续）

一级指标	分值 / 分	二级指标	分值 / 分	三级指标	分值 / 分	指标解释	评价标准	四级指标	分值 / 分
项目决策	20	资金分配	8	分配办法	2	是否根据需要制定相关资金管理办法，并在管理办法中明确资金分配办法；资金分配因素是否全面、合理	办法健全、规范（1分），因素选择全面、合理（1分）		
				分配结果	6	资金分配是否符合地质调查项目财务管理办法，分配结果是否合理	项目符合地质调查项目财务分配办法（2分），资金分配合理（4分）		
项目管理	25	资金到位	5	到位率	3	实际到位 / 计划到位 × 100%	根据项目实际到位资金占计划的比重计算得分（3分）		
				到位时效	2	资金是否及时到位；若未及时到位，是否影响项目进度	及时到位（2分），未及时到位但未影响项目进度（1.5分），未及时到位并影响项目进度（0~1分）		
		资金管理	10	资金使用	7	是否存在支出依据不合规、虚列项目支出的情况；是否存在截留、挤占、挪用项目资金情况；是否存在超标准开支情况	虚列（套取）扣4~7分，支出依据不合规扣1分，截留、挤占、挪用扣3~6分，超标准开支扣2~5分		

（续）

一级指标	分值/分	二级指标	分值/分	三级指标	分值/分	指标解释	评价标准	四级指标	分值/分
项目管理	25	资金管理	10	财务管理	3	资金管理、费用支出等制度是否健全，是否严格执行，会计核算是否规范	财务制度健全（1分），严格执行制度（1分），会计核算规范（1分）		
		组织实施	10	组织机构	1	机构是否健全、分工是否明确	机构健全、分工明确（1分）		
				管理制度	9	是否建立健全项目管理制度，是否严格执行相关项目管理制度	建立健全项目管理制度（2分），严格执行相关项目管理制度（7分）		
项目绩效	55	项目产出	15	产出数量	5	查明海洋资源和能源数量、成果报告和图幅产出数量是否达到绩效目标	对照绩效目标评价产出数量（5分）	成果报告	
								发现海洋矿产和能源种数	
								新发现海洋地质异常数量	
								图幅数量	
								成果发表数量	
								样品测试完成数量	

（续）

一级指标	分值 / 分	二级指标	分值 / 分	三级指标	分值 / 分	指标解释	评价标准	四级指标	分值 / 分
项目绩效	55	项目产出	15	产出质量	4	查明海洋资源和能源数量、成果报告和图幅质量是否达到绩效目标	对照绩效目标评价产出质量（4分）	野外工作验收合格率	
								野外工程优良率	
								成果报告验收合格率	
								样品检测合格率	
								成果图件合格率	
								成果获奖等级	
								成果发表影响力	
				产出时效	3	项目产出时效是否达到绩效目标	对照绩效目标评价产出时效（3分）		
				产出成本	3	项目产出成本是否按绩效目标控制	对照绩效目标评价产出成本（3分）		
		项目效果	40	经济效益	8	项目实施是否产生直接或间接经济效益	对照绩效目标评价经济效益（8分）	节省投资	
								降低成本	
								增加其他部门收益	
								促进海洋产业开发投资	
								拉动其他行业投资增加效益	
								拉动其他行业增加效益	
								改善投资环境	
				社会效益	8	项目实施是否产生社会综合效益	对照绩效目标评价社会效益（8分）	对国家海洋政策和战略的影响	
								社会公共事业使用的效益	

（续）

一级指标	分值 / 分	二级指标	分值 / 分	三级指标	分值 / 分	指标解释	评价标准	四级指标	分值 / 分
项目绩效	55	项目效果	40	社会效益	8	项目实施是否产生社会综合效益	对照绩效目标评价社会效益（8分）	对国家利益和国家安全的贡献	
								海洋安全、环保工程使用的效益	
								对科学发现与科技创新影响	
								成果被科研部门引用的情况	
								相关论文、著作发表情况	
								对年轻后备骨干人才培养状况	
								对学位论文人员培养情况	
								对大众科普的影响	
								是否查明地质环境重大问题	
								是否揭示区域地质灾害	
				环境效益	8	项目实施是否对环境产生积极或消极影响	对照绩效目标评价环境效益（8分）	查明海域地质环境的作用与影响	
								对决策部门的影响	
								对公共安全和公共卫生发挥的影响	
				可持续影响	8	项目实施对人、自然、资源是否带来可持续影响	对照绩效目标评价可持续影响（8分）	对政府部门影响的可持续性	
								对海洋新能源、海洋产业的可持续发展影响	
								对沿海经济发展影响的可持续性	
								对某些产业影响的可持续性	
								对科教影响的可持续性	
				服务对象满意度	8	项目预期服务对象对项目实施的满意程度	对照绩效目标评价服务对象满意度（8分）		
总分	100		100		100				

附表 4　城市地质调查项目绩效评价指标体系（参考样表）

一级指标	分值 / 分	二级指标	分值 / 分	三级指标	分值 / 分	指标解释	评价标准	四级指标	分值 / 分
项目决策	20	项目目标	4	目标内容	4	城市地质调查工作目标（工作目标区、城市地质种类、服务对象）是否明确、细化、量化	目标明确（1分），目标细化（1分），目标量化（2分）	调查区范围、面积	
								图幅数量	
								城市地质调查目标	
								城市地质调查服务目标	
		决策过程	8	决策依据	3	项目是否符合经济社会发展规划和中国地质调查局年度工作计划，是否根据需要制订中长期实施规划	项目符合经济社会发展规划和中国地质调查局年度工作计划(2分)，根据需要制订中长期实施规划（1分）	国家级规划	
								城乡规划	
								项目实施规划	
				决策程序	5	项目是否符合申报条件，申报、批复程序是否符合地质调查项目申报管理办法，项目调整是否履行相应手续	项目符合申报条件（2分），申报、批复程序符合地质调查项目申报管理办法（2分），项目实施调整履行相应手续（1分）	申报条件	
								申报、批复程序的规范性	
								项目实施调整履行相应手续的规范性	

（续）

一级指标	分值 / 分	二级指标	分值 / 分	三级指标	分值 / 分	指标解释	评价标准	四级指标	分值 / 分
项目决策	20	资金分配	8	分配办法	2	是否根据需要制定相关资金管理办法，并在管理办法中明确资金分配办法；资金分配因素是否全面、合理	办法健全、规范（1分），因素选择全面、合理（1分）		
				分配结果	6	资金分配是否符合地质调查项目财务管理办法，分配结果是否合理	项目符合地质调查项目财务分配办法(2分)，资金分配合理（4分）		
项目管理	25	资金到位	5	到位率	3	实际到位/计划到位×100%	根据项目实际到位资金占计划的比重计算得分（3分）		
				到位时效	2	资金是否及时到位；若未及时到位，是否影响项目进度	及时到位（2分），未及时到位但未影响项目进度（1.5分），未及时到位并影响项目进度（0~1分）。		
		资金管理	10	资金使用	7	是否存在支出依据不合规、虚列项目支出的情况，是否存在截留、挤占、挪用项目资金情况，是否存在超标准开支情况	虚列（套取）扣4~7分，支出依据不合规扣1分，截留、挤占、挪用扣3~6分，超标准开支扣2~5分		
				财务管理	3	资金管理、费用支出等制度是否健全，是否严格执行，会计核算是否规范	财务制度健全(1分)，严格执行制度（1分），会计核算规范（1分）		

（续）

一级指标	分值 / 分	二级指标	分值 / 分	三级指标	分值 / 分	指标解释	评价标准	四级指标	分值 / 分
项目管理	25	组织实施	10	组织机构	1	机构是否健全、分工是否明确	机构健全、分工明确(1分)		
				管理制度	9	是否建立健全项目管理制度，是否严格执行相关项目管理制度	建立健全项目管理制度（2分），严格执行相关项目管理制度（7分）		
项目绩效	55	项目产出	15	产出数量	5	查明城市地质环境和地质灾害的特征、种类、数量，成果报告和图幅产出数量是否达到绩效目标	对照绩效目标评价产出数量（5分）	城市地质调查图幅的种类与数量	
								重大城市地质环境问题发现数量	
								样品测试完成数量	
								成果报告完成数量	
								成果发表数量	
				产出质量	4	查明城市地质环境和地质灾害的特征、种类、数量，成果报告和图幅质量是否达到绩效目标	对照绩效目标评价产出质量4(分)	野外工作验收合格率	
								野外工程优良率	
								成果报告验收合格率	
								样品检测合格率	
								成果图件合格率	
								成果获奖等级	
								成果发表影响力	

（续）

一级指标	分值 / 分	二级指标	分值 / 分	三级指标	分值 / 分	指标解释	评价标准	四级指标	分值 / 分
项目绩效	55	项目产出	15	产出时效	3	项目产出时效是否达到绩效目标	对照绩效目标评价产出时效（3分）		
				产出成本	3	项目产出成本是否按绩效目标控制	对照绩效目标评价产出成本（3分）		
		项目效果	40	经济效益	8	项目实施是否产生直接或间接经济效益	对照绩效目标评价经济效益（8分）	节省投资	
								降低成本	
								拉动其他产业生产增加的效益	
								改善投资环境带来的经济增长潜力	
								改善产业结构与布局增加的经济效益	
								环境改善	
								增加其他部门收益	
								指导城镇发展规划	
								指导城乡产业、社区布局	

（续）

一级指标	分值 / 分	二级指标	分值 / 分	三级指标	分值 / 分	指标解释	评价标准	四级指标	分值 / 分
项目绩效	55	项目效果	40	经济效益	8	项目实施是否产生直接或间接经济效益	对照绩效目标评价经济效益（8分）	为城市环境治理和公共卫生事业指明方向	
								促进矿产资源开发而增加的经济效益	
				社会效益	8	项目实施是否产生社会综合效益	对照绩效目标评价社会效益（8分）	对城市发展政策和发展战略的影响	
								对维护城市公共安全的贡献	
								对城市社会稳定的贡献	
								成果被社会公共事业使用的效益	
								成果被城乡安全、环保工程使用的效益	
								成果的科学发现与科技创新影响	
								带动相关科研投入的情况	
								对推动高新技术应用和产业发展的影响	
								成果被科研部门引用的情况	
								相关的论文、著作发表情况	
								对大众科普的影响	
								项目对年轻后备骨干人才培养状况	
								项目对学位论文人才培养情况	

（续）

一级指标	分值 / 分	二级指标	分值 / 分	三级指标	分值 / 分	指标解释	评价标准	四级指标	分值 / 分
项目绩效	55	项目效果	40	环境效益	8	项目实施是否对环境产生积极或消极影响	对照绩效目标评价环境效益（8分）	城市地质环境查明发挥的作用与影响	
								为环保部门制定相关政策发挥的作用	
								对公共安全和公共卫生发挥的积极影响	
				可持续影响	8	项目实施对人、自然、资源是否带来可持续影响	对照绩效目标评价可持续影响（8分）	对政府部门影响的可持续性	
								对经济建设影响的可持续性	
								对地方发展影响的可持续性	
								对有些产业影响的可持续性	
								对科教影响的可持续性	
				服务对象满意度	8	项目预期服务对象对项目实施的满意程度	对照绩效目标评价服务对象满意度(8分）		
总分	100		100		100				

附表 5　农业地质调查项目绩效评价指标体系（参考样表）

一级指标	分值 / 分	二级指标	分值 / 分	三级指标	分值 / 分	指标解释	评价标准	四级指标	分值 / 分
项目决策	20	项目目标	4	目标内容	4	农业地质调查工作目标（工作目标区、农业地质种类、服务对象）是否明确、细化、量化	目标明确（1分），目标细化（1分），目标量化（2分）	调查区范围、面积	
								图幅数量	
								农业地质调查目标	
								农业地质调查服务目标	
		决策过程	8	决策依据	3	项目是否符合经济社会发展规划和中国地质调查局年度工作计划，是否根据需要制订中长期实施规划	项目符合经济社会发展规划和中国地质调查局年度工作计划（2分），根据需要制订中长期实施规划（1分）	国家级规划	
								城乡和农业发展规划	
								项目实施规划	
				决策程序	5	项目是否符合申报条件，申报、批复程序是否符合地质调查项目申报管理办法，项目调整是否履行相应手续	项目符合申报条件（2分），申报、批复程序符合地质调查项目申报管理办法（2分），项目实施调整履行相应手续（1分）	申报条件	
								申报、批复程序的规范性	
								项目实施调整履行相应手续的规范性	
		资金分配	8	分配办法	2	是否根据需要制定相关资金管理办法，并在管理办法中明确资金分配办法；资金分配因素是否全面、合理	办法健全、规范（1分），因素选择全面、合理（1分）		

（续）

一级指标	分值 / 分	二级指标	分值 / 分	三级指标	分值 / 分	指标解释	评价标准	四级指标	分值 / 分
项目决策	20	资金分配	8	分配结果	6	资金分配是否符合地质调查项目财务管理办法，分配结果是否合理	项目符合地质调查项目财务分配办法（2 分），资金分配合理（4 分）		
项目管理	25	资金到位	5	到位率	3	实际到位 / 计划到位 × 100%	根据项目实际到位资金占计划的比重计算得分（3 分）		
				到位时效	2	资金是否及时到位；若未及时到位，是否影响项目进度	及时到位（2 分），未及时到位但未影响项目进度（1.5 分），未及时到位并影响项目进度（0~1 分）		
		资金管理	10	资金使用	7	是否存在支出依据不合规、虚列项目支出的情况；是否存在截留、挤占、挪用项目资金情况；是否存在超标准开支情况	虚列（套取）扣 4~7 分，支出依据不合规扣 1 分，截留、挤占、挪用扣 3~6 分，超标准开支扣 2~5 分		
				财务管理	3	资金管理、费用支出等制度是否健全，是否严格执行；会计核算是否规范	财务制度健全（1 分），严格执行制度（1 分），会计核算规范（1 分）		
		组织实施	10	组织机构	1	机构是否健全、分工是否明确	机构健全、分工明确（1 分）		
				管理制度	9	是否建立健全项目管理制度，是否严格执行相关项目管理制度	建立健全项目管理制度（2 分）；严格执行相关项目管理制度（7 分）		

（续）

一级指标	分值 / 分	二级指标	分值 / 分	三级指标	分值 / 分	指标解释	评价标准	四级指标	分值 / 分
项目绩效	55	项目产出	15	产出数量	5	查明农业地质环境和地质灾害的特征、种类、数量，成果报告和图幅产出数量是否达到绩效目标	对照绩效目标评价产出数量（5分）	农业地质调查图幅的种类与数量	
								重大农业地质环境问题发现数量	
								样品测试完成数量	
								成果报告完成数量	
								成果发表数量	
				产出质量	4	查明农业地质环境和地质灾害的特征、种类、数量，成果报告和图幅质量是否达到绩效目标	对照绩效目标评价产出质量（4分）	野外工作验收合格率	
								野外工程优良率	
								成果报告验收合格率	
								样品检测合格率	
								成果图件合格率	
								成果获奖等级	
								成果发表影响力	
				产出时效	3	项目产出时效是否达到绩效目标	对照绩效目标评价产出时效（3分）		
				产出成本	3	项目产出成本是否按绩效目标控制	对照绩效目标评价产出成本（3分）		

（续）

一级指标	分值 / 分	二级指标	分值 / 分	三级指标	分值 / 分	指标解释	评价标准	四级指标	分值 / 分
项目绩效	55	项目效果	40	经济效益	8	项目实施是否产生直接或间接经济效益	对照绩效目标评价经济效益(8分)	指导农业种植养殖业，调整农业产业结构	
								达到提高农业土地的适宜性	
								改善种植养殖条件	
								提高农业产量	
								改善农产品质量	
								指导农业和城乡发展规划	
								查明有些地方病的病因	
								节约治理投资和成本，节省时间	
								促进新兴农业产业投资增加的效益	
								拉动其他产业生产增加的效益	
								改善投资环境带来的经济增长潜力	
								改善产业结构与布局增加的经济效益	
				社会效益	8	项目实施是否产生社会综合效益	对照绩效目标评价社会效益(8分)	对国家制定三农政策和农业战略的影响	
								对维护国家粮食和食品安全的贡献	
								对农村社会稳定的贡献	

（续）

一级指标	分值/分	二级指标	分值/分	三级指标	分值/分	指标解释	评价标准	四级指标	分值/分
项目绩效	55	项目效果	40	社会效益	8	项目实施是否产生社会综合效益	对照绩效目标评价社会效益（8分）	社会公共事业使用的效益	
								城乡安全、环保工程使用的效益	
								对科学发现与科技创新的影响	
								带动相关科研投入的情况	
								促进农业科技进步和产业发展的影响	
								科研部门引用的情况	
								相关论文、科技著作发表情况	
								对年轻后备骨干人才培养状况	
								对学位论文人员培养情况	
								对大众科普的影响	
				环境效益	8	项目实施是否对环境产生积极或消极影响	对照绩效目标评价环境效益（8分）	查明农业地质环境产生的效益	
								为决策部门制定相关政策所发挥的作用	
								对公共安全和公共卫生发挥的积极影响	

（续）

一级指标	分值/分	二级指标	分值/分	三级指标	分值/分	指标解释	评价标准	四级指标	分值/分
项目绩效	55	项目效果	40	可持续影响	8	项目实施对人、自然、资源是否带来可持续影响	对照绩效目标评价可持续影响（8分）	对政府部门影响的可持续性	
								对农业产业的可持续发展影响	
								对地方发展影响的可持续性	
								对有些产业影响的可持续性	
								对科教影响的可持续性	
				服务对象满意度	8	项目预期服务对象对项目实施的满意程度	对照绩效目标评价服务对象满意度（8分）		
总分	100		100		100				

附表 6　矿产资源调查项目绩效评价指标体系（参考样表）

一级指标	分值 / 分	二级指标	分值 / 分	三级指标	分值 / 分	指标解释	评价标准	四级指标	评分 / 分
项目决策	20	项目目标	4	目标内容	4	目标矿种、资源储量、矿产地数、成矿规律	目标明确（1分），目标细化（1分），目标量化（2分）	目标矿种	
								资源储量	
								矿产地数	
								成矿规律	
		决策过程	8	决策依据	3	项目是否符合经济社会发展规划和中国地质调查局年度工作计划，是否根据需要制订中长期实施规划	项目符合经济社会发展规划和中国地质调查局年度工作计划（2分），根据需要制订中长期实施规划（1分）	国家级规划	
								区域规划	
								项目实施规划	
				决策程序	5	项目是否符合申报条件，申报、批复程序是否符合地质调查项目申请管理办法，项目调整是否履行相应手续	项目符合申报条件（2分），申报、批复程序符合中国地质调查局管理办法（2分），项目实施调整履行相应手续（1分）	申报条件	
								申报、批复程序的规范性	
								项目实施调整履行相应手续的规范性	

（续）

一级指标	分值 / 分	二级指标	分值 / 分	三级指标	分值 / 分	指标解释	评价标准	四级指标	评分 / 分
项目决策	20	资金分配	8	分配办法	2	是否根据需要制定相关资金管理办法，并在管理办法中明确资金分配办法；资金分配因素是否全面、合理	办法健全、规范（1分），因素选择全面、合理（1分）		
				分配结果	6	资金分配是否符合地质调查项目管理办法，分配结果是否合理	项目符合相关分配办法（2分），资金分配合理（4分）		
项目管理	25	资金到位	5	到位率	3	实际到位 / 计划到位 × 100%	根据项目实际到位资金占计划的比重计算得分（3分）		
				到位时效	2	资金是否及时到位；若未及时到位，是否影响项目进度	及时到位（2分），未及时到位但未影响项目进度（1.5分），未及时到位并影响项目进度（0~1分）		
		资金管理	10	资金使用	7	是否存在支出依据不合规、虚列项目支出的情况，是否存在截留、挤占、挪用项目资金情况，是否存在超标准开支情况	虚列（套取）扣4~7分，支出依据不合规扣1分，截留、挤占、挪用扣3~6分，超标准开支扣2~5分		

（续）

一级指标	分值/分	二级指标	分值/分	三级指标	分值/分	指标解释	评价标准	四级指标	评分/分
项目管理	25	资金管理	10	财务管理	3	资金管理、费用支出等制度是否健全，是否严格执行；会计核算是否规范	财务制度健全（1分），严格执行制度（1分），会计核算规范（1分）		
		组织实施	10	组织机构	1	机构是否健全、分工是否明确	机构健全、分工明确（1分）		
				管理制度	9	是否建立健全项目管理制度，是否严格执行相关项目管理制度	建立健全项目管理制度（2分），严格执行相关项目管理制度（7分）		
项目绩效	55	项目产出	15	产出数量	5	发现矿种数、资源储量数、矿产地数、成果报告数是否达到绩效目标	对照绩效目标评价产出数量(5分)	发现矿种数	
								资源储量数	
								矿产地数	
								成果报告数	
				产出质量	4	成果报告和找矿的质量是否达到绩效目标	对照绩效目标评价产出质量(4分)	成果报告质量	
								找矿效果的影响	
				产出时效	3	项目产出时效是否达到绩效目标	对照绩效目标评价产出时效(3分)		
				产出成本	3	项目产出成本是否按绩效目标控制	对照绩效目标评价产出成本(3分)		

（续）

一级指标	分值 / 分	二级指标	分值 / 分	三级指标	分值 / 分	指标解释	评价标准	四级指标	评分 / 分
项目绩效	55	项目效果	40	经济效益	8	项目实施是否产生直接或间接经济效益	对照绩效目标评价经济效益（8分）	商业化转化率	
								地勘业拉动效应	
								矿业拉动效应	
								其他产业拉动效应	
								资源性资产增值	
				社会效益	8	项目实施是否产生社会综合效益	对照绩效目标评价社会效益（8分）	国家资源安全的贡献	
								政府行政管理服务	
								科教服务	
								扶贫的贡献	
				环境效益	8	项目实施是否对环境产生积极或消极影响	对照绩效目标评价环境效益（8分）		
				可持续影响	8	项目实施对人、自然、资源是否带来可持续影响	对照绩效目标评价可持续影响（8分）	对矿业的可持续影响	
								对区域经济的可持续影响	
								矿产资源可持续利用影响	
								对缩小地区差距的影响	
				服务对象满意度	8	项目预期服务对象对项目实施的满意程度	对照绩效目标评价服务对象满意度（8分）		
总分	100		100		100				

参 考 文 献

[1] 卢有杰．项目经济学［M］．2版．北京：中国水利水电出版社，2008.

[2] 刘明明．经济思维逻辑［M］．北京：清华大学出版社，2006.

[3] 中国（双法）项目管理研究委员会．中国现代项目管理发展报告（2011）［M］．北京：电子工业出版社，2011.

[4] 项目管理协会．项目管理知识体系指南（PMBOK指南）［M］.4版．王勇，张斌，译．北京：电子工业出版社．2009.

[5] 财政部，世界银行，国务院发展研究中心.2030年的中国：建设和谐、现代、有创造力的高收入社会［R］．北京：财政部，世界银行，国务院发展研究中心，2012.

[6] 约翰夫E斯蒂格利茨．公共部门经济学［M］.3版．郭庆旺，等译．北京：中国人民大学出版社，2005.

[7] 迈克尔·波特．竞争论［M］．高登第，李明轩，译．北京：中信出版社，2012.

[8] 张维迎．博弈论与信息经济学［M］．上海：格致出版社，上海三联书店，上海人民出版社，2010.

[9] 上海财经大学课题组．公共支出评价［M］．北京：经济科学出版社，2006.

[10] 高培勇．中国财政政策报告2008/2009，实行全口径预算管理［M］．北京：中国财政经济出版社，2009.

[11] 财政部财政科学研究所．热点与对策2008—2009年度财政研究报告：上册［M］．北京：中国财政经济出版社，2010.

[12] 财政部财政科学研究所．热点与对策2008—2009年度财政研究报告：下册［M］．北京：中国财政经济出版社，2010.

[13] 财政部国库司．最新国库集中收付与预算会计制度汇编［M］．北京：中国财政经济出版社，2009.

[14] 财政部预算司．中央部门预算编制指南（2011年）：综合卷［M］．北京：中国财政经济出版社，2010.

[15] 财政部预算司．中央部门预算编制指南（2011年）：项目支出卷［M］．北京：中国财政经济出版社，2010.

[16] 财政部预算司．中国预算绩效管理探索与实践［M］．北京：经济科学出版社，2013.

[17] 高培勇，崔军．公共部门经济学［M］．修订版．北京：中国人民大学出版社，2004.

[18] 张健超，段云飞．博弈五重奏：当前公共财政预算管理面临的阻击［J］．产业与科技论坛，2012（10）.

[19] 财政部预算司．绩效预算和支出绩效考评研究［M］．北京：中国财政经济出版社，2007.

[20] 张雷宝．公共支出绩效管理创新：浙江的实践与启示［J］．财政研究，2009（6）：58－60.

[21] 罗福周，韩言虎，李松涛．大型复杂项目战略联盟合作伙伴选择——基于组合赋权的灰色关联度评价［J］．技术经济与管理研究，2013（4）．
[22] 梅姝娥，谢刚．信息技术外包关系的治理：创新意图的影响研究［J］．科研管理，2013，34（8）．
[23] 陈秋红．我国预算体制建设路径探究［J］．福建论坛：人文社会科学版，2010（6）．
[24] 沈海军．政府契约治理的核心要素与实现机制［J］．学术研究，2013（8）．
[25] 刘开江，于绍强．关于中央级科研单位预算执行综合内控的思考［J］．经济研究参考，2012（16）．
[26] 于绍强，刘开江．关于财政科研项目经费内控管理的研究［J］．中国会计师，2012（6）．
[27] 刘开江．国库支付制度对预算单位内部会计核算的影响及对策［J］．中国会计师，2013（9）．
[28] 刘开江，郑敏，于绍强．地质调查项目经费监督管理研究［J］．中国国土资源经济，2012，25（9）．
[29] 闫坤，于树一．“国家分配论”与“社会共同需要论的比较［J］．华中师范大学学报：人文社会科学版，2012，51（1）．
[30] 肖余春．组织行为学［M］．北京：机械工业出版社，2009.
[31] 张伟伟．全球史中的中国史［C］//南开大学历史学院世界近现代史研究中心．世界近现代史研究（第二辑）．天津：南开大学历史学院，2005.